LA BANQUE

Marc Roche

LA
BANQUE

Comment Goldman Sachs
dirige le monde

Albin Michel

À Paul

Préambule

« Je fais le travail de Dieu » : même s'il était censé être une blague, ce propos du P-DG de Goldman Sachs, Lloyd Blankfein, résume la fantastique soif de pouvoir mégalomaniaque de LA Banque : la firme qui dirige le monde dans le plus grand secret. Derrière une loi du silence que personne n'avait jamais osé briser depuis sa fondation en 1868, Goldman, ou GS, comme on dit à Wall Street et à la City londonienne – les deux plus grandes places financières mondiales – peut-elle vraiment dominer la planète ? Et si la réponse est « oui » : Pourquoi ? Comment ?

La crise qui a commencé à l'automne 2008 – krach boursier, récession économique – a propulsé Goldman Sachs, jusque-là totalement invisible, à la « une » de l'actualité. Du jour au lendemain, très exactement dans la nuit du 15 au 16 septembre 2008, le public a découvert l'existence de cette institution qui prétend faire le « travail de Dieu ». Traduire : régner sur la finance mondiale. Sur quelques milliards de milliards de dollars...

Depuis ce sinistre automne – à jamais présent dans nos mémoires –, Goldman est partout : la faillite de la banque Lehman Brothers, la crise grecque, la chute de l'euro, la résistance de la finance à toute régulation, le financement des déficits et même la marée noire du golfe du Mexique.

Grâce à notre enquête – et au fil des révélations sur les affaires douteuses à laquelle cette prestigieuse maison s'est trouvée mêlée –, le voile se lève aussi sur le passé : la spéculation sur les prix du pétrole, la création de monopoles industriels, le recyclage des informations dans le système financier, l'aveuglement des autorités de contrôle ou les liaisons dangereuses avec les raiders.

Car Goldman Sachs avance ses pions sur l'échiquier mondial par le truchement d'un réseau d'influence inégalé, jusque dans les grandes organisations internationales. La maison gère un empire sur lequel le soleil ne se couche jamais.

Obsédée par sa puissance, elle n'a plus d'états d'âme : au mépris de l'éthique la plus élémentaire de la vie des affaires, elle est accusée de trahir ses propres clients – et, par ricochet, vos fonds de placement, chers lecteurs ! Pourtant elle se vante d'avoir des principes, une morale : c'est la bible Goldman, reproduite ici pour que l'information soit complète[1].

Il reste que LA Banque joue et gagne : selon ses détracteurs, Goldman ne serait plus désormais qu'un casino spéculatif planétaire, pariant sur tout et n'importe quoi. Mais peut-elle encore faire faillite ?

La saga de Goldman Sachs est, en vérité, un thriller financier fascinant et implacable. En tant que journaliste financier, en poste successivement à New York, Bruxelles, Washington et Londres, je n'ai cessé de chercher à comprendre comment fonctionne ce fief de l'argent.

---

1. Voir annexe 1, p. 279.

En sillonnant la planète pour raconter les grandes affaires économiques de notre époque, j'ai rencontré les principaux acteurs de cette odyssée, de Rupert Murdoch à Henry Paulson, de Lakshmi Mittal à James Goldsmith, de Lord Browne à Robert Maxwell ou Richard Branson. J'ai fréquenté des associés-gérants de Goldman Sachs, de New York à Londres, en passant par Hong Kong et Paris.

Le début de mon deuxième séjour londonien a coïncidé avec le fameux big bang de la City, en 1986, qui a ouvert la porte aux établissements financiers étrangers. J'ai vu comment Goldman Sachs avait pris pied lentement mais sûrement à Londres d'abord, dans toute l'Europe ensuite. Depuis, cette institution unique a participé aux heurs et malheurs de la finance mondiale, aux séismes boursiers comme à l'explosion des produits financiers, à la révolution technologique comme aux bonus mirobolants.

David de Rothschild est vraiment charmant, avec ce sourire qui ne le quitte jamais. Dans le milieu des grands carnassiers de la haute finance, ce patricien moderne offre en prime une gentillesse, une courtoisie et une élégance raffinée naturelles (ah ! la subtile pochette blanche !). Avec sa mine de notable, notre hôte pourrait n'être qu'un très classique banquier ou avocat, une image volontairement *low key* pour employer cette langue particulière, entre le français et l'anglais, que parlent volontiers les Rothschild. C'est avant tout un fin connaisseur de la scène financière qu'il s'apprête à quitter.

Avant ce dîner en tête à tête, le 28 avril 2010, chez Wilton's, le meilleur restaurant de poisson de Londres, fondé en 1742, le baron de la City m'avait prévenu : « J'évite de parler de nos concurrents, de leurs succès comme de leurs revers. » Aucun nom n'a été prononcé au cours de cette rencontre avec le chef des vénérables enseignes bancaires Rothschild de Londres et de Paris.

Et pourtant, en lisant entre les lignes le résumé de cette conversation à bâtons rompus, tout est dit – ou suggéré – sur les dérives de la haute finance depuis quelques décennies.

« L'enseigne Rothschild a été très active dans les privatisations, mais nous avons peu conseillé les États en matière de finances publiques. Ce n'est pas notre principale priorité. » Une pique discrète envoyée à qui de droit.

« Nous nous adressons à des clients privés ou à des entreprises qui recherchent le service dont ils ont besoin dans un souci d'éthique, de compétence et de professionnalisme, poursuit-il. Pour les entreprises, notre plus-value est de permettre à des gens qui veulent faire des choses ensemble de les réaliser. » C'est toute la question des conflits d'intérêts qui traversent les grandes banques d'affaires qui surgit à travers cette formule codée.

« Le trading n'a pas de sens pour une compagnie comme la nôtre. Il faut de très gros fonds propres pour exercer des métiers à risques. » Voilà encore une prise de distance vis-à-vis des établissements qui jouent sur tout et ont pris des risques énormes ces dernières années.

Au cours de l'enquête est finalement venu le moment de se confronter à cette puissance. Quand j'ai prévenu Goldman Sachs de mon projet de livre pour obtenir des rendez-vous avec la direction, la première réponse a été plutôt positive : « On vous facilitera la tâche… » Après des semaines de silence, la sentence est finalement tombée, d'une courtoisie sans appel : « Désolé, il n'est plus question de vous aider. » Fin de non-recevoir et salutations distinguées. *LA Banque* est donc la première biographie non autorisée jamais publiée sur Goldman Sachs. À l'exception de trois rencontres de dernière minute avec des dirigeants français de Goldman Sachs, les hauts responsables à New York, le cœur de la firme, et à Londres, où est installé l'essentiel du négoce, garderont bouche cousue. La centaine de questions adressées au P-DG, Lloyd Blankfein, sont restées sans réponse. La forteresse s'est fermée comme une huître. Ni lettres d'avocats ni appels de conseillers en communication. Juste le silence, recroquevillé sur la dignité (ou ce qu'il en reste, c'est selon). Un silence lourd de sens alors que l'heure est grave pour la grande muette de la finance.

Le problème pour la banque d'affaires est qu'elle est obligée de se dévoiler. Les anciens associés-gérants, les ex-cadres, les concurrents, les clients ou les politiques parlent aujourd'hui, après avoir été tenus toutes ces années par une omerta d'airain.

L'idée de ce livre a bien sûr germé dans la foulée de la crise financière de l'automne 2008. Mais le projet est aussi étroitement lié à mon passé professionnel. Entre 1978 et 1980, j'ai travaillé comme journaliste à Reuters à Londres. Le siège de cette prestigieuse agence de presse, sur Fleet Street, faisait face aux rédactions du *Daily Telegraph* et du *Daily Express*. Depuis mon poste de travail au *world desk*, je pouvais admirer ces deux merveilleux bâtiments art-déco immortalisés dans la bande dessinée *Blake et Mortimer*. Je passais quotidiennement devant ces édifices pour gagner mon pub favori, point d'ancrage des journalistes de la « rue de l'encre ».

Goldman Sachs International, la branche européenne occupe aujourd'hui ces deux bâtisses historiques. Alentour, à l'heure du déjeuner, on n'y croise plus que des hommes à costume bien coupé faisant la queue devant les infâmes bars à sandwichs, ou traînant une valise à roulettes, le pas conquérant mais l'air de se réveiller d'une nuit trop courte. Les trognes rubicondes et dilatées à en faire péter les cols des reporters prenant le temps de vivre et de boire ont disparu. Il n'est plus question de flâner à Fleet Street, de s'arrêter ici et là dans ce « village » de petits commerces. Il faut courir. Dans cette nouvelle Mecque du pouvoir et de l'argent, on côtoie financiers de haut vol et avocats d'affaires, capitaines d'industrie et livreurs, secrétaires et pythies de Footsie, l'indice synthétique des valeurs boursières de Londres. Au travers d'une enseigne qui domine la planète, Goldman Sachs, on voit défiler en filigrane une existence de salons d'aéroports, de suites présidentielles dans des palaces, de jets privés, de limousines aux vitres teintées, de cartes de crédit Gold et de paradis fiscaux sous les cocotiers.

Un autre souvenir me ramène à une interview que m'avait accordée Henry Paulson en 1994, à New York. J'avais sympathisé avec Ed Novotny, le consultant chargé de la communication de GS, un ancien champion du fait divers fort en gueule, engagé pour faire parler le moins possible de la « boîte ». J'avais tant insisté que l'entremetteur m'avait décroché un rendez-vous avec Paulson, numéro deux de Goldman à l'époque : un vendredi à 17 heures, au 85 Broad Street, le siège de LA Banque. J'y étais resté deux heures, dans la cage vitrée qui servait de bureau à Paulson, devisant avec lui de l'état du monde et accessoirement de sa société. Le futur secrétaire au Trésor du Président Bush m'avait ensuite invité à rejoindre un groupe d'associés pour l'apéritif de fin de semaine. Les langues s'étaient déliées. On avait beaucoup ri, se promettant de se revoir à Londres. J'ai gardé un excellent souvenir de cette soirée improvisée – impensable de nos jours –, en raison de l'hostilité entre décideurs et médias. Autres temps, autres mœurs. Une fois publiés ses *Mémoires*, Paulson passe sa retraite à observer les oiseaux, sa passion. Ed est mort. Et les autres invités au raout ont disparu dans les oubliettes de l'histoire financière.

Avant de me lancer dans la rédaction de mon livre, *La Dernière Reine*, consacré à Elizabeth II, un membre de l'état-major de Buckingham Palace m'avait prévenu de la difficulté de la tâche en citant un conseiller du roi George V avertissant l'auteur d'une biographie autorisée du souverain britannique (au début du XXe siècle) : « Vous n'avez pas été convié à écrire sur un homme, mais sur un mythe. » À l'inverse du palais qui m'avait ouvert grand ses portes, Goldman Sachs fait tout pour décourager ce type d'entreprise. La règle du « Circulez, il n'y a rien à voir » a fait ses preuves jusqu'à la crise de 2008. Les médias s'intéressaient peu à ces maîtres du monde pour une simple raison, comme on dit familièrement : ceux qui savaient ne parlaient pas, et ceux qui parlaient ne savaient pas. L'opinion ignorait jusqu'à l'existence de la firme. Même le rayon « Économie » des librairies était vide, rien sur la question, à l'exception de deux hagiographies officielles de l'entreprise, jamais traduites en français et qui auraient pu être écrites par son service de communication.

Aujourd'hui, les ouvrages traitant de la crise financière abondent dans toutes les langues. Mais les livres

ʹ publiés aux États-Unis et au Royaume-Uni souffrent du tropisme anglo-saxon. Le volet international est totalement passé sous silence. Si la veine est profonde, le filet n'est pas très riche pour un lecteur non américain. Il y avait là une lacune à combler.

La puissance de Goldman Sachs, les scandales qui l'entourent sont bien sûr pain bénit pour les adeptes des théories du complot. Le culte du secret entretenu par la maison est malheureusement propice à la propagation de rumeurs, d'informations de seconde main, difficiles à vérifier. J'ai voulu à tout prix éviter le conte moral recouvrant le classique affrontement entre le Bien et le Mal, de tomber dans le travers consistant à attribuer des pouvoirs maléfiques à ceux qui réussissent aussi, d'abord, à force de travail. LA Banque n'est donc ni l'incarnation du Bien sur terre ni la puissance diabolique que beaucoup décrivent aujourd'hui, y compris en Amérique.

Goldman fait ci, Goldman fait ça. L'enquêteur qui veut explorer les coulisses, les règles, les codes et les petits secrets du saint des saints de la finance internationale est pris de vertige. L'ampleur des activités de l'empire est aujourd'hui sidérante.

Le dernier défi était de raconter cette saga d'une manière qui soit à la fois compréhensible pour le spécialiste de la finance comme pour le profane. J'espère y être parvenu.

1.

Le deal de trop

Antigone Loudiadis ressemble à un jeune chat, les babines retroussées : « À quoi allons-nous jouer maintenant ? » On dit l'intéressée intimidante, un tantinet hystérique, très intelligente mais tyrannique avec ses collaborateurs. Elle a la réputation d'aimer le risque et de savoir vendre. Surnommée Addy, la dame est banquière chez Goldman Sachs International à Londres. Cette spécialiste des produits financiers complexes est aussi d'origine grecque et fière de l'être. Diplômée d'Oxford, elle se décrit comme une « obsédée du travail, fumant cigarette sur cigarette avec un agenda saturé ». C'est elle qui a aidé la Grèce à camoufler sa dette. Grâce à son inventivité, le pays a pu rejoindre la zone euro en 2002 en respectant officiellement les critères de Maastricht en termes d'endettement.

Le montage financier dont Addy a eu la responsabilité a fait gagner à son employeur une petite fortune tout en provoquant, neuf ans plus tard, la plus grave crise de la zone euro.

Pourtant, en 2001, la Grèce n'intéresse guère Goldman Sachs, absorbée, à l'époque, par les pays émergents qui commencent à attirer certaines grandes banques. Pour sa part, Goldman Sachs International met l'accent sur l'Allemagne, l'Europe de l'Est et la Turquie. La banque n'a pas de filiale à Athènes. Les dossiers grecs, à l'instar des financements du commerce maritime, sont traités depuis Londres, où sont installés les armateurs hellènes.

En 1999, lorsque la création de l'euro est décidée, la Grèce ne peut adhérer à la monnaie unique. Sur le papier, les conditions de participation au dispositif sont celles des critères très rigoureux énoncés par le traité de Maastricht : dette inférieure à 60 % du produit intérieur brut (PIB), déficit budgétaire sous les 3 %. La Grèce est loin du compte. À l'époque, résolus à asseoir la réputation de la monnaie unique en accueillant le plus de pays possible dans le dispositif pour dissuader les spéculateurs – déjà ! – de s'y attaquer, les dirigeants français et allemands pressent la Commission européenne d'accepter la Grèce. La City et Wall Street doivent y croire. Les deux places financières voient en effet d'un mauvais œil l'arrivée d'un concurrent potentiel, Francfort, siège de la Banque centrale européenne. Fasciné comme tous les Italiens par les financiers anglo-saxons, le président de la Commission, Romano Prodi, fait de la résistance à l'élargissement de la zone euro. Qu'importe ! Le commissaire européen chargé des questions économiques et monétaires, le Français Yves-Thibault de Silguy, l'un des architectes du passage à l'euro, fait de cette vision élargie une question personnelle. Tous les pays du nouveau club n'ont-ils pas leurs petits arrangements comptables pour remplir les critères de Maastricht en minorant leur déficit ? Au bal des hypocrites, embrassons-nous Folleville...

Le gouvernement grec demande alors à Goldman Sachs de l'aider à trouver des moyens astucieux afin de rejoindre la zone euro, au lendemain de la création de la nouvelle devise. Athènes veut surtout dissimuler l'ampleur de ses déficits. Pour ce faire, le cabinet conservateur, dirigé par Constantin Caramanlis, entend notamment se débarrasser du poids des dépenses militaires – substantielles en raison du conflit latent avec la Turquie – dans les critères des dépenses publiques.

Pourquoi Goldman refuserait-elle pareil mandat, hautement rémunérateur, une sorte d'habillage légal de bilan ? Malgré les difficultés des rapports avec la sphère politique, souvent imprévisibles, l'aide aux États est au cœur du métier de banquier d'affaires. Si les établissements européens ont tendance à laisser ce genre de transaction aux cabinets d'experts-comptables, leurs confrères américains offrent couramment et en toute légalité ce type de service. D'autres pays de l'Union européenne ont fait appel au savoir-faire des grandes institutions financières pour « optimiser » la gestion de leurs comptes. L'Italie a fait exactement de même avec la banque américaine JP Morgan.

Pour Goldman Sachs, la Grèce devient donc soudain une aubaine. Comment nier qu'un petit pays avec une infrastructure bancaire faible, des statistiques de finances publiques rudimentaires, une économie au noir florissante qui rend aléatoires les rentrées d'impôts et de taxes soit pain bénit ? Un géant financier exerce d'autant mieux ses talents que, en Grèce, la Bourse est dépourvue de règles contraignantes, l'État brouille le jeu économique et les pactes d'actionnaires les plus alambiqués sont la règle.

L'empire Goldman s'intéresse plus spécifiquement à la Grèce pour une autre raison : la nature de sa dette. Il s'agit d'obligations complexes, indexées à des critères flous et qui se prêtent particulièrement bien à la spéculation. Ces bons du Trésor manquent de liquidité. Le calendrier d'émission est aléatoire. Bref, tout l'inverse de la dette française par exemple, simple, prévisible, liquide, adossée à un échéancier très précis.

Dans la course à l'euro et face aux spécificités de la dette grecque, un troisième facteur attise l'intérêt d'Addy Loubiadis : la désorganisation d'Eurostat, l'institut européen de la statistique censé être l'arbitre attitré du respect des critères du traité. Le lancement de l'euro, le 1er janvier 2002, a donné des sueurs froides à Eurostat, chargé d'harmoniser les statistiques des États membres afin de concevoir des agrégats à l'échelle européenne. Il s'agit d'indicateurs clés dans l'élaboration de la surveillance budgétaire et de la politique monétaire de la Banque centrale européenne. Mais, pris dans la tourmente d'un scandale financier interne, l'office des statistiques est, au moment de l'affaire grecque, littéralement paralysé. En ne disant rien, ses dirigeants acceptent de facto les comptes que lui présente le gouvernement grec de l'époque.

En 2004, Michel Vanden Abeele, le nouveau directeur général, chargé de la réorganisation d'Eurostat, refuse d'ailleurs de certifier les comptes du pays. Ses raisons ? La non-comptabilisation correcte de certaines dépenses militaires, notamment d'achat d'avions américains, et le flou de la prise en compte des aides régionales de l'Union européenne. Les réactions des ministres des Finances européens ? Inexistantes. On met l'affaire sous le tapis, pensant ainsi la faire oublier.

Addy Loubianis, elle, a été promue associée-gérante en 2000. Le contrat avec Athènes doit lui permettre de faire taire les envieux pour qui sa promotion est due à la politique de « discrimination positive » importée des

États-Unis dont bénéficie le sexe dit faible. Les questions d'éthique et de morale sont totalement étrangères à cette femme d'action qui saisit toutes les bonnes occasions de briller, en bonne carnassière qu'elle est. Ses talons vernis aux claquements résolus refusent de s'embourber dans le tapis du galimatias. Dans sa tâche, elle bénéficie de l'aide de l'équipe spécialisée dans le négoce des devises, la plus réputée de la firme avec celle des matières premières. Pour arriver à ses fins, elle va se servir d'un mécanisme peu connu. Son nom ? Le système de couverture de risque appelé *credit default swaps*, les CDS. Simple comme bonjour. Comme Eurêka !

À ce stade de l'histoire, tentons d'expliquer ce que sont ces outils complexes, incompréhensibles, devenus le symbole d'une spéculation outrancière. Si leur appellation est barbare, le fonctionnement des CDS est simple. Ce sont des contrats d'assurance sur une dette qui garantissent au créancier qu'il sera remboursé même si son débiteur se défausse. Ils offrent donc aux investisseurs la possibilité de limiter les risques associés à des obligations, qu'elles soient émises par des États ou des entreprises. Autre avantage : le marché de gré à gré de cet instrument financier est nébuleux. Les transactions se font donc à l'abri des regards, loin des places boursières et de leurs règles contraignantes, sans intermédiaire ni identification des opérations ou de leurs auteurs.

Dans le cas des obligations grecques, ce mécanisme permet de se protéger des effets de change en transformant en euros la dette initialement émise en dollars. Le taux de change choisi est très favorable à Goldman Sachs. Par ailleurs, le montant couvert par les CDS dépasse celui... de la dette publique grecque ! En modifiant les échéances de remboursement de sa créance, la Grèce s'engage à payer à la banque de grosses sommes jusqu'en 2019 et ce, à des conditions plus onéreuses, qui aggravent encore ses difficultés financières. Dans l'esprit de la banquière, ces conditions quasi usuraires n'ont rien d'offusquant. Goldman Sachs n'est pas mère Teresa. Le client, quémandeur, n'est pas en position de force. Addy saute sur l'aubaine. Ni plus ni moins, ni trop ni trop peu...

Son plan passe comme une lettre à la poste après un examen rapide par le comité des nouvelles transactions de Goldman Sachs International. « Le dossier était habilement tourné. On avait la tête dans le guidon. Il y a tellement d'argent à gagner qu'on passe vite sur une affaire enfouie parmi des dizaines d'autres. Pas question de laisser passer l'occasion », se souvient un participant à la réunion d'approbation qui a quitté la banque peu après les faits.

La distinction entre les achats effectués pour « se couvrir » – ces fameux CDS – et ceux dont l'objet est purement spéculatif est très difficile à évaluer. Mais qu'importe puisque, dans l'affaire grecque, tout le monde est gagnant. L'astuce permet à Athènes de faire momentanément disparaître des milliards d'euros de dette en un tournemain. Pour sa part, Goldman empoche des marges juteuses et voit sa réputation de bon gestionnaire de dette souveraine portée au pinacle.

Mais à long terme, les intérêts versés par l'État grec se révèlent plus lourds que s'il s'agissait d'un simple prêt bancaire. Sa signature va en souffrir durablement. Sa crédibilité entamée, la Grèce ressemble aujourd'hui à un passager clandestin de l'Union monétaire.

La nation hellène regarde traditionnellement vers l'Ouest depuis qu'au Ve siècle avant Jésus-Christ, ses cités refoulèrent les hordes perses. L'Union européenne, dont le pays est membre depuis 1981, apparaît comme la moderne héritière des cités grecques antiques. Et l'euro succède à la ligue de Délos que dirigeait Athènes. L'Histoire et ses grands faits échappent à Addy. La prime de fin d'année, non. L'orgueil de ne rien devoir qu'à son talent – machiavélique – et le génie de l'adaptation aux circonstances la guident. Peu importe si le trucage ne la mène pas au Panthéon.

En 2006, Goldman Sachs prend cependant ses distances avec la Grèce. Pour garder un pied dans la place, elle devient tout de même conseiller de la National Bank of Greece (NBG), la première banque commerciale du pays. La banque a un allié de poids au sein de la NBG, Petros Christodoulos. Ce spécialiste des produits dérivés a travaillé comme trader chez Goldman à Londres avant de rejoindre Athènes en 1998 pour prendre un poste de direction dans la banque de détail grecque. Via une société off-shore située dans le paradis fiscal américain qu'est le Delaware, on transfère, ni vu ni connu, une partie de la dette publique grecque sur le compte de la NBG pour brouiller les pistes.

En octobre 2009, le socialiste Georges Papandréou remporte les élections législatives. Un mois plus tard, Gary Cohn, numéro deux de Goldman Sachs, débarque à Athènes, accompagné d'investisseurs. Parmi eux figure John Paulson, le patron du fonds spéculatif américain éponyme, gros client de Goldman Sachs, au cœur de ce qui sera le scandale Abacus, ce fonds animé par la banque qui lui permettra de jouer double jeu. Cohn et Paulson proposent au nouveau gouvernement – socialiste ! – de faire avec le budget de la Santé ce qu'ils ont fait avec les dépenses militaires. De surcroît, Goldman offre de vendre de gré à gré, à l'abri des regards, une partie de la dette grecque à des investisseurs basés en Chine, pays où elle règne en maître.

L'allure calme et sereine de Georges Papandréou évoque parfois celle d'un sage. Illusion que dément toutefois le reflet malicieux des yeux bleus égayant un visage lisse. Prudent, méfiant même, voire renfermé, ses réflexions sont méthodiques. Cela n'est pas du goût des banquiers d'affaires qui repartent les mains vides. Leur piège, cette fois, n'a pas fonctionné.

Dans l'affaire grecque, d'un côté Goldman Sachs s'est fait rémunérer comme banquier-conseil du gouvernement hellène ; de l'autre, elle a spéculé sur la dette du pays. Et voilà qu'en pleine crise de l'euro, son réseau d'influence entre en scène. Dans le *Financial Times* du 15 février 2010, Otmar Issing, ex-membre du directoire de la Bundesbank, ancien économiste en chef de la Banque centrale européenne, signe un texte au vitriol hostile à une opération de sauvetage européenne. Selon lui, pour ne pas mettre en péril la zone euro, Athènes doit se débrouiller seule. Issing signe cette tribune en omettant de préciser que depuis 2006, il est… conseiller international de Goldman Sachs. Au même moment, le département trading de cet établissement a tout à perdre d'une intervention des Européens. Goldman joue l'euro à la baisse, comme tous les spéculateurs. En théorie, une opération de rescousse européenne ne peut que faire rebondir l'euro. L'hydre aux multiples têtes…

Les révélations sur les agissements de Goldman Sachs en Grèce déclenchent un tollé. La chancelière Angela Merkel juge « scandaleux » que certaines banques aient pu provoquer la crise de l'euro en aidant la Grèce à truquer ses comptes. Lors d'un colloque organisé à Londres, les Premiers ministres espagnol, norvégien et britannique apportent leur soutien au quatrième invité, leur homologue grec. Georges Papandréou rejette la faute sur « l'imprudence » du gouvernement conservateur Caramanlis précédent et sur Goldman Sachs. Pour éviter une réédition du cas grec, la Commission européenne entend renforcer les outils de surveillance et de sanction. Seule, au terme d'une enquête bâclée, la Réserve fédérale estime que l'établissement n'a pas aidé Athènes à cacher l'ampleur de ses déficits. Certains voient, là encore, l'influence du « gouvernement Goldman ».

La crise grecque s'est révélée une manne pour les « gnomes » de New York. La banque a empoché des commissions tirées de l'aide apportée au gouvernement grec. Elle a spéculé de manière éhontée sur les difficultés de la Grèce et contre l'euro. Elle a gagné sur tous les tableaux.

Cependant, la polémique a pris de l'ampleur dans le monde entier. Devant la menace de voir sa réputation entamée, l'orgueilleuse banque d'affaires, imbue de sa supériorité, est contrainte de s'expliquer. Goldman Sachs publie sur son site Internet un communiqué affirmant que l'impact des opérations en question a été minimal sur la situation budgétaire globale du pays. La dette grecque est passée de 105,3 % à 103,7 % du PIB – une paille – au cours de la période concernée.

Gerald Corrigan, un des pontes de l'empire, est contraint de répondre aux questions du Parlement européen. Avec son visage buriné digne d'une publicité pour un vieux whisky, le regard bienveillant, l'ancien président de la Réserve fédérale de New York reconnaît d'un ton affable l'aide que la firme a apportée au trucage des comptes grecs. Il noie ses explications dans un jargon technique incompréhensible, avec un seul bémol : « Avec le recul, il est évident que les normes de transparence auraient dû être meilleures. »

Au-delà des clichés et des arrière-pensées politiques, un fait s'impose : la spéculation tant décriée est aussi un élément important du bon fonctionnement des marchés, améliorant leur liquidité et leur fluidité, facilitant les transactions et assurant une meilleure transparence des prix. Cette activité contribue, de surcroît, à mieux répartir le capital. Le spéculateur est l'éclaireur de l'investisseur qui, sous couvert de respectabilité, parie aussi sur la hausse ou la baisse de valeurs. En attaquant la Grèce et l'euro, les marchés adressent un message important – et salutaire – aux politiciens : le déficit budgétaire est devenu incontrôlable. De ce point de vue, c'est indéniable, ils jouent un rôle utile à leur façon.

Dans ces circonstances, la défense de Goldman Sachs, quant à elle, est simple. La Grèce a refusé la logique de la zone euro axée sur la discipline budgétaire. Les questions éthiques, c'est Athènes qui doit se les poser. La banque s'est contentée de jouer un rôle technique et de satisfaire un client, en l'occurrence un État.

Goldman Sachs n'aurait, semble-t-il, enfreint aucune règle légale. En revanche, elle a franchi une ligne jaune, celle de la déontologie d'une grande maison, difficile à tracer mais dont il vaut mieux ne pas s'approcher de trop près.

« Une vraie professionnelle », répètent les chefs d'Addy après son coup de 2001. Antigone Loudiadis est alors promue à la direction d'une compagnie d'assurances-vie fondée par Goldman Sachs pour exploiter des produits financiers liés à l'espérance de vie. La fortune sourit, parfois, aux audacieuses.

2.

Le gouvernement Goldman

Mario Draghi, gouverneur de la Banque d'Italie et président du Conseil de stabilité financière – un nouvel organisme qui regroupe les banques centrales et les régulateurs des grands pays – est candidat à la succession de Jean-Claude Trichet à la Banque centrale européenne en 2011. De son côté, l'ex-commissaire européen au Marché intérieur puis à la Concurrence, Mario Monti, remet au président de la Commission un rapport qui prône une plus grande coordination fiscale entre les États membres.

Au Royaume-Uni, la presse révèle que le ministre des Finances a reçu à quatre reprises les représentants d'une banque d'affaires américaine entre le 1er octobre et le 31 décembre 2009 alors qu'il n'a rencontré ses concurrents britanniques que deux fois.

L'Union européenne et le Fonds monétaire international (FMI) accordent une aide à faire dresser les cheveux sur la tête du malade grec pour tenter de sauver l'euro dans le collimateur des spéculateurs déchaînés et des marchés affolés.

À première vue, ces quatre épisodes de l'actualité du premier semestre 2010 ne sont pas liés. Mais, à y regarder de près, le rapport entre eux est évident. Il a même un nom : Goldman Sachs. Car la maison, en vérité, est beaucoup plus qu'un établissement financier.

Le gouverneur de la Banque d'Italie et patron du groupe des régulateurs, Mario Draghi ? Il a été vice-président pour l'Europe de Goldman Sachs International, la filiale internationale basée à Londres, où il était chargé des fusions-acquisitions transfrontalières entre 2001 et 2006. Mario Monti ? Il est conseiller pour les affaires internationales de la firme depuis 2008. À Londres, Goldman Sachs a épaulé le gouvernement britannique dans la vente – avortée – de Northern Rock et dans la recapitalisation – réussie – du Lloyds Banking Group. Enfin, l'établissement new-yorkais, on le sait, a aidé la Grèce à maquiller ses comptes, contribuant ainsi, une décennie plus tard, au torpillage de la monnaie unique.

Ces affaires illustrent donc la puissance d'un réseau d'influence unique en Europe. Mais aussi ses limites : ces amis copieusement rémunérés n'ont pas empêché le scandale grec d'éclater avec ses révélations sur le rôle occulte de ce nouveau pouvoir LA Banque.

Sédimenté depuis des lustres, ce maillage serré, à la fois souterrain et public, a ses entremetteurs et ses fidèles. Inconnus du grand public, ces conseillers recrutés avec grand soin et à prix d'or connaissent les subtilités des coulisses au sein de l'Union européenne et des ministères des États membres. Ils ont l'oreille des décideurs, qu'ils peuvent appeler directement dans les moments de crise ou pour rafler des mandats. Leurs faits d'armes au service de leur employeur sont narrés avec admiration ou répulsion, c'est selon, dans les allées du pouvoir comme des places financières, dans les médias comme dans les entreprises.

Aux États-Unis, ce cercle magique est constitué d'anciens responsables de l'institution passés avec armes et bagages au plus haut niveau de la fonction publique. En Europe, en revanche, Goldman Sachs s'est fait l'apôtre du capitalisme de relations ou du « capitalisme d'accès » pour reprendre l'expression des intéressés. Ce contexte met – aux yeux des critiques du capitalisme moderne – Goldman Sachs au même niveau que Carlyle, le plus grand investisseur privé au monde, ou que le consultant McKinsey, qui, eux aussi, cultivent les accointances avec les politiques.

Mais qui sont ces hommes de pouvoir à l'entregent considérable qui ont joué un si grand rôle ?

C'est à Londres que l'aventure européenne de Goldman Sachs a commencé. Dans les années 50, la banque y avait une activité – mineure – de vente de titres obligataires émis par des multinationales américaines sur le marché européen. En 1985, en prévision de la libéralisation totale de la City, Goldman Sachs dépêche l'un de ses associés stars, John Thornton, pour développer sa présence à l'ombre de la cathédrale Saint-Paul. Le big bang de 1986 ouvre la place financière aux institutions étrangères. Devant le potentiel du grand marché européen en gestation, Thornton met le paquet sur le marché britannique et sur le continent. Goldman Sachs International voit le jour. La première filiale étrangère recrute avec grand soin huit conseillers pays non américains. Ces missi dominici ont pour tâche d'ouvrir les portes de l'Europe où la banque est virtuellement inconnue, de l'informer des us et coutumes de la vie des affaires et de la situation politique.

31

Au Royaume-Uni, Goldman avance à pas comptés, avec sa prudence habituelle, comme c'est le cas dans les sociétés d'associés. Les banques d'affaires britanniques, les fameuses *merchant banks* comme NM Rothschild, Warburg ou Kleinwort Benson, ont, à l'époque, la maîtrise des privatisations comme des fusions spectaculaires de multinationales britanniques. Pour percer, la firme doit sortir des sentiers battus en aidant les raiders, ces nouveaux venus du grand Monopoly qui prennent d'assaut, à la Bourse, de grandes entreprises sous-cotées.

Le relais clé sera l'Irlandais Peter Sutherland, président de Goldman Sachs International. Pour régner sur cet empire de l'influence qu'est la haute banque d'affaires, il faut, paradoxalement, une certaine dose d'humour ; or l'homme en a à revendre. Corpulent, truculent, emporté, éloquent, toujours en mouvement, chaleureux, sensuel, ce Latin des brumes ne saurait cacher ses origines irlandaises. Ancien commissaire européen à la Concurrence, il a ensuite présidé l'Allied Irish Bank, puis le Gatt (l'ancêtre de l'Organisation mondiale du commerce) et enfin British Petroleum...

Peter Sutherland incarne la filière diplomatique de la banque. Habile comme un vieil éléphant qui avance avec prudence dans la savane, le Chairman écarte avec force tous les obstacles qu'il rencontre sur sa route. C'est l'homme indispensable. Ses domaines d'expertise sont les organisations internationales et la Russie, où l'entremetteur connaît tout le monde. Chez Goldman, il est secondé par Lord Griffiths, ex-conseiller de Margaret Thatcher, et par Gavyn Davies, futur président de la BBC, dont l'épouse est alors une collaboratrice écoutée d'un certain Gordon Brown qui deviendra chancelier de l'Échiquier – c'est le titre du ministre des Finances – puis... Premier ministre.

Si les interventions de Goldman Sachs se multiplient en Grande-Bretagne, ce n'est pas avant la fin des années 80 que le groupe va manifester le même appétit dans le reste de l'Europe. Sur l'île comme sur le continent, la banque va alors appliquer le système qui a fait son succès aux États-Unis : le binôme. À New York, les banquiers d'affaires travaillent le plus souvent à deux ; en Europe, l'équipage sera composé d'un financier et d'une personnalité issue du sommet des affaires, familière de tous les rouages du pouvoir.

Après l'Angleterre, la France donc. Le Français Sylvain Hefes est débauché de chez Rothschild pour bâtir une tête de pont dans l'Hexagone. Ce spécialiste en fusions-acquisitions fait équipe avec Jacques Mayoux, une grande figure de l'establishment de l'époque, ancien président de la Société Générale, ex-directeur de la Caisse nationale du Crédit agricole et qui fut également le patron du groupe sidérurgiste Sacilor.

– Excusez-moi de vous déranger, monsieur Mayoux, un certain M. Weinberg aimerait vous parler…

– Ah ! M. Serge Weinberg de Havas, je suppose… Passez-le-moi… Bonjour, Serge… Oh ! Il doit y avoir erreur. À qui ai-je l'honneur ?

– Je suis John Weinberg, président de Goldman Sachs. J'aimerais vous rencontrer.

À la suite de cette conversation avec un homme dont il n'avait jamais entendu parler, Jacques Mayoux est nommé vice-président de Goldman Sachs Europe, à qui il apporte comme première affaire la vente du papetier français Aussedat-Rey à l'américain International Paper Company. Au départ, en 1990, ils ne sont que deux, aidés d'une secrétaire.

Subitement débarque ainsi à Paris une enseigne totalement inconnue, équipée de gros sabots mais animée d'une incommensurable énergie. Comme à Londres, le duo met l'accent sur les nouveaux maîtres du capitalisme français apparus depuis peu sur la scène économique hexagonale : Axa, BNP, Rhône-Poulenc, TF1, le Printemps, la Société Générale… pour ne citer qu'eux, plutôt que sur les géants bien assis. De simples planètes, ces groupes entendent devenir des étoiles incontournables. La privatisation de Total, à laquelle Goldman est associée, sert de tremplin, tandis que la réussite de l'OPA de la BNP sur Paribas assoit définitivement sa réputation. Dans le domaine des fusions-acquisitions, Goldman Sachs passe en trois ans du cinquième au troisième rang. En 1994, elle devient la première du secteur ! Ce n'est pas le nombre mais l'importance des transactions qui étonne les rivaux.

En 1992, le Français Sylvain Hefes est devenu le premier associé-gérant à ne pas être anglo-saxon. Les stars de demain sont recrutées lors de ces « dix glorieuses », tels Emmanuel Roman, Yves Lepic, Shahriar Tadjbakhsh ou Jean Raby, futurs associés. Aujourd'hui, la filiale française agit sur trois secteurs : la gestion d'actifs, le marché des actions et la banque-conseil.

En 2004, quand il faut trouver un successeur à Jacques Mayoux, le choix se porte sur Charles de Croisset, ancien patron du Crédit commercial de France (CCF), avalé par la banque britannique HSBC. Né en 1943, cet homme de réseaux et de cabinets connaît tous les dirigeants qui comptent. Un inspecteur des Finances à l'esprit raffiné, éclairé, un mondain aux relations innombrables. Mais il n'appartient pas au premier cercle de l'aristocratie financière parisienne, comme les Michel Pébereau ou les Jacques de Larosière.

Paris ne parviendra jamais à damer le pion à Londres. La Ville lumière est à une enjambée grâce à l'Eurostar.

C'est donc dans la capitale britannique que restera installé le cœur de la maison : le trading d'obligations, de matières premières, et le métier de banque-conseil pour le Royaume-Uni, le Proche-Orient et l'Afrique.

La réunification allemande et la libération des pays de l'Est vont permettre à Francfort de dépasser Paris en devenant le plus gros bureau d'Europe continentale. Le retour au bercail – le fondateur, Marcus Goldman, est né en Bavière – ne se passe pourtant pas sans heurts. L'hostilité de certains associés juifs retarde l'ouverture du bureau allemand. Un obstacle que seuls les bons offices d'Edzard Reuter, le directeur général de Daimler, dont le père fut un opposant déclaré au nazisme, permettent de surmonter. Daimler, Siemens et Deutsche Telekom figurent parmi les premiers clients de la firme. Goldman Sachs est également chargée de la privatisation de nombre d'entreprises est-allemandes. De grands banquiers allemands, très bien introduits dans les ministères et à la chancellerie, sont recrutés pour faire avancer ses intérêts au sein d'un monde financier local totalement imbriqué dans les affaires industrielles. À l'instar d'Otmar Issing, ancien membre du directoire de la Bundesbank et ex-économiste en chef de la Banque centrale européenne.

Aujourd'hui, Goldman Sachs est la première banque étrangère en Allemagne et la deuxième banque d'affaires en termes de revenus après le géant national, la Deutsche Bank.

Paradoxalement, si, en France, la culture de confrontation passe bien, outre-Rhin, le rouleau compresseur Goldman se heurte à la tradition du consensus. Le responsable du bureau allemand, Alexandre Dibelius, incarne jusqu'à la caricature les dérives d'un mode opératoire agressif. Né en 1960, l'ancien cardiologue, ex-associé du cabinet-conseil McKinsey, a rejoint Goldman Sachs en 1993. Surnommé avec cruauté par la presse « Goldfinger », cet homme intelligent, doté d'un humour froid, ne signe pas ses forfaits à la peinture dorée. Mais à l'instar de l'ennemi de James Bond, il marche sur les plates-bandes des ministres, forçant la réussite au culot, à l'énergie et au travail. « À vaincre sans péril, on triomphe sans gloire » : telle est sa devise.

Après l'Allemagne c'est le tour de l'Italie où les *alumni* (anciens) prolifèrent dans les sphères dirigeantes. Le plus réputé est donc Mario Draghi, aujourd'hui gouverneur de la Banque centrale d'Italie. Ancien dirigeant du groupe public IRI (Institut pour la reconstruction industrielle), Romano Prodi, lui, est recruté par la firme entre 1990 et 1993 – puis une seconde fois en 1997. Président du Conseil italien à deux reprises, celui qui fut aussi président de la Commission européenne est toutefois éclaboussé par le scandale de la fusion, conclue en 1994, entre l'allemand Siemens et l'italien STET – une filiale de l'IRI. Cette transaction aurait été facilitée par des versements de pots de vin. Or, c'est Goldman qui conseille la partie italienne. Une descente de police a lieu dans les bureaux milanais de la banque pour tenter de remonter la filière jusqu'à Romano Prodi, patron de l'IRI au moment des faits en question. Dans des conditions mystérieuses, le dossier est enterré et la juge est mutée en Sardaigne. À l'époque où le scandale éclate, Romano Prodi, il est vrai, est président du Conseil.

Universitaire distingué, bardé d'estime et de diplômes, originaire de l'Italie du Nord, l'ex-commissaire européen Mario Monti est, lui aussi, passé avec armes et bagages dans la firme. C'est pourtant un personnage à principes, à l'éthique pointilleuse, qu'il agite volontiers sous le nez de ses adversaires : compagnies en position de monopole, en ententes illicites ou affairistes divers. Il se veut vertueux : il place l'éthique au-dessus de tout et affiche sa bonne conscience au point d'en abuser.

Alors pourquoi diable ce premier de la classe est-il allé se fourvoyer dans l'aventure Goldman Sachs ? L'argent ? Peut-être. L'admiration de l'intelligentsia italienne pour les États-Unis ? Sans doute. Besoin d'approcher le vrai pouvoir pour quelqu'un qui vivait à l'ombre de centres de réflexion qu'il préside – la prestigieuse université Bocconi de Milan ou le Centre de recherche économique Bruegel installé à Bruxelles ? Il y a un peu de tout cela.

D'ailleurs, pourquoi ce sexagénaire cache-t-il cette filiation quand il accorde des interviews ? Goldman aime placer ses hommes sans jamais laisser tomber le masque. Ce lien, en tout cas, a permis à Mario Monti de succéder, en mai 2010, à Peter Sutherland à la présidence européenne de la Trilatérale, un des plus prestigieux cénacles de l'élite internationale. Toujours ce prodigieux dédale d'un réseau soigneusement tissé.

À Bruxelles, autour des institutions communautaires, Goldman Sachs entretient une armée de lobbyistes chargés de défendre ses intérêts. Ses représentants siègent dans les groupes de réflexion ou les cercles les plus importants du secteur. Mais cela ne suffit pas pour avoir l'oreille des dirigeants qui comptent espérer infléchir les décisions de la Commission – processus longs, tortueux et difficiles à cerner de l'extérieur. Le cabinet du président de la Commission, qui a la maîtrise des grands dossiers, est particulièrement dans la ligne de mire. Pour pénétrer au cœur du pouvoir européen, anticiper voire modifier les directives et les réglementations, un ex-commissaire de la trempe de Mario Monti, magnifiquement introduit dans le dédale des coulisses, n'a pas de prix...

La banque d'affaires est un métier à part. Le P-DG de Goldman Sachs traite avec les chefs d'État et les diplomates, rencontre les responsables internationaux pour faciliter les relations et décrocher des mandats. Pourtant, dans les couloirs solennels de Goldman Sachs International à Londres, ne vous attendez pas à croiser d'anciens diplomates policés. À l'inverse de ses consœurs britanniques ou américaines, la banque fait appel à d'anciens financiers et économistes, en particulier des banquiers centraux ou de hauts fonctionnaires. Car, en présence d'une personnalité de la trempe d'un Issing, d'un Croisset ou d'un Monti, les langues se délient. Leur mission prioritaire ? Recueillir des informations sur les opérations à venir ou sur la politique de taux d'intérêt des banques centrales. Bien introduits, ces « ex » bavardent de choses et d'autres, de tout et de rien. Ils sentent ainsi le vent, à la hausse ou à la baisse. En toute légalité. Les informations circulent ensuite dans les couloirs de la banque. Parfois elles arrivent jusqu'aux traders. En comparaison, la firme considère les ambassadeurs à la retraite comme d'aimables potiches, dénués de vrais contacts au plus haut niveau et qui ne comprennent rien au monde des affaires. Donc quasiment inutilisables.

Pourtant, le gouvernement Goldman en Europe a peut-être mangé son pain blanc. Le réseau d'influence qui a fait sa puissance avant et pendant la tourmente financière de 2008 a perdu de son efficacité.

Les complicités anciennes entretenues par les ex-banquiers centraux chevronnés, mobilisés pour tirer les ficelles, se révèlent moins utiles face à des politiciens sensibles à l'impopularité des professionnels de la finance tenus pour responsables de la crise. Que peuvent faire les Otmar Issing, Charles de Croisset ou Mario Monti face à l'hostilité affichée d'Angela Merkel, de Nicolas Sarkozy ou de Silvio Berlusconi à l'encontre de la firme ? Que pèse le conseiller londonien de Goldman, Lord Griffiths, ancien conseiller de Margaret Thatcher, face aux attaques anti-City des trois principaux partis britanniques, lors de la campagne des élections législatives du 6 mai 2010 ? Pas grand-chose. Là où Goldman Sachs pouvait facilement exercer ses talents, une série d'affaires – la Grèce, la spéculation contre l'euro, Abacus – lui ont mis à dos la puissance publique. Le carnet d'adresses ne suffit plus sur une planète financière complexe et technique et face à une nouvelle génération d'industriels moins pétris de respect pour l'establishment. Les patrons européens partis à la conquête du monde se sont émancipés des croisés de la haute finance. Les P-DG doivent moins leur poste à la faveur des princes ou à la solidarité des grands corps. La quête de valorisation de l'actionnaire, les exigences de transparence des comptes et les impératifs de l'expansion à l'étranger émoussent « l'effet réseau ».

Désormais, les gouvernements veillent un peu plus à se tenir à l'écart des conflits d'intérêts. L'irruption de nouveaux acteurs – ONG, groupes d'actionnaires, médias (jamais les pages économiques des quotidiens n'ont été aussi lues) – a changé la donne. Les investisseurs institutionnels, de leur côté, se révoltent contre le diktat des banques et demandent des comptes.

Devenus plus exigeants sur la qualité et l'indépendance du métier de conseil, les clients européens – mais pas seulement – exigent le respect d'un minimum d'éthique. « Il faut éviter à tout prix de faire des affaires avec de tels banquiers », s'insurge ainsi le ministre berlinois

Ulrich Nussbaum après la mauvaise expérience de la municipalité liée à la vente, en 2004, d'un parc de 66 000 appartements à loyer modéré à la banque – associée pour l'occasion à un hedge fund américain. L'affaire a fait du bruit : les conditions de protection des locataires, imposées par les édiles, déplaisaient au bureau de Goldman à Francfort. Une fois l'accord conclu, la firme a demandé la suppression de ces contraintes... faute de quoi elle traînerait Ulrich Nussbaum devant la justice pour... corruption ! La tentative de chantage de Goldman Sachs tourne court. Soutenu par les hommes politiques locaux de tous bords, Nussbaum veut saisir les tribunaux, accusant à son tour l'établissement de tentative flagrante d'extorsion de fonds. Redoutant un procès médiatisé, la banque bat alors en retraite en retirant toutes ses exigences.

La relation pathologique de ce capitalisme d'affaires et du pouvoir politique ne va pas sans risque. Cette forme d'influence pourrait bien ne pas survivre à la crise financière. Les affaires sont devenues trop complexes pour être cornaquées par des « parrains » d'un âge avancé. Avant la tourmente, les gouvernements ne pesaient guère face à ce colosse, mais aujourd'hui les choses changent.

À ces bouleversements s'ajoute une faiblesse inhérente à l'activité de l'établissement : l'absence totale de visibilité. Ses principaux concurrents dans la banque d'affaires – JP Morgan, Bank of America, BNP Paribas ou Barclays – sont adossés à une enseigne commerciale. Les guichets, les publicités ou les activités sur Internet permettent à l'opinion de s'identifier un tant soit peu aux financiers. Un établissement de détail permet également de cacher les activités de marché plus risquées... mais autrement plus rémunératrices. À l'inverse, le métier de Goldman Sachs reste entouré de mystère, ce qui prête à toutes les interprétations, même les plus farfelues.

Étonnante absence d'image publique quand on sait que, par ses interventions tous azimuts (spéculation, OPA, hedge funds, capital-investissement...), la maison pèse indirectement sur le circuit économique des produits de consommation et modèle l'existence de chacun. Au Royaume-Uni, l'enseigne a joué un rôle clé dans des compositions du « panier de la ménagère » en participant à la restructuration de la banque de détail, de l'énergie, de la distribution ou de l'agroalimentaire.

En France, Goldman Sachs est l'un des dix-huit SVT (spécialistes en valeurs du Trésor) qui vendent de la dette française. À ce titre, sa filiale parisienne participe aux adjudications organisées par l'Agence France Trésor chargée de placer les titres sur le marché. La performance de chaque participant est étroitement surveillée et fait l'objet d'un classement. Or, que constate-t-on année après année ? Goldman Sachs est systématiquement dans les dernières places du hit-parade. La raison est simple, comme l'explique un cadre de la firme : « Ça ne rapporte pas grand-chose, mais notre participation offre un label de qualité et s'inscrit dans notre action de citoyenneté en France. »

Son influence va bien au-delà de ce rôle public. Jusqu'où ? Un arrêté en date du 19 janvier 2010 du ministère du Développement durable autorise Goldman Sachs International à exercer l'activité... de fournisseur de gaz sur le territoire français ! Qui le sait ? Interrogée sur ce mystère, l'équipe de Jean-Louis Borloo renvoie aujourd'hui sur le ministère de l'Économie, lequel renvoie vers Goldman Sachs... Qui affirme ne pas être au courant !

Reste que, dans la tourmente économique actuelle, tel le prince Salina du *Guépard* de Visconti, Goldman Sachs se trouve contraint de contempler un monde qui s'écroule peu à peu. Jusqu'à ébranler les fondations de l'empire ?

3.

Les moines banquiers

On entre chez Goldman Sachs comme on entre en religion. De ce point de vue, la tenue est importante. Costume sombre, chemise blanche au col large serré d'une cravate neutre, cheveux courts, rasés de près. On devine les chaussettes grises et les chaussures noires qui grincent discrètement à chaque pas. Droits comme des I, ils sont sereins, maîtres de leurs émotions. La seule note de colère est ce regard qui se fait sévère face au contradicteur. Le clan apparaît imprégné de l'importance de sa mission. L'observateur peut également discerner la forme physique, le muscle bien entretenu des Goldman boys prêts à jaillir des starting-blocks, foncer avec la ferme conviction de gagner et le sang-froid nécessaire pour y parvenir. On les imagine mauvais perdants au tennis ou adeptes des bonnes vieilles émotions du saut en parachute.

Telle est la photo officielle des professionnels de l'établissement financier le plus puissant de la planète. Ils sont le pur produit d'une culture d'entreprise unique. À peine la porte de la banque franchie, vous devenez un véritable moine banquier comme il existait des moines soldats.

Une banque d'affaires est souvent comparée à une

serre chauffée à très haute température où s'exacerbent les tensions, les rancœurs, les jalousies et les états d'âme de chacun. Mais chez Goldman, dans les salles des marchés comme au cours des multiples réunions, il est mal vu de se mettre en évidence. Le travail en équipe, le dialogue interne sont la règle. L'égocentrisme est banni. Divas flamboyantes et golden boys cocaïnomanes s'abstenir ! Il faut être clean jusqu'au bout des ongles. Aucune excentricité vestimentaire n'est autorisée. Le nœud papillon est le comble de l'audace. Dans les mémos – obligatoirement brefs – le « nous » est de rigueur, le « je » n'est utilisé que pour expliquer une erreur ou faire son mea culpa, ce qui n'arrive pas souvent. L'esprit est foncièrement égalitaire – ni avion privé ni voiture de fonction. Bref, pour ce milieu, l'austérité ! Le mot « back-office » – les fantassins en charge du traitement administratif de toutes les opérations – est banni au profit de l'expression, plus inclusive, de « fédérations ». Les bureaux des chefs se jouxtent et leur porte reste toujours ouverte. La tradition du binôme, au sommet comme à la base, permet de se marquer les uns les autres. Même au plus haut de l'édifice, il n'est jamais bien vu de jouer en solo. « Il n'y a pas de place chez nous pour ceux qui font passer leurs intérêts avant ceux de l'entreprise et ceux des clients », proclame le septième des Quatorze Principes qui guident la firme.

Pas de vedettes donc, mais en permanence des tas de gens priés de prendre la porte. La pression est maximum, constante. Une fois par an, chacun est jugé « à 360 degrés » par une douzaine de personnes – pairs, supérieurs et subalternes. Et l'évalué est obligé de noter sa propre prestation, sorte d'autocritique semi-publique... teintée de stalinisme. Le nom du département gérant ce processus, le Human Capital Management (la

« gestion du capital humain ») n'est pas sans rappeler les bonnes pages du *1984* d'Orwell. Comme pour la statistique descriptive, les banquiers sont divisés en « quartiles » selon leur performance. Seuls ceux qui sont versés dans le premier quartile – Q1 en jargon – peuvent espérer atteindre le statut d'associés. Les perdants sont licenciés lors des innombrables charrettes ou partiront d'eux-mêmes. Après Noël, Goldman remplace systématiquement jusqu'à 10 % de ses effectifs les moins performants. L'insécurité de l'emploi est totale. « *Kill or Die* » : Tue ou meurs...

À l'inverse de la majorité de ses concurrents, l'entreprise débauche rarement des équipes entières pour renforcer sa force de frappe. Le recrutement individuel est la norme. Le candidat est interviewé par dix, vingt personnes, voire plus. Les nouveaux venus doivent entrer de plain-pied dans la culture du lieu.

Dans le monde entier, les diplômés les plus ambitieux rêvent de rentrer chez Goldman Sachs. Les nominés ne sont pas seulement censés être les meilleurs et les plus intelligents. L'employeur potentiel privilégie aussi la capacité à diriger, à se concentrer et le goût du sport. Les disciplines collectives tels l'aviron, le rugby, le basket ou le foot américain sont très appréciées parce qu'elles allient entraînement acharné et esprit de clan. Les postulants ont tout pour eux : l'ambition, les diplômes, le style direct et surtout l'envie de devenir très riches. Ils n'ont pas besoin de beaucoup de sommeil et sont pressés de se faire une place au soleil. Ce qui les motive ? « La faim », comme le disait le légendaire Ivan Boesky, l'escroc de Wall Street au cœur d'un énorme scandale en 1986 : « La faim est justifiée. La faim sous toutes ses formes, qu'il s'agisse de la vie, de l'argent, de l'amour, du savoir, a marqué le développement de l'humanité. »

Comme dans la *Premier League* de foot anglaise, qui dit joueurs vedettes dit entraîneurs et préparateurs physique de haut calibre, gestionnaires et commerciaux avisés. La banque consacre énormément de temps et d'argent à la formation continue.

Plus que toute autre firme, Goldman incarne la culture américaine du travail poussée à l'extrême. « À mon arrivée, mon voisin dans la salle des marchés à New York, un trentenaire, s'écroule soudain, victime d'une attaque cardio-vasculaire. Mes nouveaux collègues n'ont pas bronché », se souvient Nicolas Sarkis, aujourd'hui patron d'une société de conseil financier. On peut égrener le labeur acharné comme dans les tables de multiplication ou de règle de trois : 18/24 (heures de travail par jour), 6/7 jours (le jour du Seigneur varie, mais c'est généralement samedi ou dimanche), ou 50/52 (les semaines de labeur). Œuvrant d'arraché-pied, les banquiers sont corvéables à merci. Ils mangent, dorment et font l'amour à côté du portable. Le Blackberry n'est jamais éteint, même lors des dîners intimes ou familiaux. L'employé doit constamment être à l'écoute, *via* son répondeur, des innombrables messages de motivation de la direction. Tout le monde connaît par cœur les Quatorze Principes de la bible maison proclamant ses vertus aux quatre coins de la planète.

À New York, les limousines noires qui attendent jusqu'à minuit pour ramener gratuitement chez eux les cadres qui travaillent tard ne trouvent guère preneurs : il est encore trop tôt pour quitter son bureau ! Pour permettre à ses ouailles de récupérer des nuits blanches successives, la compagnie dispose de studios à l'hôtel Embassy Suites, à proximité du siège, où rien ne manque, pas même une petite table de conférence. Culte du corps poussé à l'extrême oui, mais surtout pas de bronzage, symbole de ludisme proscrit dans cet univers où tout n'est qu'ordre, hygiène et résultats. Il est bien vu d'ignorer les vraies vacances, celles où l'on oublie ses mails et téléphones. Et si vous craquez, les psys ne seront pas là pour vous remettre d'aplomb. Ceux qui ne peuvent plus supporter ce rythme infernal ne font pas de vieux os. Faire du surplace, c'est mourir.

Outre l'esprit d'équipe, le recrutement haut de gamme et le culte du travail, Goldman Sachs peut se targuer d'une autre force : le renseignement. À bien des égards, la forteresse new-yorkaise ressemble au siège des services secrets britanniques près de Vauxhall Bridge. Le partage de l'information est une vertu exigée. À l'instar des espions chers à John Le Carré, les banquiers de Goldman soutirent systématiquement à leurs clients l'information qui pourrait servir les collègues d'autres départements, donc à la firme tout entière (et, par ricochet, à la prime de fin d'année). Dans le monde confidentiel des montages financiers relatifs à des opérations de fusion ou d'acquisition d'entreprises, l'information vaut de l'or. Après un déjeuner ou un dîner, le membre du « Cirque », le mythique QG des espions de John Le Carré, fait circuler la précieuse information. On est toujours *on the make,* sur les dents, dans la représentation, en regardant d'un œil intéressé toute nouvelle rencontre professionnelle. Le « chiffre » est devenu courriel et répondeur. Qu'aurait bien pu penser George Smiley, le gardien des joyaux de l'espionnage, de tout cela ?

Autre point fort de Goldman Sachs : là où l'organigramme des concurrents est un chef-d'œuvre de complexité, la firme se targue d'une structure assez horizontale facilitant la prise de décision par consensus. Cette méthode de travail, soit dit en passant, aide les anciens cadres bifurquant vers la politique. Devenus ministres, parlementaires ou hauts fonctionnaires, ils sont en terrain connu. Les anciens de chez Goldman savent arbitrer, réconcilier les points de vue différents, commander en douce. La politique est l'art du possible, comme la finance. Habitués à la collégialité, les ex-moines banquiers ont l'habitude de composer. C'est dans leurs gènes.

Cet état d'esprit est lié à la manière dont la banque fonctionnait jusqu'à son entrée en Bourse, en 1999 : le capital était réparti entre des associés-gérants – les partners –, responsables à hauteur de leurs avoirs personnels en cas de pertes, mais accaparant une partie des éventuels profits. L'entreprise d'alors, une société de personnes en commandite, utilisait les fonds propres de ses associés-gérants comme principale ressource. Responsables sur leurs biens, ces derniers réinvestissaient alors l'essentiel des bénéfices. L'alchimie du système motivait les jeunes recrues qui acceptaient un salaire inférieur à celui qu'offrait la concurrence avec l'espoir de décrocher un jour la timbale du statut de partner.

Mais avec ce système, Goldman Sachs n'était plus à même de financer son fantastique développement : l'expansion du négoce, l'ouverture de bureaux à l'étranger, le financement de gros clients... Il lui fallait des capitaux extérieurs. L'inscription au New York Stock Exchange (NYSE) a constitué un tournant historique pour la digne enseigne. Pris entre une tradition vénérée et l'appât du gain, les 189 partners de l'époque ont longtemps hésité avant de franchir le pas. Prévue en 1998, l'entrée en Bourse est ajournée *in extremis* cette année-là, en raison de l'extrême volatilité des marchés et de la quasi-faillite du fonds spéculatif Long Term Capital, sauvé par la Réserve fédérale et les grandes banques de Wall Street. Ces soubresauts financiers confirment aux associés à quel point il est dangereux de partager les risques d'une banque d'affaires en pleine croissance entre un nombre limité d'associés. Une fois le calme revenu, les intéressés votent donc à une très large majorité en faveur de l'entrée en Bourse avec l'espoir... d'un jackpot.

En dépit de l'introduction en Bourse, le modèle de partenariat a été conservé, non par nostalgie mais pour maintenir la cohésion au sommet. Aujourd'hui, quelque 400 associés (sur plus de 30 000 employés) disposent de ce sésame. Mais pas question de l'arborer comme une Légion d'honneur. Le titre ne figure jamais sur la carte de visite beige qui porte seulement la mention : *Managing Director*, directeur opérationnel. Les associés forment une corporation, une franc-maçonnerie convenable, qui ne fait ni bruit ni prosélytisme. Ses banquiers se reconnaîtraient dans ces compagnons, maîtres et grands maîtres, amenés à « répandre dans l'univers la vérité acquise en loge ».

Tous les deux ans, à l'issue d'une compétition implacable, le *Managing Committee*, le comité exécutif qui fait tourner l'institution, choisit de nouveaux partners. Le processus de sélection est lourd et se déroule à l'abri des regards. Le pressenti doit être parrainé par un associé. Son cursus professionnel est passé au crible par d'autres partners qui, généralement, ne le connaissent pas, car ils travaillent dans d'autres départements. Les critères les plus importants guidant le choix final sont l'assiduité au travail, la réussite d'opérations complexes et risquées, les qualités de commandement ou l'action philanthropique. Dans un système aussi verrouillé, ceux qui tenteraient de manipuler le jury ou de se faire pistonner n'ont aucune chance.

La banque reste imprégnée de l'héritage puritain américain selon lequel l'attitude privée d'un employé, ses mœurs et ses manies influencent son comportement au travail. Conséquence : celui dont la moralité de la vie privée laisse à désirer – par exemple, s'il multiplie les liaisons extraconjugales – ne peut occuper de position éminente. Tel est aussi le credo de la sélection des partners. Enfin, le P-DG a un droit de veto sur ces nominations d'associés, droit qu'il exerce toutefois rarement.

Les heureux élus se partageront un bonus mirifique, essentiellement en actions – et non en espèces – qu'ils n'ont pas le droit de vendre tant qu'ils sont en place. Par ailleurs, ils peuvent investir au côté de l'employeur quand ce dernier prend des participations dans des entreprises. Les fiscalistes les plus renommés de Wall Street se préoccupent d'alléger au maximum leur feuille d'impôts par le truchement d'habiles montages d'évasion fiscale parfaitement légaux.

Afin de laisser la place aux nouveaux venus, certains associés-gérants sont priés de quitter la firme après avoir bénéficié (pendant une dizaine d'années en moyenne) de ce statut privilégié. Les autres, une minorité, sont intégrés à l'état-major. L'appel d'air ainsi créé permet d'éviter la fossilisation. L'évolution technologique, très rapide dans la finance, impose un rajeunissement permanent. La faible rotation du personnel administratif – secrétaires et assistants – assure en revanche la continuité.

À l'opposé du népotisme, cette démarche est unique. Elle se fonde sur un principe : à force de rester trop longtemps à leur poste, les banquiers s'engourdissent et commettent des erreurs.

Après avoir trimé dur, les ex-associés, une fois financièrement indépendants, peuvent enfin réaliser leurs ambitions personnelles en se lançant dans la politique, l'enseignement universitaire de la vie des affaires, la philanthropie... Certains créent un hedge fund pour s'amuser ou s'enrichir encore plus. Auparavant, ils ont vendu l'essentiel de leurs actions Goldman. Ce groupe d'anciens constitue un réseau redoutable en affaires. Une fois par an, ils se réunissent à New York. Ils ont parfois leur mot à dire dans l'évolution de la firme, dans certaines nominations. Aux yeux de ces jeunes retraités encore pleins d'énergie, se la couler douce sous les cocotiers ou passer ses journées à frapper des drives sur les terrains de golf est tout simplement impensable.

Dernière pièce maîtresse du « système Goldman » : le contrôle des risques. Dans les banques d'investissement, un mur invisible sépare la préparation des transactions de l'émission ou du courtage. Pour qu'un petit malin ne puisse se jouer de cette « muraille de Chine », elles ont mis en place un arsenal de règles de surveillance très strictes.

« Surtout pas de surprises » : tel est le leitmotiv de l'activité de trading chez Goldman Sachs. Les gains et pertes de chacun sont vérifiés quotidiennement. Les contrôleurs des risques, les « empêcheurs de spéculer en rond », comme on les appelle familièrement, ont droit de veto sur toute transaction douteuse. Ces « déontologues » ont un accès direct aux dirigeants pour empêcher le contournement d'interdits *via* des filiales. Ils sont d'ailleurs directement rattachés au directeur financier, le numéro trois de l'organisation, également responsable de l'administration, de l'informatique, des services comptables. Dans *L'Engrenage*, Jérôme Kerviel, l'ancien trader de la Société Générale, évoque le laxisme des procédures prévalant à la tour de la Défense : « La banque nous avait si bien convaincus de

51

sa toute-puissance qu'elle n'avait même plus besoin de revenir à la charge, de nous rappeler au respect d'un quelconque règlement ou de nous remonter les bretelles en cas de négligence. » Pareille description est tout simplement inimaginable chez Goldman Sachs. À l'inverse de ce qui se passait à la Société Générale, le patron de la salle des marchés de l'établissement américain parle constamment à ses traders, lesquels vivent dans le même monde que leurs contrôleurs.

Toute organisation a ses failles. Le système coupe les professionnels de la réalité, de la vie quotidienne. Car Goldman Sachs, ce n'est pas seulement une machine à produire des profits, c'est aussi une manière de vivre. Dans son livre *Who Runs Britain ?*, le chroniqueur financier star de la BBC, Robert Peston, parle carrément de secte. L'expression *Big Brother* chère au *1984* d'Orwell semble plus appropriée. La police de la pensée, la novlangue, la primauté du collectif sur les convenances personnelles : tout est là. Les employés sont surveillés dans leurs moindres faits et gestes. Un ancien directeur raconte que vous êtes encouragé à déjeuner à la cafétéria – sushi, salade, etc. – où vos achats sont réglés par carte électronique, ce qui permet de contrôler l'équilibre diététique des repas. Si vous allez trop souvent vous approvisionner dans l'une des nombreuses sandwicheries de Wall Street comme de Fleet Street, un expert de la diététique vous contacte en vous « proposant » son aide afin de retrouver le droit chemin…

Le culte du secret est une longue tradition, héritée sans doute du système de partenariat. On inculque à chacun les vertus de la discrétion et les risques du bavardage, particulièrement dans les avions ou dans les bars d'hôtels. Il est interdit de parler d'un dossier à son épouse.

Alors qu'à Manhattan ou dans le West End londonien, le succès des banques s'affiche jusque dans les couloirs du métro sur des panneaux racoleurs, LA Banque, elle, ne fait jamais de publicité. Rien ne doit filtrer d'une institution qui se contente d'un unique partner porte-parole... chargé de parler le moins possible ! Pour un journaliste, obtenir un rendez-vous avec ce dernier relève de la gageure. En termes de transparence, la société se contente de vanter son rôle dans les grandes opérations financières, de publier ses résultats ou les études de ses analystes stars. Alors même que la Banque est cotée en Bourse, les associés distillent les interviews au compte-gouttes et fuient comme la peste les contacts avec la presse. Ce qui se trame au sommet est mieux protégé que dans la Curie romaine.

Ce culte de la victoire à tout prix, cet univers où tout est permis sauf l'échec, ce théâtre de la finance où les spectateurs comme les comédiens n'ont que faire des bons sentiments créent une culture du mépris, un sentiment de supériorité à peine dissimulée. Les croisés de Goldman sont restés cette armée qu'un hebdomadaire britannique a comparée aux puritains de Cromwell, sérieux, pas drôles pour un sou, mais toujours vainqueurs. « Je ne suis qu'un banquier faisant le travail de Dieu » : même s'il s'agissait d'une plaisanterie, la remarque de Lloyd Blankfein en plein débat sur la moralité du capitalisme financier et sur l'avidité présumée des banquiers d'affaires confirme cette arrogance de « premier de la classe ».

Ainsi, lors de la réunion, le 13 octobre 2009, entre le gouvernement travailliste britannique et les dirigeants de filiales des établissements étrangers londoniens à propos de l'encadrement des bonus, le représentant de Goldman Sachs arrive en retard – c'est presque un rite sinon une manie –, se montre désagréable envers ses confrères et se comporte comme en terrain conquis. Arrogance ? Non : absolue confiance dans ce qu'il représente et sentiment d'impunité quoi qu'il fasse.

Est-ce un hasard si Goldman Sachs est le grand gagnant de la crise financière ? Le numéro un planétaire du secteur a tissé un réseau de pouvoir unique au sein des cercles dirigeants mondiaux. C'est une véritable toile d'araignée qui unit le cœur de la haute banque d'affaires aux décideurs de Washington, Paris, Bruxelles ou Pékin. Ou de Londres, le centre de cette nébuleuse qu'est la City.

4.

Prédateurs et proies

Pour LA Banque, tout commence le 18 janvier 2006. Ce jour-là, sur l'héliport de Battersea, à Londres, le magnat de l'acier Lakshmi Mittal appelle Lloyd Blankfein, lui-même en train d'embarquer dans un avion à New York : « Lloyd, j'aimerais que Goldman soit mon principal conseiller pour mener une opération de Mittal Steel. » Ce coup de fil déconcerte un rien celui qui est alors le numéro deux de Goldman. Il est incapable de dire exactement qui est ce sidérurgiste indien, pourtant l'un des industriels les plus puissants du secteur.

À l'époque, l'intéressé n'est qu'un petit client de la banque. Goldman Sachs a joué un rôle secondaire dans la fusion, en 2004, entre Ispat, LNM et l'International Steel Group donnant naissance à Mittal Steel.

– Lakshmi, ce serait un plaisir de vous rendre service.

– J'aimerais explorer les options stratégiques et analyser la faisabilité de pareille transaction. J'ai besoin de votre aide très rapidement.

– Aussi vite que vous le souhaitez. Quelle est la cible ?

– Arcelor.

– Pardon ? Comment s'épelle le nom de cette société ?

Lloyd Blankfein appelle immédiatement Richard Gnodde, le codirigeant de Londres : « Ce Mittal est intéressant. Mais qui est-il exactement ? » Les analystes maison du marché de l'acier se mobilisent pour dresser le profil du sidérurgiste indien.

L'armée Goldman se déploie. Accompagné de Shahriar Tadjbakhsh, codirecteur de la filiale française, Richard Gnodde rencontre le géant de l'acier âgé de 56 ans au siège de Mittal Steel, niché au septième étage d'un immeuble de verre de Berkeley Square. L'influence du Rajasthan, la province natale de ce résident britannique, est bien présente dans les bureaux, aux murs d'un ocre violent où les spots dorés et les tableaux contemporains illuminent le hall d'entrée.

Le maître des lieux est un personnage insolite. Cet industriel de taille moyenne, au physique ordinaire, avec un fort accent indien, ne cherche pas à imiter l'anglais d'Oxford. C'est un self-made man qui a suivi des cours de commerce et répond aux questions de manière lapidaire, sans arrogance ni effets de manches. Le boulimique des hauts-fourneaux se dit homme d'affaires, pas technicien. L'acier – du solide – l'a toujours fasciné. La suite est légende. L'empire Mittal se construit sur des usines mal en point, souvent en Europe de l'Est, rachetées à des gouvernements, trop contents de s'en débarrasser. Ce sabreur de coûts redresse ces canards boiteux à la hache.

Le *tycoon* de nationalité indienne est résident à Londres depuis 1995. Troisième fortune mondiale derrière Bill Gates et Warren Buffett, il occupe un immense manoir victorien à Kensington Palace Gardens – l'allée des milliardaires – qui comprend une piscine de marbre et un garage pour une vingtaine de voitures.

Pour l'amour de ses enfants, Lakshmi Mittal est prêt à beaucoup. Jeune ambitieux, Aditya Mittal, son fils et dauphin, tout juste 30 ans, est directeur financier et président du groupe. C'est ce diplômé de la Wharton School qui a poussé son père à attaquer Arcelor. Comme bon nombre d'industriels indiens, Mittal senior a une vision dynastique de sa société. Sa fille Vanisha, à qui il a offert un mariage des Mille et une Nuits dans les châteaux de Versailles et de Vaux-le-Vicomte, fait partie de sa garde rapprochée.

La proposition faite à Goldman Sachs est alléchante. À partir de deux groupes complémentaires en termes de produits et de couverture géographique, cette mégafusion doit créer un mastodonte trois fois plus grand que son premier concurrent, apportant une nouvelle dimension à un secteur fragmenté en pleine restructuration. Surtout, Lakshmi Mittal a fait appel à Goldman pour lui demander d'être sa banque-conseil numéro un. Imbue de sa supériorité, la firme déteste jouer les seconds couteaux.

– Pourquoi ne pas lui proposer une fusion amicale ? L'interrogation de Richard Gnodde est de pure forme. Cela fait des lustres que la maison a renoncé à son refus systématique de prendre en charge des offres publiques d'achat (OPA) hostiles.

– Parce qu'Arcelor ne veut pas de mariage, répond Mittal dont la voix résonne comme un cri de guerre dans la petite salle de réunion.

Depuis un an, l'entrepreneur indien a plus d'une fois – notamment lors d'un dîner à Londres, le 13 janvier 2006 – fait des avances au P-DG d'Arcelor, le Français Guy Dollé. Arcelor, qui pense barrer la route de l'attaquant en devenant aussi gros que lui, est alors le numéro un mondial de l'acier en chiffres d'affaires.

Mais Mittal, leader en tonnes produites, le talonne de près.

– Je veux créer une entreprise du futur à l'échelle mondiale, poursuit Lakshmi Mittal.

Une bagarre est en route. Un mariage à l'amiable ? Non, un raid, une attaque surprise. Dans ce contexte, le rôle du banquier d'affaires est décisif. Au départ, il est entremetteur. Ou plutôt « spécialiste des fusions-acquisitions », ce qui est beaucoup plus chic. Cet homme-là aide un chef d'entreprise à grossir en avalant un rival pour bénéficier des économies de coûts, améliorer sa position concurrentielle et valoriser l'investissement de ses actionnaires. Si c'est lui l'agresseur, il l'aide à fourbir ses armes. Si le client est attaqué, son banquier-conseil doit trouver la parade pour préserver son indépendance.

Quelle que soit l'issue du combat, les commissions empochées par ces VRP d'élite du capitalisme mondialisé sont gigantesques. Et la Bourse adore ces batailles médiatisées sous la houlette de grands requins en quête de moutons à tondre.

Ne dit-on pas d'un expert en offres publiques d'achat et en coups de Bourse préparés dans l'ombre qu'il a un moral d'acier ? Comme la sidérurgie, la banque-conseil est un métier d'alchimiste, un art fin, subtil mais périlleux. Et dans l'art du fléau, de la balance et du glaive, les moines banquiers du 85 Broad Street passent pour les meilleurs. La réussite de cette OPA hostile de Mittal sur le groupe sidérurgique luxembourgeois Arcelor (l'entité issue de la fusion entre le Luxembourgeois Arbed, l'Espagnol Aceralia et le Français Usinor) va participer à la légende de la maison Goldman.

Dans une OPA hostile – une offre publique d'achat –, la confidentialité n'a pas de prix. Tout va se dérouler en secret, en petit cercle restreint, au QG londonien de Mittal Steel. Le conseil d'administration de Goldman n'est même pas au courant. Tout doit être codé. L'opération est baptisée « Projet Olympus » – résidence des dieux – allusion aussi aux JO et à la rage de vaincre. Le nom de code de Mittal Steel est « Mars », le dieu de la guerre, de la bravoure, doté de surcroît d'un casque et d'une épée du meilleur acier. Arcelor est baptisé « Atlas », le titan qui perdit contre Zeus (le roi de l'Olympe…) qui le condamna à porter le monde sur ses épaules pour l'éternité.

Goldman Sachs sort alors de sa manche son atout maître : Yoël Zaoui. Réputé pour son inventivité et sa réactivité, le codirecteur de la banque-conseil à Londres est la star des fusions paneuropéennes. Né à Casablanca, élevé à Rome, moulé à HEC et à la Stanford Business School, il a rejoint la banque en 1989 à New York. Les « coups » sont une affaire de gènes : son frère aîné, Michael, exerce à l'époque la même profession chez le grand concurrent de Goldman, Morgan Stanley. On doit au « petit frère » le succès d'opérations boursières spectaculaires : HSBC-CCF, Italenergie-Montedison, Pechiney-Alcan ou Aventis-Sanofi. Le regard intérieur du professionnel trahit un appétit de victoire totale jamais rassasié, comme dans le sport de haut niveau.

L'OPA est une guerre sans concession au cours de laquelle les deux camps – le prédateur et sa victime – se battent à coups d'arguments politiques, médiatiques et économiques. On ne part pas à la chasse au crocodile avec un filet à papillon. Autour de Zaoui, Goldman constitue une équipe de choc avec notamment Pierre-Yves Chabert, principal associé au cabinet juridique parisien de Clearly, Gottlieb, Steen & Hamilton. Il fallait en effet un juriste européen attaché à un grand

cabinet américain afin de couvrir pas moins de sept juri-
dictions concernées : Luxembourg, Belgique, France,
Espagne, Pays-Bas, Union européenne et États-Unis. Vu
le nombre d'autorités de régulation impliquées, cette
opération se révèle d'une incroyable complexité sur le
plan légal.

Quatre banques commerciales sont appelées en renfort pour aider à financer l'opération : Crédit Suisse,
Citigroup, HSBC et la Société Générale. Contrairement
à la plupart des magnats prédateurs, Lakshmi Mittal est
à l'écoute de ses banquiers.

Enfin est engagée l'une des communicantes les plus
réputées de la place de Paris, Anne Méaux, présidente-
fondatrice de l'agence Image 7. Ex-collaboratrice du
libéral Alain Madelin quand il était au ministère de
l'Industrie, elle se sent naturellement proche de Mittal
qui incarne le mythe du patron des pays émergents.

Le cabinet de guerre est dès lors constitué.

« C'est Goldman qui mène le show », dit d'emblée
Mittal. Paupières mi-closes, visage impassible, Yoël Zaoui
ne dit mot. Que faire d'autre, après tout, lorsque les éloges succèdent aux éloges ? À l'inverse du trading sans foi
ni loi, dans la banque-conseil, c'est la relation de
confiance établie avec le client qui compte. Le reste
consiste finalement à dominer les bases élémentaires de
la division et de la multiplication. C'est un métier de seigneur.

25 janvier 2006 : sur les conseils de Goldman Sachs,
Lakshmi Mittal téléphone à Guy Dollé pour lui proposer
la fusion des deux groupes. Au terme d'une conversation courte mais polie, ce dernier refuse une nouvelle
fois.

Les hostilités sont déclenchées deux jours plus tard à
Londres quand le groupe indien annonce publique-

ment son intention de racheter Arcelor. La veille de l'offensive, l'action de la proie se languit. Le groupe est mal aimé d'une Bourse qui le sous-évalue. Les spéculateurs maltraitent sa cote depuis novembre 2005.

Pourtant, la première offre de Mittal laisse les marchés sceptiques. Le prix bas et la forte composante en papier, autrement dit en actions, offerte aux actionnaires, sont jugés insuffisants. De plus, l'emprise de la famille Mittal sur un groupe immatriculé aux Pays-Bas et coté à Londres contrevient aux règles de la bonne gouvernance d'entreprise. Perçue comme ne créant pas de valeur immédiate, l'OPA paraît mal partie. Avec superbe, Arcelor repousse l'offre.

L'offensive ne rencontre pas une franche sympathie de l'autre côté du Channel, dans les quatre pays d'opérations. Très attaché à Arcelor, dont il accueille le siège social, le Luxembourg se range résolument dans le camp de l'agressé. Quelques jours après l'annonce du raid, le grand-duché transpose à la hâte une directive européenne sur les OPA qui renforce les moyens de défense de la cible. Quant au ministre français de l'Économie, Thierry Breton, proche de Jacques Chirac, il affirme avec une touche de xénophobie – surprenante chez cet ancien président de France Telecom – que cette OPA hostile pose à la France « un problème de grammaire du monde des affaires ».

Au départ, Goldman peut compter sur le soutien de la City qui apprécie l'outsider Mittal, et du gouvernement britannique. L'industriel a en effet su se montrer généreux envers le parti travailliste. Le Premier ministre Tony Blair lui a renvoyé l'ascenseur en favorisant ses intérêts dans les pays de l'ex-bloc soviétique. A priori, la commission de Bruxelles n'est pas hostile à une OPA qui ne peut que renforcer l'Europe industrielle. La Wallonie et l'Espagne se déclarent neutres. Et Jacques Chirac, qui prépare une visite en Inde, a demandé à son ministre de l'Économie de baisser d'un ton. L'heure est à l'apaisement. La France, qui n'est pas actionnaire, se résigne à laisser faire.

Début février, l'offensive de Mittal paraît toutefois sérieusement embourbée quand Guy Dollé, qui, d'entrée de jeu, a qualifié Mittal de « groupe d'Indiens » et son offre de « monnaie de singe », ajoute une couche de mépris en affirmant qu'Arcelor fait du « parfum » quand Mittal fait de « l'eau de Cologne ».

Le franchouillard Dollé a oublié qu'à la City comme à Wall Street travaillent de nombreux cadres supérieurs originaires du sous-continent indien. De surcroît, le mode de vie modeste de Dollé qui vit dans un appartement à Levallois, a une maison de campagne à Dunkerque et touche l'un des plus bas salaires du Cac 40, fait sourire les Anglo-Saxons. Ils portent aux nues magnats et oligarques dont le goût du luxe et la folie des grandeurs alimentent leurs primes de fin d'année.

Sobre et maître de lui, Mittal se déclare seulement « attristé » par ces propos. Et c'est à ce stade que le fameux réseau s'active. Les attaques de Guy Dollé et de ses acolytes ont offusqué nombre de patrons français. En particulier François Pinault qui vient de transmettre les clés de son groupe à son fils. Le Breton se trouve bien des points communs avec cet Indien dont le parcours professionnel ressemble tellement au sien. Le fondateur de PPR s'en ouvre à Anne Méaux. Ensemble, ils organisent un dîner lui permettant de rencontrer les grands pontes de l'establishment français des affaires. En lui donnant la légitimité qui lui manquait, l'entrée, quelques semaines plus tard, de Pinault au conseil d'administration de Mittal Steel fait taire les critiques en

France et en Belgique. « François Pinault est un visionnaire, que j'apprécie beaucoup. Il s'agit d'une relation d'industriel à industriel », déclare Mittal en sachant que son nouveau compère plaidera sa cause à l'Élysée auprès de son ami Chirac. Le geste de Pinault est d'autant plus désintéressé qu'à l'époque, le groupe PPR n'est pas client de Goldman Sachs. Parallèlement, Anne Méaux obtient de Carlos Ghosn, le patron de Renault, d'origine libanaise et élevé au Brésil, d'écrire une lettre ouverte défendant la diversité culturelle.

Fervent partisan de la mondialisation, défenseur du libéralisme sans entraves autant que des gros bonus, Yoël Zaoui est persuadé qu'au bout du compte les actionnaires – 60 % du capital d'Arcelor est aux mains de fonds de pension – vont balayer les États. Le patriotisme économique n'existe plus. Il persuade donc son client, Lakshmi Mittal, qu'il est temps de relever considérablement son offre, de 35 %. Parallèlement, le milliardaire renonce aux droits de vote doubles en acceptant de passer sous la barre de 50 % des actions comme des suffrages dans le nouvel ensemble. Cette concession doit en terminer avec la décote boursière provoquée par l'absence de bonne gouvernance. Soucieux de ne pas accroître son endettement, Lakshmi Mittal et son fils résistent avant de se ranger à l'avis de Goldman Sachs. L'euphorie règne au quartier général de Mittal Steel à Berkeley Square. La peau de l'ours est vendue, reste à tuer la bête. Zaoui est certain qu'il ne s'agit que d'une formalité.

C'est alors que, pour échapper à Mittal, Guy Dollé joue son va-tout. Il se trouve un chevalier blanc, Severstal, premier fabricant russe d'acier. Mais l'alliance avec l'oligarque Alexeï Mordachov se révèle à double tranchant. Le nouvel allié, proche du Kremlin, n'apparaît pas très fiable. C'est un homme arrogant. L'opinion rechigne à la mainmise d'un oligarque sur Arcelor à l'heure où Moscou ne cache pas ses ambitions en matière d'énergie. Quant à la City, elle n'a toujours pas pardonné le démantèlement, en 2004, sur ordre du Kremlin, de la major pétrolière Ioukos, au mépris de la réglementation internationale. Les financiers ont la mémoire longue.

Pour sauver Arcelor des griffes de Mittal, son P-DG, Guy Dollé, doit absolument gagner les faveurs de son premier actionnaire, le Franco-Polonais Roman Zaleski, grand connaisseur du marché de l'acier, qui n'a pas choisi son camp. C'est l'homme incontournable : il détient le plus gros pourcentage du capital d'Arcelor. Heureusement pour Mittal, l'oligarque russe Alexeï Mordachov, autoritaire, grossier, s'y prend très mal. Vexé, Zaleski décide, le 14 juin, d'appuyer l'entrepreneur indien.

Il ne reste plus qu'à persuader les hedge funds (les fonds d'investissement), autres actionnaires importants d'Arcelor, du bien-fondé du projet industriel Mittal. Pour Goldman Sachs, c'est un jeu d'enfant. En effet, la banque administre toutes leurs transactions. Enfin, le Luxembourg, principal État actionnaire, se rallie dans la foulée.

Le 25 juin 2006, à l'issue d'une guerre de cinq mois sans concession, le conseil d'administration d'Arcelor recommande à l'unanimité à ses actionnaires d'apporter leurs titres à Mittal. Les investisseurs institutionnels ont forcé les dirigeants à accepter les conditions de l'assaillant. Sous les auspices de Goldman Sachs, Arcelor-Mittal, un nouveau groupe fort de 320 000 employés, s'impose comme champion mondial incontesté de l'acier, loin devant ses principaux concurrents. Le clan indien contrôle le conseil d'administration. Lakshmi Mittal, vice-président, et son fils, directeur financier, tiennent aussi les rênes stratégiques. Ils ont les mains libres en matière de restructurations et de plans sociaux. « Au-delà du succès d'un homme, du dynamisme du groupe qu'il a créé et des mutations industrielles mondiales dont il témoigne, cette bataille de l'acier s'est soldée par une victoire écrasante des marchés et une défaite humiliante des politiques », écrit *Le Monde*. En fait, le grand quotidien du soir rend implicitement hommage à la victoire de Goldman Sachs.

Lakshmi Mittal obtient alors une consécration inattendue : il est invité à rejoindre le conseil d'administration de Goldman Sachs. La banque a besoin de lui pour mettre le paquet sur les marchés émergents asiatiques. Elle a marqué un nouveau but.

Lors de la conférence de presse finale sous les lambris dorés de l'hôtel Lanesborough, à Knightsbridge, le nouveau maître de la sidérurgie européenne est heureux d'en avoir fini. Il fait le V de la victoire. Au dernier rang, bien en retrait derrière les journalistes, on distingue, la tête légèrement rentrée dans les épaules, un petit monsieur en costume passe-muraille qui tente un sourire timide. Yoël Zaoui suit ses clients à la trace, gardant toujours un œil sur eux.

Deux ans plus tard, en pleine crise financière, nous nous retrouvons dans une salle de réunion de Goldman Sachs International, dans le cadre d'une enquête sur la firme. Yoël Zaoui dégage une tout autre allure. Le voici dans son fief, direct, spontané, l'œil incisif de l'homme pressé et de l'infatigable travailleur, le port altier. Content de lui, de son sort et de sa banque. Malgré la tourmente économique mondiale, le marieur d'entreprises affirme que tout va bien dans le meilleur des mondes. De la pure langue de bois.

Mais Yoël Zaoui sait aussi se montrer colérique. Quelques semaines plus tard, il m'appelle à mon domicile un samedi soir pour se plaindre de ne pas avoir été mentionné dans un article. Il s'agissait d'un portrait critique de Goldman Sachs publié dans *Le Monde* du 31 octobre 2008. Sous l'écorce rugueuse, le banquier se sent fragile, conscient qu'année après année, la part de la banque d'investissement dans le chiffre d'affaires total de Goldman recule sous l'envolée inexorable des activités de trading. Mais les mariages de ce genre ont encore de beaux jours devant eux.

5.

Le jeune Frankenstein est français

Ce matin du 27 avril 2010, devant les sénateurs membres de la commission d'enquête américaine – et les chaînes de télévision du monde entier –, Fabrice Tourre est sur la défensive. Car son procès est aussi, surtout, celui de la maison. Ce jour-là, les raids réussis, les paris gagnés, les fusions menées à bien sous le feu de l'ennemi, rien ne compte plus. LA Banque est l'accusée. Et devant le Congrès des États-Unis, ce qui n'est pas rassurant.

L'objet du courroux des sénateurs ? Le Français a façonné dans les laboratoires de son employeur un produit financier complexe, bourré de crédits hypothécaires subprimes toxiques, qu'il a recommandé à la hausse à ses clients. Parallèlement, le trader s'est allié en secret avec un sulfureux hedge fund pour jouer le même produit... à la baisse. Mais il a travaillé ses réponses face aux enquêteurs : « À aucun moment nos clients n'ont été leurrés. Nous sommes à leur service mais nous ne sommes pas leurs conseillers. » Minutieusement préparé par une armée d'avocats, le professionnel au cœur de la tourmente pèse soigneusement ses mots. Le fort en thème a devant lui une liasse de documents aussi épaisse que deux annuaires téléphoniques : il a du mal à s'y retrouver. Le trader nie les faits qui lui sont reprochés d'une voix assurée, dans un américain au fort accent français. Son aplomb frise l'effronterie. Il use et abuse d'un jargon technique pour esquiver le feu roulant des questions sur les allégations de fraude. Ces manœuvres plongent dans un océan de perplexité et de scepticisme le président de la commission, le pugnace Carl Levin, sénateur démocrate du Michigan et juriste réputé.

« Je regrette ces courriers électroniques qui donnent une mauvaise image de la firme comme de moi-même, poursuit Fabrice Tourre. J'aurais préféré ne pas les avoir envoyés. » Évidemment, il n'est pas question d'amuser la galerie et de donner dans le style golden boy ! Le jeune homme la joue antihéros. Que ceux qui fantasmaient sur les loopings d'un vétéran de la cabriole financière changent de chaîne. Il y a eu erreur de casting. Au-delà des apparences, le Frenchie cultive le genre « meilleur employé de Goldman Sachs » qui agace l'homme de la rue. Pour un peu, ce gourmand réussirait à faire oublier le rôle clé qu'a joué cette institution dans le déclenchement du tsunami financier.

Deux jours plus tard, le 29 avril 2010, à l'aube, Fabrice Tourre est allongé dans sa chambre d'hôtel, tripotant son Blackberry bourré de messages de félicitations dithyrambiques de collègues sur sa prestation au Capitole. Puis, un rien agacé, il jette un œil sur la presse américaine, beaucoup plus critique : « Fab le fabuleux a oublié de s'excuser, mais pas d'être arrogant », tonne le *Washington Post* en brocardant « le millionnaire incompris ». Le tabloïd *Daily News* cloue au pilori « ce pleurnichard apeuré ». L'intéressé ferme un instant les yeux et se replonge dans le passé. Les images de sa carrière repassent au rythme du *ticker*, la bande électronique sur laquelle défilent les indices boursiers du New York Stock Exchange.

Ce Rastignac transplanté dans le nouveau monde est sorti tout droit de Centrale, l'une des plus prestigieuses grandes écoles françaises, dont raffolent les salles des marchés de la terre entière. Après une jeunesse passée dans la banlieue Ouest de Paris, du Plessis-Robinson à Sceaux, dans des quartiers résidentiels un brin aisés, entre un père cadre et une mère podologue, Fabrice Tourre a enchaîné sur les célèbres lycées Henri-IV et Louis-le-Grand. Précoce, il est reçu à Centrale à 19 ans. Fabrice a d'ailleurs tout du premier de la classe : sage comme une image, bien élevé, à des années-lumière de la moindre fantaisie. Il y a un côté gendre idéal chez cet étudiant ambitieux assez facile à cerner.

Après une année à la Stanford Business School, l'une des meilleures écoles de management des États-Unis, l'aspirant trader au cursus exemplaire décroche un entretien d'embauche chez Goldman. Pour le jeune candidat, c'est un vrai parcours du combattant. Il doit se plier au petit jeu d'une vingtaine d'entretiens rondement menés par associés et directeurs. On l'interroge sans relâche. Au bout du processus, les hiérarques de l'établissement n'ont rien, non, vraiment rien trouvé qui leur déplaise chez le Français. À leurs yeux, le jeune loup a tout pour lui : intelligence, autorité naturelle, soif de réussite professionnelle, bosse des mathématiques sophistiquées, maîtrise de la novlangue financière. Fabrice n'a pas besoin de beaucoup de sommeil. Disert et charmant, un peu nerveux (mais qui ne le serait pas ?), il cache mal un vif sentiment de supériorité intellectuelle, ce qui est un bon point pour la banque. C'est un tennisman chevronné, hyperconcentré, qui s'adonne avec bonheur au jogging, donc prêt aux longs efforts.

Les recruteurs de Goldman en sont persuadés : Fabrice Tourre est leur homme.

Le cœur battant la chamade, le voilà qui passe par la porte du paradis, celle du 85 Broad Street – l'austère tour de béton à l'architecture passe-partout qui accueillait alors le siège de Goldman Sachs Inc. Dans le magnifique hall d'honneur tout en marbre brun, après le contrôle de sécurité, une réceptionniste sans charme lui adresse un sourire contraint et appelle la division des crédits hypothécaires – le *mortgage desk*. Une secrétaire vient le chercher et lui remet sa carte magnétique. Premier frisson, dès la sortie de l'ascenseur : une rumeur vague sourd de la porte de la salle des marchés – un bloc d'un seul tenant éclairé de mauvais néons. Le brouhaha enfle alors qu'il gagne sa division au fond du vaste espace décloisonné où s'alignent des rangées de bureaux remplis d'ordinateurs, de batteries de téléphones, d'annuaires spécialisés et de petits drapeaux américains. « Hello Fabrice, bienvenue, je suis content que vous soyez des nôtres ! », lance le directeur du *mortgage desk*, Daniel Sparks, un Texan loquace et sympathique, en lui donnant une puissante et rapide poignée de main. Les yeux rivés sur leurs écrans, le micro au bord des lèvres, les traders sont trop occupés pour remarquer le nouvel arrivant. Il est affecté à une section composée de six opérateurs dirigée par Jonathan Egol. Des grosses têtes qui ont en commun la passion de l'analyse financière et des algorithmes et qui mettent tout en équations. Fabrice, qui se considère comme l'être le plus doué au monde, trouve immédiatement sa place. Il a revêtu une cotte de mailles face à tous ces ambitieux qui se poussent du coude. Il a fait sienne la fameuse remarque de Gekko-Michael Douglas dans le film *Wall Street* : « Si vous voulez un ami dans une salle des marchés, prenez un chien. »

Le travail qui consiste à vendre et à acheter pour le compte de son employeur des produits dérivés complexes aux acronymes barbares est certes fastidieux. Le salaire de base n'est pas terrible, mais la rémunération au chiffre *via* la prime de fin d'année – le fameux bonus – promet d'être rondelette. Fabrice Tourre se sent bien à New York, ombilic de la planète financière. Centrale et l'université de Stanford sont à des années-lumière. Le groupe Bouygues, où il a été stagiaire pendant deux mois avant de partir étudier aux États-Unis, est sur une autre planète. Le passé est loin derrière. Il est arrivé. Il a 22 ans.

Grâce à la croissance économique, à la course au gigantisme, mais surtout à la politique exubérante d'argent bon marché menée par Alan Greenspan, président de la Réserve fédérale (la Banque centrale américaine) entre 1987 et 2006, le secteur financier américain est devenu une extraordinaire machine à fabriquer des profits : à lui seul, ce pôle représente 40 % du total des bénéfices des entreprises américaines.

Au cœur de cet essor sans précédent se trouve l'explosion des produits dérivés de crédit, en particulier ceux qui sont fondés sur un marché immobilier qui croît jusqu'à la folie. Décortiqués, traqués, décomposés par les petits génies des salles des marchés, ces nouveaux instruments financiers sont recombinés dans de complexes échafaudages « algorithmiques ». À force d'emprunter les sens interdits, les traders franchissent les murailles de la réalité. Sabre au clair, ces jeunes gens exceptionnels déconstruisent les produits, les regroupent puis les revendent en tranches.

Chez Goldman comme ailleurs, les effectifs de la division crédits hypothécaires gonflent de manière métasta-

71

tique, dépassant bientôt 400 personnes. Les neurones de Fabrice Tourre tournent sans arrêt. Épuisante course d'obstacles, jalonnée de nuits écourtées, de week-ends sacrifiés, de trop rares distractions. Dans cette cocotte-minute, il faut apprendre les ficelles du métier sur le tas. Les supérieurs hiérarchiques sont constamment débordés, entre deux avions et trois réunions aux quatre coins du monde. « Je bosse depuis six ans à ce rythme d'enfer. Je sens que je perds la tête », commente Fabrice Tourre dans l'un de ses mails à sa jeune amie. Mais qu'importe l'épuisement, le garçon gagne ses galons à la vitesse d'un courrier électronique. Le voici « vice-président », la première marche menant au pinacle de la gloire et de la fortune : le statut de partner, d'associé.

Jonathan Egol et Fabrice Tourre forment l'un de ces binômes typiques de Goldman Sachs. Les deux personnalités se complètent. Le premier, introverti, est l'homme des concepts ; le second, extraverti, est un vendeur-né. En 2005, les deux compères mettent au point un produit financier basé sur un portefeuille de créances comprenant essentiellement des subprimes, des crédits hypothécaires à risques. Ces CDO *(collateralized debt obligations)* sont affublés d'un nom de code latin : Abacus. En français, l'abaque, le boulier compteur...

L'heure est certes à l'euphorie boursière. Mais au même moment, les premières lézardes apparaissent sur le marché hypothécaire américain. Derrière la course au rendement facile commence à s'introduire le doute sur la pérennité du boom immobilier. Fabrice Tourre s'interroge en particulier sur les manœuvres de certains de ses clients, les hedge funds, les fonds d'investissement, qui parient massivement sur une prochaine chute du marché hypothécaire. Mais le flibustier du risque préfère ne pas confier ses états d'âme à sa hiérarchie, persuadée, elle, de la poursuite de la hausse du marché du logement. Qu'importent les doutes, en effet, tant que les ventes de ces produits sophistiqués remplissent les caisses et alimentent les primes de fin d'année. D'autant qu'à Washington, la SEC laisse faire les spéculateurs. Le régulateur ne comprend pas grand-chose à tous ces Meccano financiers.

Puis, en cette fin d'année 2006, les contrôleurs des risques de Goldman Sachs tirent la sonnette d'alarme : depuis dix jours, la division des crédits hypothécaires affiche des pertes. À l'échelle du bilan global, rien de bien grave : seule une poignée de millions de dollars s'est envolée, une paille. Plus question, toutefois, de jouer avec le feu en continuant à parier à la hausse alors que le marché des crédits à risques (subprimes) se met à baisser. « Attention danger. »

À l'issue d'une réunion au sommet en décembre 2006, Goldman Sachs prend la décision de se délester progressivement de ses avoirs en crédits immobiliers. Pour faire avaler la pilule à ses traders, adeptes du maintien de cap, le directeur financier, David Viniar, leur envoie un e-mail : « Il va y avoir de bonnes occasions, lorsque les marchés [subprimes] iront vers ce qui semble être de plus grandes difficultés et nous devons être en position d'en profiter. »

Le 28 décembre 2006, Ownit Mortgage, une petite caisse hypothécaire américaine, fait faillite. L'information mérite à peine un entrefilet du *Wall Street Journal*, mais elle est prise très au sérieux par Goldman Sachs, qui s'empresse de se débarrasser de ses subprimes toxiques. Alors que d'autres établissements – Bear Stearns, Lehman, Merrill Lynch, Citigroup et AIG notamment – continuent à accumuler des portefeuilles toxiques qui vont atteindre plusieurs centaines de milliards de dollars, formant ainsi la base de ce qui va éclater : la crise financière mondiale de septembre 2008.

Pendant ce temps, la créature de Goldman Sachs, Abacus, un habile montage, prospère. D'après la SEC, en décembre 2006 déjà, le fonds d'investissement américain John Paulson & Co. – très gros client de Goldman Sachs – indique au jeune Français qu'il souhaite parier contre les subprimes. Toujours selon le gendarme de la Bourse américaine, Fabrice Tourre aurait alors autorisé John Paulson – un requin comme on n'en fait plus – à sélectionner personnellement, en secret, certaines valeurs du portefeuille Abacus, les plus « pourries » possible. De leur côté, innocentes, la caisse régionale allemande IKB, spécialisée dans les prêts aux PME, et la banque d'affaires néerlandaise, ABN Amro, s'intéressent, sans trop poser de questions, à ce même Abacus qui semble bien présenté et attrayant. Contrairement à Paulson, confiantes dans le marché immobilier américain, elles veulent le jouer à la hausse. Fabrice Tourre leur aurait d'ailleurs laissé entendre que John Paulson misait sur la hausse d'Abacus. Alors que c'était exactement l'inverse qui était en train de se produire...

Aujourd'hui, la défense de Goldman Sachs est très simple : les acheteurs d'Abacus sont restés jusqu'au bout optimistes quant à l'évolution du marché immobilier américain : à quel titre un banquier refuserait-il de leur vendre ce qu'ils réclamaient ?

À New York, début 2007, tout s'était pourtant accéléré.

Au siège de GS, 85 Broad Street, le trader français est soumis à d'intenses pressions pour se débarrasser de l'investissement fait par Goldman Sachs en fonds propres dans Abacus. Le P-DG Lloyd Blankfein en personne descend le voir à plusieurs reprises pour l'encourager à céder au plus vite ce produit toxique. Mais les acheteurs contactés par Fabrice Tourre n'en veulent pas. D'autant que, fidèle à sa réputation de dureté en affaires, la banque refuse de brader ses prix !

En avril, Goldman décote deux fonds spécialisés dans les investissements hypothécaires de Bear Stearns – qu'elle gère directement. Une décision qui fait fuir les investisseurs.

Puis, en août 2007, c'est le premier tremblement de terre : le marché des subprimes s'effondre, signe avant-coureur de la grande crise.

En vérité Wall Street est assis sur un baril de poudre !

Goldman Sachs va perdre l'équivalent de 75 millions d'euros dans l'opération Abacus. Peu de chose pour l'empire Goldman. Et Fabrice Tourre fait tout de même banco : sa rémunération totale en 2007 est de 1,5 million d'euros.

Promu au rang de directeur exécutif, Tourre est dépêché en novembre 2008 à Londres. Sa mission ? Adapter Abacus au marché européen ! La quête du Graal mythique, de la pierre philosophale, peut se poursuivre. Avec son amie, une Française rencontrée au siège new-yorkais de la firme, il loue un petit appartement dans un beau square de Clerkenwell, un quartier bobo du centre-ville, proche de son travail. « Un type mesuré, typiquement City, très poli, très classe moyenne, standard », souligne le propriétaire. En expert du marché immobilier, Fabrice Tourre réclame et obtient une réduction de 20 % du loyer en ces temps de récession.

Mais le bonheur est de courte durée. En décembre 2009, le *New York Times* révèle le subterfuge Abacus, consistant finalement à vendre à des clients des crédits en tranches dont Goldman se débarrassait en douce. L'affaire est suffisamment sérieuse pour que la SEC s'empare du dossier et ouvre une enquête, en décembre 2009.

Sous des allures distinguées, sous un air beau parleur et chaleureux, Fabrice Tourre a un péché mignon, dangereux dans son univers professionnel : la vantardise. Le jeune homme aime afficher ses bonnes fortunes, vraies ou supposées. Ainsi, en janvier 2007, le fanfaron a-t-il envoyé à son amie ce fameux courriel dans lequel il affirme avoir anticipé l'effondrement du marché immobilier : « Le bâtiment tout entier est sur le point de s'effondrer, à n'importe quel moment maintenant. Seul survivant potentiel, Fab le fabuleux, droit debout au milieu de toutes ces transactions complexes, à fort effet de levier, exotiques, qu'il a créées sans forcément comprendre toutes les implications de ces monstruosités. » Frankenstein est là, plus que jamais.

Rendu public le 16 avril 2010, ce courriel viendra alimenter le dossier d'accusation contre Goldman et Fabrice Tourre constitué par la SEC, qui dénonce notamment « des déclarations trompeuses et la dissimulation de faits essentiels » sur certains produits financiers liés aux crédits hypothécaires à risques. C'est le coup de théâtre. Le cours de Goldman chute de 12,8 %, entraînant celle de la Bourse de New York puis des places européennes. Goldman Sachs et son trader savent qu'ils pourraient être poursuivis au civil comme de vulgaires escrocs par des clients s'estimant plumés. Immédiatement prié par son employeur de prendre des vacances, le trader répond par un silence hautain aux accusations de la presse internationale. Les éditorialistes évoquent le spectre de la faillite du cabinet Arthur Andersen ou de la banque Drexel Burnham Lambert, pris dans les mêmes rets de la justice, avant de disparaître corps et biens.

Malgré les démentis de la banque d'affaires pour qui le dossier est vide, le scandale a un effet boule de neige en Europe où sa position est sérieusement menacée. La Financial Services Authorities (FSA) – la tutelle des marchés britanniques – ouvre à son tour une enquête. Fabrice Tourre se voit retirer sa licence de trader dans la City. Mais le Français n'est pas jeté en pâture à l'opinion et aux médias comme un vulgaire Jérôme Kerviel, le trader fou de la Société Générale. À l'évidence, cet orfèvre en subprimes est au courant de trop de choses sur le modus operandi de la banque, sur les mille et une façons de contourner les pratiques officielles, sur les responsabilités des uns et des autres.

L'affaire a également des répercussions en Allemagne où la banque IKB prépare une demande de dommages et intérêts à la suite d'une perte colossale enregistrée après ses achats d'Abacus. La chancelière, Angela Merkel, n'exclut pas un recours juridique pour récupérer le manque à gagner. Des membres de la coalition gouvernementale exigent le gel des transactions entre Goldman et l'État allemand.

Sur son site internet, Goldman Sachs le proclame haut et fort : « Les intérêts de nos clients priment. » Or, aujourd'hui, ces derniers se rebiffent contre une institution qui semble jouer double jeu. Les britanniques Lloyds Banking Group et Royal Bank of Scotland, l'allemande IKB, le gouvernement grec et les groupes énergétiques chinois sont quelques-unes des multiples victimes de la stratégie de l'enseigne visant parfois à privilégier ses opérations en compte propre avant celles de ses clients.

Comment Goldman Sachs est-elle passée en deux décennies à peine du statut vénérable de banque d'affaires traditionnelle, réputée pour son service à la clientèle, à celui d'un vaste casino spéculatif où tous les coups sont permis ? Le métier du trading – pour ses clients comme pour son compte propre – a pris le dessus après la retraite du prudent John Weinberg en 1990. Ses successeurs à la présidence de la banque ont privilégié les activités de marché, plus rentables que les mandats de conseil aux entreprises. Avec l'actuel président Lloyd Blankfein, ancien trader en métaux, formé à la dure école du courtier en matières premières J. Aron, la transformation de l'entreprise en un vaste supermarché de la finance s'est accélérée. Par ailleurs, Goldman met l'accent sur le service aux hedge funds et, de surcroît crée ses propres fonds d'investissement... concurrents de ceux de ses clients. En parfaite légalité, les informations obtenues auprès de ceux-ci permettent de nourrir ses autres activités.

Ce 27 avril 2010, après Fabrice Tourre, c'est au tour de Lloyd Blankfein d'affronter l'ire des sénateurs. Sa défense : juridiquement, rien ne peut lui être reproché. Reste que le dialogue entre le banquier et ses accusateurs rappelle les fameux dialogues d'Harold Pinter : une question, une longue pause et une réponse lapidaire.

Le sénateur Levin : – Votre employé lui-même dit que ce produit est *merdique*. Vous les vendez à vos clients sans les en informer, puis vous misez contre. N'y a-t-il pas là conflit d'intérêts ?

Lloyd Blankfein : – Dans le contexte des marchés, il n'y a pas de conflit. Chacun choisit le risque qu'il prend.

À peine un sourire de courtoisie qui se veut charmeur et déjà l'on sent que Lloyd Blankfein est parti ailleurs, au firmament de la gloire, sans doute entre Dieu et Mammon, là où personne ne viendra chicaner les lauriers de sa chère entreprise. On croit deviner ses pensées. Comment Goldman Sachs, reine des métiers financiers, a-t-elle pu en arriver là ? Comment son patron, sacré personnalité la plus influente des États-Unis et « homme de l'année 2009 » par le *Financial Times*, a-t-il pu ainsi tomber de son piédestal ? Et surtout, comment Goldman Sachs a-t-elle pu s'enfermer dans une telle bulle ? En fait LA Banque a un secret que l'on finira par découvrir. Un secret qui n'a pas grand-chose à voir avec les produits dérivés ou les hedge funds.

6.

Conflits d'intérêts

Le visiteur du siège américain ou de l'une des filiales de Goldman Sachs se voit souvent offrir, en guise de cadeau de bienvenue, le dépliant ivoire intitulé *Our Business Principles* (« nos principes en affaires ») publié au début des années 80[1]. Le précepte numéro un proclame : « L'intérêt de nos clients est primordial. » Mais au fait, de quels clients s'agit-il ?

Banque d'affaires, comme on dit en Europe, ou banque d'investissement pour reprendre la terminologie anglo-saxonne, la compagnie est la dernière survivante d'une espèce hybride apparue aux États-Unis après la Grande Dépression des années 30. Aider les plus grandes entreprises, les conseillant dans leurs acquisitions et dans leurs appels au marché – émission d'actions ou souscription de crédits obligataires – a longtemps été sa principale raison d'être. La matière grise du groupe ne s'adressait pas seulement au monde des affaires mais aussi aux gouvernements, qu'il s'agisse d'emprunts ou de privatisations, ainsi qu'aux grosses fortunes. Au nom de la prééminence de l'intérêt du client, l'institution

---

1. Voir annexe 1, p. 279.

évitait soigneusement d'être associée aux OPA hostiles des raiders, la nouvelle race de prédateurs. Elle se voulait au-dessus de la foire d'empoigne des raids sauvages, avec son cortège d'abus et de scandales, qui a déferlé à partir des années 80. D'ailleurs, le siège de la firme, au 85 Broad Street, n'avait ni plaque à la porte d'entrée ni logo publicitaire dans le hall d'honneur.

Pourquoi et comment Goldman Sachs est-elle passée en trois décennies du statut de banque d'affaires traditionnelle – réputée pour sa prudence – à ce qui ressemble à un vaste casino ?

Le métier du négoce pour compte propre, c'est-à-dire au profit de la banque elle-même, a pris le dessus au début des années 90 avec l'arrivée de nouveaux dirigeants, traders de formation. Robert Rubin, puis Jon Corzine ont privilégié les activités de marché – obligations, devises, matières premières pour le compte de sa clientèle, mais également pour le sien – plus rentables que les mandats de conseil. Parvenu aux commandes en 2000, Hank Paulson, pourtant issu des activités traditionnelles, a accéléré le mouvement, en adepte du nouveau commandement de Wall Street : « Ceux qui détiennent l'or dictent les règles. »

En 2006, Paulson démissionne pour devenir secrétaire au Trésor (ministre des Finances). Son successeur, Lloyd Blankfein, ex-courtier en matières premières, abat les dernières barrières. La firme n'est plus qu'un vaste supermarché de la finance. Et comme à Las Vegas, certains joueurs gagnent le jackpot, la plupart y perdent gros, mais le propriétaire est toujours gagnant.

Désormais, Goldman met l'accent non seulement sur le service à ses clients mais crée ses propres structures concurrentes... une démarche originale. En toute légalité, les informations obtenues auprès de ceux-ci permettent de nourrir les autres activités de la banque. Quant aux comptes, bien que la maison soit cotée en Bourse, ce qui entraîne nombre d'obligations, ils deviennent, selon l'analyste réputé Brad Hintz, « une vaste bouillabaisse » où il est impossible de trier le bon grain de l'ivraie. L'évolution des revenus au fil des ans illustre la transformation de Goldman. En 1999, le trading représentait 43 % du revenu net, les activités de banque d'investissement 33 % et celles de gestion de patrimoine 24 %. En 2006, ces parts sont respectivement de 68 %, 15 % et 17 %. En 2009, 77 % 10 % et 13 %.

Comment expliquer cette nouvelle domination du trading ? Tout d'abord, la concurrence féroce qui oppose les banques dans le conseil ou la gestion de fortune réduit les marges alors que le négoce – acheter, vendre – est guidé par les volumes, le « chiffre ». Ensuite, la culture maison très particulière – esprit d'équipe, pression constante, culte de la victoire à tout prix, arrogance – fait merveille dans l'univers sauvage du trading. Enfin, grâce à son réseau d'influence unique dans les cercles du pouvoir de la planète, jusqu'à la crise financière de l'automne 2008, le mastodonte a pu tirer profit de l'absence d'une réglementation financière digne de ce nom.

À la fois juge et partie, la banque joue sur tous les tableaux pour en tirer profit à bon escient. « Goldman Sachs est essentiellement motivée par ses intérêts, ce qui est étrange pour une banque-conseil. Le client doit toujours être sur ses gardes, ce qui finit par être énervant », souligne un entrepreneur britannique qui a eu recours à l'institution new-yorkaise pour s'introduire en Bourse aux États-Unis.

Les exemples de ces multiples conflits d'intérêts inhérents à la banque la plus admirée, mais aussi la plus détestée de la planète, abondent. La pollution dans le golfe du Mexique, l'avenir des banques nationalisées britanniques et l'éclatement de la bulle Internet aux États-Unis témoignent de ces dysfonctionnements. Ces trois cas ont bien sûr leur lot de trahisons, de tractations secrètes, de luttes d'influences de nature à faire passer les Médicis pour des enfants de chœur !

Les analystes pétroliers de Goldman Sachs, les plus réputés de la profession, ne sont pas vraiment du genre à s'affoler. Le sang-froid qu'ils affichent en toutes circonstances est légendaire. Étant donné la complexité de leur situation, c'est préférable. Le pétrole met en effet Goldman dans une situation délicate.

Quand les télévisions repassent en boucle les images de la gigantesque marée noire qui déverse une nappe de pétrole dans le golfe du Mexique, ces experts commencent à s'inquiéter. Le désastre de la plate-forme d'exploration Deepwater Horizon, de la multinationale britannique des hydrocarbures BP (l'ancienne British Petroleum), coulée le 22 avril 2010, fait dramatiquement chuter le cours en Bourse de la major pétrolière. « BP est responsable, BP paiera » : ce leitmotiv répété par les dirigeants américains, jusqu'au Président Barack Obama, fait trembler les murs de Peterborough Court, le siège de Goldman Sachs International à Londres, où est concentrée l'énorme activité pétrolière de la banque.

« La réaction des marchés est exagérée et nous réitérons notre conseil d'acheter des titres BP. Nos estimations et nos objectifs de cours [de BP] sont inchangés » : dans une étude publiée le 30 avril, une semaine à peine après la catastrophe, la banque s'efforce, avec un incroyable aplomb, de rassurer les marchés par une admirable sérénité de façade. Une marée noire ? Quelle marée noire ? La compagnie pétrolière rame dans le fioul, mais si c'est bien du pétrole BP, ce n'est pas une plate-forme BP et ainsi de suite... Un aveuglement surprenant chez ces professionnels.

La City et Wall Street ne sont pourtant pas dupes. La langue de bois des spécialistes de Goldman cache mal le cordon ombilical qui lie celle-ci à BP. La banque reconnaît d'ailleurs ce lien en page 2 de l'étude, conformément aux exigences réglementaires : banquier-conseil, trading de l'action comme des produits dérivés, présence d'un directeur de Goldman au conseil d'administration de BP... À lire la notice, les deux maisons sont vraiment très proches l'une de l'autre.

Il y a d'abord le cas de l'Irlandais Peter Sutherland. Ancien commissaire européen à la Concurrence (dans les années 80), il a ensuite présidé BP, de 1997 à 2009 – il en est d'ailleurs toujours l'un des directeurs. Mais parallèlement, depuis 1995, Peter Sutherland dirige Goldman Sachs International, la filiale européenne basée à Londres. Voilà donc un manager aux grandes capacités.

Il y a surtout Lord Browne, encore un « Roi-Soleil » chez BP : directeur général de 1995 à 2007, il l'a transformée en mastodonte mondial. Parallèlement, il siégeait au conseil d'administration de Goldman Sachs durant la même période. Sa banque-conseil favorite a d'ailleurs été associée à la boulimie d'acquisitions de la major pétrolière.

D'un magnat du pétrole, les stéréotypes voudraient qu'il fût un colosse aux mains larges, à la grande gueule et trimbalant une lourde bedaine. Lord Browne est tout le contraire : ce géophysicien de formation est menu, svelte, élégant, toujours vêtu d'un costume strict taillé sur mesure à Savile Row et d'une chemise à ses initiales.

En mai 2007, il est contraint à une double démission – de BP et de Goldman – après avoir menti devant la justice (infraction très grave au Royaume-Uni) à propos de sa vie privée, dont la presse voulait révéler des détails.

Au conseil d'administration de Goldman Sachs, le patron de BP, fasciné par les montages financiers, se sent en parfaite symbiose avec la culture des « moines-banquiers ». Le goût du risque et du travail, le culte du secret et les liens avec la sphère politique cadrent parfaitement avec la philosophie d'action de ce patron ambitieux passionné par les affaires publiques, mû par une mission quasi divine : supplanter le numéro un mondial, le géant américain Exxon Mobil. Sous la houlette de la banque, cet homme rude et intransigeant sous des dehors policés met l'accent sur le renforcement de son bilan. La spéculation sur les hydrocarbures, la sévère chasse aux coûts et le recours aux sous-traitants conduiront indirectement à la tragédie de la plate-forme.

Motivées par le souci de bonne gestion de leurs ressources, toutes les compagnies pétrolières effectuent du trading. Il s'agit de suppléer au moindre coût les déficits d'approvisionnements pour souder les maillons de la chaîne, de la production à la distribution en passant par le raffinage.

Toutefois, à l'inverse de ses concurrents, Browne crée un énorme casino spéculatif spécialisé dans l'énergie. Ses traders ont recours aux produits financiers complexes pour parier sur le baril-papier, un marché sur lequel on manipule des productions ou des cargaisons virtuelles. Leurs plafonds de risque sont deux ou trois fois plus élevés que ceux des rivaux. Les bonus sont parmi les plus gros de Wall Street et de la City. Comme chez Goldman Sachs, le « parrain » de cette opération, les conflits d'intérêts sont légion. Les traders de BP utilisent les informations tirées des activités productives de leur société, en particulier les opérations des raffineries et des entrepôts, pour alimenter la « bête » spéculatrice. En 2009, cette activité de marchés représente un cinquième des profits de BP.

Parallèlement, au contact des caciques de GS, Lord Browne devient obnubilé par la baisse des coûts. S'il crée de la valeur à l'actionnaire, son zèle puritain de sabreur dans les dépenses de sécurité, particulièrement aux États-Unis, jette les prémisses de la catastrophe à venir. En effet, en vertu de cette politique d'austérité sans états d'âme, Browne sacrifie ingénieurs et techniciens de la vénérable maison au profit de sous-traitants à qui il est exigé de gros rabais de prix. Résultat, « Deepwater Horizon » est un mécano d'une incroyable complexité. Principal propriétaire du gisement d'hydrocarbures, BP, l'actionnaire majoritaire, est associé au Japonais Mitsui et à l'Américain Anadarko. La plate-forme concernée est louée à une compagnie suisse basée à Houston, Transocean, dont les équipes se chargent de la production et de la sécurité. De plus, quatre sociétés parapétrolières américaines ont fourni les équipements de sondage.

Surtout, ne pas s'arrêter à la façade ! Chez Goldman Sachs, cela fait partie de la culture maison. Dans une analyse publiée le 17 juin 2010, l'établissement « lâche » apparemment son client en invoquant la possibilité de dommages plus importants que prévu dans le golfe du Mexique. Mais si les économistes de la banque d'affaires prennent leurs distances avec la note optimiste du 30 avril 2010, c'est pour mieux masquer leurs liens étroits avec

BP. Ainsi, l'enseigne a été sélectionnée pour protéger le groupe britannique, désormais fragilisé, d'un raid hostile.

Trois mois plus tard, l'ancien pétrolier rejoint le fonds de capital-investissement américain Riverstone Holdings. Cette firme a été fondée par deux anciens traders en pétrole de Goldman Sachs. Le duo a fait la connaissance de John Browne quand ce dernier siégeait encore au conseil d'administration de la banque d'affaires. Riverstone et Goldman Sachs, c'est à nouveau cousin-cousine. Une société privée d'oléoducs basée à Tulsa, dans l'Oklahoma, va en payer les conséquences.

Le 22 juillet 2008, Semgroup est mise en faillite. En quelques semaines, sa trésorerie vient de perdre l'équivalent d'un sixième de son chiffre d'affaires annuel, en pariant sur une baisse du pétrole. À l'époque, Goldman Sachs table, elle, sur une hausse de l'or noir. La banque, au cœur de la toile d'araignée du trading du pétrole, est au courant des difficultés de Semgroup. Et pour cause : la filiale de Goldman spécialisée dans les transactions sur les matières premières, J. Aron, est le principal courtier de la société de Tulsa.

En jouant double jeu, Goldman Sachs accélère donc la faillite du pétrolier. Comme toujours, rien d'illégal n'a été commis. Mais, sur le plan éthique, c'est bien différent : après la faillite, le fonds de capital-investissement Riverstone de Lord Browne acquiert à bas prix les actifs les plus juteux de… Semgroup.

Dans ses Mémoires, *Beyond Business,* publiés au début 2010, Lord Browne ne mentionne jamais ses relations avec Goldman Sachs. Tout au plus apprend-on dans un entretien au *Times* publié le 6 février 2010 que le pair du royaume partage sa vie avec un ancien cadre de la banque, Nghi Nguyen. « Mais nous ne nous sommes pas rencontrés là-bas », insiste Lord Browne.

Une banque d'affaires apporte son aide aux entreprises mais conseille également les États. Goldman Sachs, dont le réseau d'amis en Europe, au sein des ministères des Finances et des banques centrales, fait jaser, est à nouveau au centre d'une immense opération. C'est en effet tout naturellement vers la firme que s'est tourné le gouvernement britannique au plus fort de la crise financière déclenchée en 2008.

Mal lui en a pris. Car, une nouvelle fois, la banque a démontré qu'elle ressemble à un rapace prompt à clouer du bec tout ce qui passe à sa portée. Il y a de l'aigle dans sa manière de porter la tête, de fixer le regard avec une morgue impériale. Seulement voilà, face à son client, le Trésor de Sa Majesté, Goldman Sachs est un aigle à plusieurs têtes que la Firme ne montre jamais simultanément.

Premier épisode : les images sont à peine jaunies, c'était hier, en septembre 2007. Ce sont des files d'attente de clients venus de toute urgence retirer leurs économies des coffres d'une obscure caisse hypothécaire : Northern Rock. Au bord de la faillite, le groupe basé à Newcastle, dans le nord de l'Angleterre, devient la première banque britannique depuis plus d'un siècle à faire appel à l'aide des pouvoirs publics. Goldman Sachs est mandatée pour trouver des investisseurs privés mais doit jeter l'éponge : une offre de repreneurs potentiels est jugée insuffisante. Le 17 février 2008, l'établissement est finalement nationalisé pour éviter un dépôt de bilan.

Malgré ce revers, la banque-conseil facture aux pouvoirs publics une prime de succès qui double le coût de sa prestation. Ignorance de l'hostilité du public envers les banques, aveuglement ou cupidité ? Quels qu'aient été les motifs, le « roi de Wall Street » est contraint d'abandonner cette tentative d'extorsion des deniers publics.

Deuxième épisode, fin 2009 : le Lloyds Banking Group (LBG), autre enseigne partiellement nationalisée, est à son tour dans la tourmente. Colosse aux pieds d'argile de la banque de détail, il doit se recapitaliser, autrement dit trouver de l'argent frais. Une nouvelle fois, Goldman place ses intérêts avant ceux de son client en étant à la fois preneur d'ordre et investisseur. Agissant comme un rouleau compresseur, la maison obtient « de manière dictatoriale et à la dernière minute », selon le *Financial Times,* des changements qui la favorisent dans l'accord de refinancement. Cette modification, qui lui permet d'améliorer sa position d'investisseur en titres LBG, fait lever des sourcils au sommet de l'État, mais, en même temps, cette opacité consubstantielle à la finance n'étonne personne.

Troisième épisode : Royal Bank of Scotland (RBS). La topographie d'Édimbourg a servi de cadre au célèbre *Docteur Jekyll et Mister Hyde* de Robert Louis Stevenson. Et, ces jours-ci, la capitale de l'Écosse est une cité schizophrène, hantée par les chimères perdues de la Royal Bank of Scotland. À l'automne 2008, la tempête financière et la crise des produits dérivés et autres crédits à risques ont fait tomber de son piédestal ce monument de la haute finance, sauvé in extremis du naufrage par la nationalisation partielle décidée par Londres. RBS paie son OPA ruineuse en 2007 sur la banque néerlandaise ABN Amro. Pressé, l'état-major écossais n'avait alors pas pris le temps de passer au crible les comptes de son acquisition qui dissimulent des avoirs toxiques colossaux *via* des montages complexes. Parmi les actifs vérolés figurent les fameux produits financiers Abacus. On l'a vu, le portefeuille de titres suspects vendus par Goldman Sachs et son trader star Fabrice Tourre au Néerlandais – et à la banque allemande IKB – motivera, en avril 2010, la plainte des autorités américaines. La banque américaine a en effet adossé Abacus à des prêts hypothécaires pourris contractés par des propriétaires insolvables. Les Néerlandais, tout comme leurs repreneurs écossais, n'y ont vu que du feu. « ABN Amro était un organisme professionnel confirmé », se défend aujourd'hui le vendeur en démentant avoir parié contre le marché du logement américain.

Depuis, dans la vieille ville d'Édimbourg aux murailles noircies, on s'attend à tout moment, sous les paquets de pluie froide, à voir jaillir de l'un des pubs accrochés à l'arc-boutant de la cathédrale le fantôme du docteur Jekyll – Goldman, mi-aristocrate de la haute finance, mi-bandit de grand chemin !

Sous les travaillistes, l'enseigne avait été l'interlocutrice privilégiée des pouvoirs publics. Ainsi, entre le 1er octobre et le 31 décembre 2009, le chancelier de l'Échiquier (ministre des Finances) britannique avait-il reçu à quatre reprises les représentants de Goldman pour discuter des conditions d'émission d'un nouvel emprunt d'État. Mais, en pleine fièvre des élections législatives de mai 2010, la colère finit par monter contre Goldman Sachs. L'autorité des marchés britanniques a imité son homologue américaine en ouvrant une enquête. Alors que le Premier ministre sortant, Gordon Brown, qualifie la banque new-yorkaise de « faillite morale », ses challengers conservateur et libéral-démocrate réclament qu'elle soit désormais exclue des futurs mandats de l'État britannique, qu'il s'agisse d'émissions de titres sur le marché ou de privatisations. Une dangereuse polémique pour la banque ?

Et puis d'un seul coup, plus rien. Silence radio. Les couteaux rentrent au vestiaire, les fracas d'armures cessent et les soupçons disparaissent comme par enchantement. Et que fait le nouveau gouvernement de coalition conservateur-libéral-démocrate à peine installé au pouvoir ? L'équipe du nouveau Premier ministre, David Cameron, confie à Goldman Sachs une partie du mandat d'une vente massive de bons du Trésor britannique ! Raison invoquée : ce sont les meilleurs sur ce créneau.

L'éclatement de la bulle internet en 2001 a illustré une nouvelle fois ces conflits d'intérêts inhérents au modèle de banque universelle offrant toute la palette des services financiers qu'est devenu l'enseigne. Outre le conseil aux entreprises et aux gouvernements, Goldman Sachs investit aux côtés de ses clients. *Business angels*, incubateurs, capital-investisseur ou risqueur : la maison new-yorkaise a été l'un des grands artisans de la nouvelle économie.

Celle-ci revient un peu à prendre un animal quelconque – lapin, sanglier ou autre –, à lui peindre de grosses taches, à lui mettre un costume trois pièces sur le dos et à l'introduire en Bourse sans précaution ni scrupules excessifs, par exemple sous le nom de girafe.com. Et d'attendre le chaland, enfin... le petit porteur confiant dans l'humanité et... les institutions financières. Qu'importe que l'entreprise en question ait des comptes virtuels ! L'essentiel est que la bulle Internet enfle jusqu'à obtenir des rendements absurdes. Tout le monde y gagne. D'abord, l'entrepreneur binoclard à l'air d'étudiant à peine attardé, apôtre du nouvel évangile libérateur qu'est le Web. Puis, l'Amérique, qui aime ses héros. Enfin, les rois de Goldman, l'un des créateurs de la bulle, qui jubilent !

La société girafe.com n'existe que sur le papier. Elle n'a pas dégagé le moindre bénéfice et ses patrons sont totalement inconnus. Et alors ? Pour introduire en Bourse cette firme virtuelle, on bouscule allégrement les conditions. On se joue, toujours en toute légalité, du règlement boursier. Là où il fallait au moins trois ans de profits successifs pour être coté, il ne suffit plus que d'un an, voire d'un simple trimestre.

C'est ainsi qu'en 1996, Goldman Sachs réussit un beau coup en obtenant la cotation d'une société dont personne n'a entendu parler alors, Yahoo. Un an plus tard, la banque se charge de 24 sociétés internet, chiffre qui passe à 47 en 1999, au sommet de la bulle. Rien que pour les quatre premiers mois de l'année 2000, la progression est fulgurante, avec 18 PME nouvellement immatriculées au Nasdaq, la Bourse des valeurs technologiques. La majorité des compagnies qui se bousculent au portillon des temples de la Net-économie sont déficitaires, mais leur valorisation est phénoménale. Qu'importe ! Du Net, encore du Net, toujours du Net.

Comment Goldman Sachs parvient-elle à des résultats aussi spectaculaires ? La folie douce de la technologie doit être entretenue. Tous les moyens sont bons pour faire gonfler cette bulle si rémunératrice en commissions. Le cours des actions est dopé artificiellement, ce qui vaudra à Goldman une lourde amende. Par ailleurs, la firme, qui sous-estime le prix initial, offre aux cadres des sociétés clientes des actions préférentielles en échange de mandats futurs. Ces titres vont rapidement monter. Parmi les bénéficiaires de ce traitement de faveur figurent notamment Jerry Yang, cofondateur de Yahoo, mais aussi des personnages moins honorables comme Ken Lay, le président d'Enron, ou Dennis Koz-lowski, de Tyco, qui auront maille à partir avec la justice. De plus, l'établissement fait bénéficier un cercle restreint de nouveaux clients de tuyaux boursiers, pratiquant le favoritisme en coulisse. Pour cette deuxième irrégularité – le *spinning* dans le jargon –, l'établissement doit régler une autre amende. Mais en réalité, c'est une somme dérisoire à la lumière des profits tirés de l'aventure. Pour éviter l'ouverture d'une enquête du régulateur de l'État de New York préjudiciable à sa réputation, le prix à payer est ridiculement bas.

« Ces méthodes faisaient partie intégrante d'un schéma frauduleux de Goldman Sachs destiné à gagner des parts de marché », affirme à l'époque le procureur justicier de l'État de New York, Eliot Spitzer. Comble du cynisme, le gouverneur du New Jersey, Jon Corzine, qui a présidé Goldman Sachs entre 1994 et 1999, affirme, en 2002, avoir découvert ces techniques frauduleuses d'ingénierie financière en lisant la presse !

Le reste est entré dans l'histoire : l'explosion de la bulle spéculative à fragmentation qui fait morts et blessés parmi les épargnants, et envoie au tapis nombre de petites entreprises encore fragiles.

Et quand les investisseurs institutionnels comme les petits porteurs hésitent sur l'évolution de l'économie virtuelle, il y a toujours les assurances de la pythie de Goldman Sachs. L'économiste en chef Abby Cohen est, durant ces années, la grande figure de l'euphorie boursière. Ce petit bout de femme aux tailleurs modestes a toujours su apaiser les inquiétudes des épargnants désorientés. À l'entendre, grâce à l'Internet et aux nouvelles technologies, les États-Unis sont entrés dans une ère nouvelle. Le regard pétillant, elle n'a jamais démordu de la solidité du supertanker américain – son expression favorite –, arguant que « en fin de compte, ce qui conduit les marchés, ce sont les faits ». Intarissable sur le renouveau économique de la fin du siècle, elle n'a cessé d'être « taureau », c'est-à-dire haussière dans la phraséologie de Wall Street.

Lors d'une rencontre avec l'auteur en octobre 2008, celle qui présidait alors le Global Markets Institute, l'institut d'observation des marchés de la banque, a refusé de faire son mea culpa pour avoir contribué à fausser le marché par ses prédictions optimistes alors que les bulles, par essence, finissent toujours par se dégonfler. « D'un point de vue économique, il n'y a pas eu de surprise. Goldman Sachs avait prévu une récession modérée et une crise très dure de l'immobilier. » C'est ce qui s'appelle gagner sur tous les tableaux.

7.

Le « p'tit gars de Brooklyn »

Impressionnantes, les images ont occupé une bonne part des journaux télévisés du 27 avril 2010. Sans doute l'imaginaire collectif a-t-il besoin d'un bouc émissaire. Et s'il fallait mettre un visage sur les maléfiques créatures que sont devenus les banquiers, un homme pourrait prêter le sien.

Face aux membres – très hostiles – de la commission d'enquête du Sénat américain, le P-DG de Goldman Sachs s'accroche aux branches autant qu'il le peut. Chaque mot, chaque tremblement de voix, est soupesé par l'opinion, la justice, les médias, les victimes de la crise, autorisés à tourner autour de la « bête immonde ». Chacun a une vue imprenable sur la méchanceté humaine concentrée en un homme.

La bête en question réagit à peine face aux attaques souvent excessives, aux calomnies cruelles, aux paroles parfois haineuses. Comme si de rien n'était, il cite des chiffres, rectifie le sens d'un prêt, rétablit une opération dans la hiérarchie comptable. Ce jour-là, la vraie personnalité de Lloyd Blankfein se dérobe à tous.

Pourtant, l'homme, loin d'être évanescent comme le prétendent ses détracteurs, est subtil. Il a le goût de l'histoire, par exemple, qu'il aura réussi à masquer derrière celui – tout aussi réel – de l'argent. S'il fait ses affaires un pistolet en poche – c'est une image ! –, il tient sous clé ses livres favoris. Dans l'avion endormi, la dernière place éclairée est souvent la sienne. Toujours entre deux méridiens, le banquier pressé ne travaille pas sur un dossier ; il ne visionne pas un film ; il lit une biographie. Les destins tragiques, les drames du passé qui reflètent le poison des complots, constituent le refuge de cet amateur de grandes batailles. L'Histoire peuple sa vie. Aux pires heures de la crise financière de l'automne 2008, à l'issue d'un marathon de réunions, un jeune collaborateur épuisé lui lance : « Pas question de me taper une autre journée comme celle-ci. » Songeant au sacrifice des GI's lors du débarquement de Normandie, le 6 juin 1944, le président rétorque : « Relativisez ; vous ne vous retrouverez pas demain sur les plages d'Omaha Beach ! »

C'est aussi accessoirement un croisé du bon mot, un as des pirouettes, déclarant au *Sunday Times* – pour s'en repentir à jamais : « Je ne suis qu'un banquier faisant le travail de Dieu. » La couverture du supplément en couleurs juxtaposait d'ailleurs sa photo et celle du Roi-Soleil.

Certains retrouvent dans son destin des échos de *Coriolan*, la tragédie de Shakespeare. Cupidité, lutte pour le pouvoir, réseau d'influence, rébellion de la plèbe contre les puissants : tout y est sauf le dénouement de la mort. Coriolan, lui aussi, avait la démarche d'un robot, la voix qui sonne le glas, l'amertume dans le visage.

Mais quel homme Lloyd Blankfein est-il donc vraiment ?

En vérité, c'est une réussite sociale typiquement américaine. C'est l'histoire d'un petit garçon qui a grandi dans la banlieue de New York. Le « p'tit gars de Brooklyn qui est allé à l'école publique », comme il aime à se présenter, a franchi tous les obstacles avec acharnement.

Lloyd Blankfein est né en 1954 dans le Bronx, à l'époque un quartier 100 % blanc où vivent en harmonie les descendants d'immigrés est-européens, irlandais et italiens. Il est lui-même issu d'une famille juive ayant fui les pogroms russes à la fin du XIXe siècle, établie dans la confection avant d'être ruinée par la Grande Dépression de 1929. Son père, Seymour, est employé des postes. Sa mère est réceptionniste. Progressivement, les Porto-Ricains et les Noirs s'installent à Brooklyn, ce qui provoque l'exode des petits Blancs. Ses parents quittent cette partie de l'ancien New York communautaire dès qu'ils en ont l'occasion pour s'installer dans un quartier résidentiel de Brooklyn. Le petit Lloyd fréquente la Thomas Jefferson High School, d'un excellent niveau. Les mots « vacances » et « week-end » sont rayés de son vocabulaire lors de son adolescence studieuse derrière le rempart protecteur de sa famille. Pour se faire de l'argent de poche, le garçonnet vend des canettes de soda lors des matchs des Yankee, l'équipe mythique de base-ball du Bronx.

Le père a de grandes ambitions pour l'étudiant le mieux noté de terminale qui prononce, en 1971, le discours d'adieu de sa promotion lors de la cérémonie de remise des diplômes. À 17 ans, une bourse en poche, le brillant sujet entre à Harvard pour étudier l'histoire. Lloyd est le premier de la famille à fréquenter les bancs de l'université. Il fait ensuite une maîtrise de droit.

Ordre, rectitude et fortune : tout juste diplômé de la Harvard Law School, Lloyd Blankfein est destiné à un bel avenir. Il accepte un poste d'avocat fiscaliste dans un grand cabinet, Donovan, Leisure, Newton & Irvine (DLN & I). C'est sa terre promise. Dans un décor de club de gentleman britannique, les élégantes dactylos marchent à pas feutrés. À 16 heures tapantes, on sert dans de la jolie porcelaine du thé et des biscuits – du thé en feuilles, surtout pas en sachet !

Mais ce masque de dilettante à l'anglaise est trompeur. Après sa période d'essai, il est envoyé à Los Angeles pour aider les studios d'Hollywood à réduire leurs impôts tout en leur facturant le maximum d'heures. Au service de ces broyeurs d'hommes, le juriste n'a guère le temps de profiter de la Californie, de ses espaces pour cow-boys Marlboro, de ses plages interminables et des filles qui y cherchent le mari idéal.

De temps en temps, on se défoule avec quelques heures d'escapade à Las Vegas. Dans les casinos, Lloyd Blankfein peut laisser libre cours à son amour du jeu, du black-jack en particulier qui oppose tous les joueurs... à la banque. Les souvenirs de ces quatre ans se résument cependant en un seul mot : travail. L'étoile montante de l'évasion fiscale légale est appelée à devenir associé du cabinet juridique.

Mais surmené, fatigué par les incessants allers et retours entre New York et Los Angeles, sûr de lui en façade mais écorché vif, il craque en 1981. Fiancé à Laura, une avocate installée à New York, il a besoin d'exister. Mettre son savoir-faire analytique et mathématique au service d'un métier excitant : il sera trader. Au désespoir de sa future femme qui rêvait d'épouser un sage fiscaliste, il fait acte de candidature auprès de plusieurs établissements renommés – dont Goldman Sachs –, sans succès. Un chasseur de tête lui déniche un emploi de vendeur de pièces et de lingots d'or chez J. Aron, une petite société de courtage en matières premières. « Lloyd a été engagé, car la direction estimait que les avocats sont de gros bosseurs capables d'expliquer simplement aux clients les nouveaux instruments financiers et les stratégies de placement complexes », se souvient le responsable du recrutement. Un représentant de commerce ! Même s'il n'y a de bonne monnaie que d'or, Laura fond en larmes quand elle apprend son embauche comme VRP du métal fin.

La transition est rude. Chez les juristes de DLN & I, il n'y avait pas un cheveu de travers, pas une tache de transpiration sur la chemise blanche invariablement amidonnée, pas de cravate bariolée, pas un signe d'irritation. En comparaison, J. Aron, c'est une cage où s'exacerbe la folie du négoce. Un trader n'a pas vocation à la discrétion. Pour obtenir la meilleure cotation, tous les coups sont permis. Les connaissances comptent moins que la force de caractère. Dans un vacarme incroyable de hurlements, de jurons et d'insultes, on s'égosille à longueur de journée à passer et repasser des ordres de vente et d'achat. Quand, habituée à l'univers très hiérarchisé des bureaux d'avocats, la nouvelle recrue s'enquiert de son titre, son supérieur lui déclare d'une manière cinglante : « Si tu y tiens, on peut toujours t'appeler Madame la marquise. »

À la surprise générale, Lloyd Blankfein se fond dans le moule et fait son trou. « Lloyd était très drôle. Il avait les pieds sur terre et prenait les bonnes décisions rapidement. J'étais conscient qu'il était le meilleur d'entre nous », affirme l'un des ses anciens collègues.

Mais, en octobre 1981, Goldman Sachs acquiert J. Aron. Spécialisée alors dans les billets de trésorerie, les obligations municipales et le conseil aux entreprises, en particulier les PME, la banque d'affaires se lance dans le négoce de matières premières. Elle s'achète non seulement une équipe chevronnée de traders spécialisés mais aussi une filiale à Londres, où est fixé le prix de l'or et des métaux. Cette petite structure servira de tremplin à l'expansion internationale de la banque.

En attendant, l'intégration des « camelots » au sein d'une firme très collet monté, gardienne du Temple, se passe mal. Parler désormais toujours à la première personne du pluriel – le « nous » de majesté –, au lieu d'utiliser le singulier, ne vient pas naturellement aux croisés de l'individualisme, fonceurs à la manière d'un bulldozer. D'autant qu'après le pic de 1980 provoqué par la guerre Iran-Irak, l'or dégringole pour se languir, au grand dam des spéculateurs. Des licenciements massifs sont annoncés.

Lloyd Blankfein échappe aux multiples charrettes. L'arrivée de Goldman Sachs est pour lui une bénédiction. En effet, pour remettre de l'ordre dans sa nouvelle filiale, Goldman dépêche son seul associé étranger, Mark Winkelman, un Néerlandais impassible au masque de sphinx. Accueilli avec une franche hostilité par la vieille garde, le parachuté repère rapidement Blankfein, cette recrue active, bien élevée, dont le sens de la négociation, l'intelligence racée et le charisme dissimulent la rudesse du métier.

J. Aron est intégré à Goldman. Après un transfert au trading des métaux en 1982, Blankfein se voit confier, deux ans plus tard, la direction d'une petite équipe chargée des transactions en devises des multinationales. C'est le grand tournant de sa carrière.

Son goût du jeu et du risque, ses réactions ultra-rapides, ses nerfs solides sont autant d'atouts quand il faut manipuler en quelques secondes des millions de dollars qu'on ne voit jamais en téléphonant simultanément aux quatre coins du monde pour obtenir le meilleur taux pour son client ou son employeur. La tension nerveuse est intense, la pression constante. Soit on nage, soit on coule. Blankfein, qui n'en finit pas d'étonner ses supérieurs, assied définitivement sa réputation. Et, nouvelle surprise, il est aussi à l'aise dans les grandes structures que chez le franc-tireur du capitalisme qu'était J. Aron. Lloyd se fait facilement des amis. Il évite les intrigues et les luttes au couteau salissantes.

La chance ne le quitte plus. Goldman entend mettre le paquet sur le trading, qui est confié à l'un des futurs dirigeants de la firme, Robert Rubin. Lors des premières rencontres, ce dernier, qui a ses humeurs, commence par bougonner : « Vous manquez de bouteille... » Quelques semaines plus tard, il propose à « l'espoir » de prendre la tête de cette activité en plein essor : « Vous vieillissez vite. » Sans fracas, sans rien demander, le plus modeste des traders de la maison impose sa compétence et son tranquille savoir-faire. Et sa pointe enjouée d'accent de Brooklyn, dont il joue à l'occasion, lui permet de déminer les situations explosives.

En 1988, il est nommé associé-gérant, partner. C'est la chevalerie de la compagnie. En cas de perte, chacun des membres est responsable sur l'intégralité de ses avoirs personnels, mais accapare une grande part des profits, s'ils s'en présentent. Et c'est le cas. En 1993, les 161 associés se partagent l'équivalent du produit national brut de la Tanzanie, un pays qui compte alors 26 millions d'habitants !

Reste que Goldman est alors un géant aux pieds d'argile. En 1994, la firme traverse des turbulences comme elle n'en a jamais connu depuis 1929. Cet établissement orgueilleux, certains diront vaniteux, tombe de haut, et même de très haut : chute dramatique des profits en raison de lourdes pertes sur le marché obligataire ; démission d'une quarantaine d'associés-gérants ; fusion annoncée (quoique finalement avortée) entre

Morgan Stanley et SG Warburg, première banque d'affaires britannique.

Et voilà que Robert Rubin accepte de devenir le secrétaire au Trésor de Bill Clinton. Seul aux commandes, son compère Steve Friedman plonge dans une grave dépression. Il est remplacé par l'ex-marine et ex-star de basket, Jon Corzine, épaulé par Henry (Hank) Paulson.

Mais la tradition de présidence bicéphale – un démocrate et un républicain, un trader et un banquier-conseil – se heurte vite aux réalités d'un rafiot qui prend l'eau de toutes parts. Victime d'un putsch, Jon Corzine est limogé en 1999. Henry Paulson apparaît comme le seul capable de galvaniser un équipage passablement rétif à l'autorité. Il commence par débarquer les contestataires puis muselle ses concurrents au poste suprême. À Wall Street comme dans la City, le pouvoir est à celui qui l'aime et le désire le plus. Et Paulson, outre qu'il est un gestionnaire hors pair et une bête de travail, est fou de pouvoir. Avec ces trois atouts, on va loin. L'intérimaire tient le pouvoir. Il ne le lâchera plus.

Jusque-là, Lloyd Blankfein est parfaitement inconnu au bataillon des starlettes maison. Son nom ne figure même pas dans le livre complaisant publié en 1997, intitulé, comme il se doit, *The Culture of Success* (La Culture de la réussite). Un an après, le voici patron de toute l'activité négoce. La crise asiatique de 1997 et, l'année suivante, la faillite de la Russie, où Goldman est fortement exposée, ainsi que le plongeon du marché obligataire, glissent sur l'établissement sans l'atteindre.

Dans l'organigramme, John Thain et John Thornton tiennent la corde pour détrôner Paulson. Le premier, froid, analytique, a le grave défaut aux yeux des associés de prendre cinq semaines de vacances en été et d'étaler sa richesse. Le second est l'artiste de Goldman Sachs, un as de l'ingénierie financière, mais il se révèle piètre gestionnaire. C'est aussi un coureur de jupons invétéré, ce qui est mal vu dans une entreprise empreinte d'un réel puritanisme. Le duo complote pour écarter Henry Paulson. Ce dernier, avec une habileté redoutable, s'en débarrasse en 2003, en jouant successivement l'un contre l'autre. La voie est libre pour Lloyd Blankfein, sacré numéro deux et dauphin potentiel. L'entreprise est une vraie méritocratie, mais au sens étroit du terme. Les créateurs de richesses tiennent les leviers de commande. « Historiquement, celui qui contrôle les bénéfices tient la firme. C'était le cas de Lloyd Blankfein », écrit Charles Ellis dans *The Partnership*, la biographie autorisée de la société. Entre 2002 et 2004, c'est son département qui fournit le gros des profits records de Goldman Sachs.

En 2006, quand Henry Paulson devient secrétaire au Trésor du Président George W. Bush, son premier lieutenant lui succède tout naturellement. Lloyd perd vingt-cinq kilos, se rase le crâne et cesse de porter d'affreuses cravates et des costumes d'apparatchiks soviétiques trop grands pour lui.

À ce stade, on ne peut se défendre d'un a priori de sympathie à l'égard du nouveau P-DG qui a dû traverser tant de déserts. Avec son sourire sardonique, il ressemble à un jeune grand-père qui raconte à merveille des histoires. Mais son côté rigolard, son don pour le comique troupier, la mobilité extraordinaire de son visage sont trompeurs. Il est désopilant mais ne rit pas. C'est d'abord un homme sérieux qui fait les choses sérieusement. Il est moins extraverti qu'on ne le croit. Selon ses propres confidences, c'est un grand angoissé qui mélange le goût du risque à un esprit très mathématique : d'où son admiration sans borne pour l'univers des hedge funds, générateurs, de surcroît, des plus grosses commissions. Cet adepte des produits structurés complexes est également, au sein de sa firme, un pionnier de la finance islamique, composée de produits qui respectent les principes du Coran en interdisant le versement d'intérêts.

À l'évidence, le personnage prend la tête de l'entreprise comme on entre en religion, sans humilité excessive. Mais on pardonnera à ce pécheur son ambition. C'est un bûcheur inébranlable comme seuls savent l'être les goldmaniens travaillant dix-huit heures par jour en ignorant le sommeil, les mondanités, la famille. Lors de la crise de 2008, il sacrifie ses deux semaines de vacances annuelles dans une cabane sur la plage, malgré la promesse faite à ses deux fils, qui quittent à la rentrée le toit familial pour aller à l'université.

En tant que patron, « Lloyd the Knife » (Lloyd le couteau) veille impitoyablement à l'équilibre budgétaire, mû par un zèle puritain de sabreur de dépenses superflues – bols de fruits, bouquets de fleurs fraîches, voitures de fonction… Sous sa houlette, l'entreprise dégage des profits fabuleux et offre des bonus astronomiques. Lui-même est multimillionnaire grâce au bas de laine constitué d'actions de sa société. Cette fortune, il n'en fait aucun usage extravagant. Le couple Blankfein possède certes un appartement luxueux sur Central Park West – l'adresse des stars –, une résidence secondaire dans les Hamptons – le Deauville local – et une jolie collection de tableaux. Mais de yacht, pas question !

Depuis l'automne 2008, les critiques pleuvent sur ce prédateur. Ses détracteurs lui reprochent d'avoir accentué la dérive de la culture traditionnelle maison en privilégiant les profits rapides du trading aux gains à long terme de la fidélité à la clientèle. En interne, on reproche à ce tacticien brillant de ne pas être un stratège. De plus, à l'heure de l'information en boucle et du boom de la blogosphère, Blankfein ne sait pas communiquer. Les mémorables coups de gueule de ce grand gaffeur, notamment pour défendre les bonus, passent mal la rampe. Tout comme la réponse de cet homme de commandement aux accusations d'autoritarisme : « On ne gouverne pas sans ingratitude ou mauvaise foi. »

Malgré ses succès, l'homme est resté méfiant. Déléguant mal, Lloyd Blankfein ne s'entoure que d'une petite coterie d'hommes liges, anciens traders de J. Aron, et new-yorkais de préférence. Parmi les nombreux fidèles issus de ce vivier figure son numéro deux, Gary Cohn, personnage incontournable dont le bonus est égal au sien. Les deux hommes ont la calvitie rassurante. Mais là s'arrête la comparaison. Pugnace, houspillant ses subordonnés, les humiliant souvent, Cohn, « grognard » maussade et mordant, est une sorte de Blankfein à rebours. Autant le président joue de son charme et de son humour, autant son bras droit compte sur son punch. C'est Robert De Niro – le sourire en moins – dans *Il était une fois en Amérique,* le gangster sans foi ni loi opérant dans le ghetto juif du Lower East Side new-yorkais des années 20. Sauf que Gary accepte de travailler à l'ombre de Lloyd et n'a jamais paru rechercher le pouvoir pour le pouvoir.

Lloyd Blankfein répète à l'envi qu'il aime l'Histoire. Si l'Histoire distribuait les lauriers au mérite, le P-DG de Goldman Sachs n'aurait rien à craindre, puisqu'il a atteint le sommet de sa profession. Mais, malheureusement pour lui, le Jugement dernier pourrait être moins favorable qu'il ne l'espère.

8.

Un paradoxe nommé Obama

Oligarchie : régime politique dans lequel la souveraineté appartient à un petit groupe de personnes, à une classe restreinte et privilégiée. Le mot a été remis au goût du jour pour définir le « capitalisme de Cosaques » qui a fait main basse sur la Russie après l'effondrement du communisme. Mais au fond, les oligarques de Goldman Sachs sont-ils très différents ?

Dans la soirée du jeudi 15 avril 2010, avant d'aller se coucher, Lucas Van Praag jette un dernier regard au site en ligne du *New York Times*. Après tout, il est aussi payé pour ça : il est le directeur de la communication de Goldman Sachs. Ce qu'il lit alors l'abasourdit. Le journal annonce à la une de son édition du lendemain que la Securities and Exchange Commission, le gendarme des marchés américains, a déposé une plainte au civil pour « fraude » contre sa banque, son P-DG et l'un de ses collaborateurs, le Français Fabrice Tourre. Le délit concerne donc la commercialisation du produit dérivé de dette Abacus.

L'accusation est gravissime mais surtout, la méthode est très inhabituelle. Certes, la SEC enquête depuis des mois sur LA Banque. Celle-ci a dû régulièrement fournir à l'autorité de contrôle de la Bourse des documents, en particulier des copies de courriers électroniques. Mais de là à ne pas être la première informée du dépôt de la plainte et surtout découvrir celle-ci sur Internet ! Impensable ! L'honneur de l'établissement est bafoué et Van Praag mettra du temps à se remettre de ce camouflet.

La SEC a tout simplement traité le numéro un mondial des métiers financiers comme un vulgaire voleur de poules ! À Wall Street, un jeu de mots court alors comme la foudre : ne dites plus Goldman Sachs, dites Goldman Sacks. Cela se prononce de la même façon, mais le verbe *sack* signifie « piller », « mettre à sac ». Goldman dépouille ses victimes, pille ses clients à l'instar de pirates. La Bourse ou la vie !

Pour ajouter à l'humiliation, le lendemain, la banque d'affaires inaugure en grande pompe ses nouveaux bureaux tout en verre dans le bas Manhattan. Coût : 2,1 milliards de dollars[1]. Une fois la plainte annoncée, le nouveau palais Goldman devient l'objet d'une aigre risée : bien qu'assise sur un baril de poudre, l'institution affiche devant la terre entière son faste et, du coup, involontairement, son mépris pour les poursuites qui viennent de tomber.

Dans la limousine noire « King Size » aux vitres fumées qui le ramène après la fête à son appartement de Central Park West, les pieds sur le reposoir, le président Lloyd Blankfein est d'humeur plus que morose. Il souffre, c'est évident. Ses yeux fatigués paraissent encore plus petits. Le P-DG se sent sinon trahi, du moins méprisé. Il est surtout incrédule.

---

1. 100 $ ≈ 83 €

Lors de son entrée en fonction, le 20 janvier 2009, le quarante-quatrième Président des États-Unis lui avait pourtant donné des gages. Barack Obama avait insisté sur l'importance de Wall Street pour sauver l'Amérique de la débâcle économique. Alors, que s'est-il passé ? Entre l'administration démocrate et Goldman Sachs, le désamour a été lent et progressif. À partir de quand le charme s'est-il brisé pour laisser germer l'hostilité ? Et comment la suspicion s'est-elle enkystée ?

Après tout, Goldman Sachs a été le plus large contributeur, côté entreprises, à la campagne électorale du candidat démocrate. Lui-même démocrate, Blankfein a fait son choix très tôt : Obama. Sur les questions économiques et financières, l'adversaire républicain, John McCain, lui paraissait dépassé par les événements. Les attaques de Barack Obama pendant la campagne contre les *fat cats* – les gros matous trop gras –, autrement dit les financiers de Wall Street, ne semblaient être que de la gesticulation électorale.

Durant les deux journées fatidiques des 14 et 15 septembre 2008, lorsque le Trésor et la Réserve fédérale de New York laissent la banque d'affaires Lehman Brothers déposer son bilan sans lui porter secours – événement perçu a posteriori comme l'étincelle qui a mis le feu aux poudres –, Obama est encore à six semaines de l'élection présidentielle. Il se tient néammoins informé de l'avancement des négociations entre l'État et les banquiers via Jamie Dimon, le P-DG de la banque JP Morgan qu'il connaît de Chicago, et Robert Wolf, patron de la filiale américaine de la banque suisse UBS. Lloyd Blankfein est plus à l'écart : l'entourage du candidat démocrate le juge trop proche de son mentor, le secrétaire au Trésor de George W. Bush, Henry (Hank) Paulson, à qui il a succédé en 2006 à la tête de la firme. Mais un autre ancien patron de la firme, Robert Rubin, et son fils Jamie, cadre de Goldman, font partie de l'équipe de transition mise en place après l'élection présidentielle du 4 novembre 2008. Rubin avait été secrétaire au Trésor sous Bill Clinton, entre 1995 et 1999. En ce temps-là, la ligne directe et privilégiée entre LA Banque et la Maison Blanche était un secret de polichinelle.

Le 20 janvier 2009, donc, la page Bush est officiellement tournée. Durant les premiers mois de la nouvelle présidence, le patron de Goldman n'a pas de motifs de plainte. Le nouveau secrétaire au Trésor, Tim Geithner, choisit comme bras droit (directeur de cabinet) Mark Patterson, un avocat d'affaires qui venait de passer dix ans comme... principal lobbyiste de Goldman Sachs dans les couloirs du Congrès à Washington ! Le successeur de Geithner à la tête de la Réserve fédérale de New York – qui couvre Wall Street – n'est autre que William Dudley : vingt et un ans de maison chez Goldman.

La nouvelle équipe démocrate est on ne peut plus différente de l'administration républicaine sortante en matière de politique étrangère. Mais en économie, la continuité demeure la norme. Obama recrute ses collaborateurs pour les affaires financières dans le vivier de Wall Street et chez les anciens de l'administration Clinton. Hormis la création d'une nouvelle Agence de protection financière du consommateur (Consumer Financial Protection Agency) qu'elles n'aiment guère, les banques se sentent tranquilles. Le ministre des Finances, Tim Geithner, fréquente plus assidûment les notables de Wall Street que les parlementaires de son parti. Comme le précédent, le nouveau pouvoir estime que le mot « nationalisation » est tabou, que des banques solides sont synonymes de croissance, que l'État doit intervenir le moins possible... Michael Lewis, l'auteur de *Poker menteur*, l'indique : « On a eu vingt-cinq ans avec les Goldman Sachs de ce monde. Les gens ont du mal à imaginer un univers fonctionnant autrement. »

Le cordon ombilical entre Wall Street et Washington est donc apparemment plus solide que jamais en ce début d'année 2009. Visiblement, Obama a préféré ne pas relever la création, le 13 novembre 2008 – un mois à peine après l'octroi de fonds publics pour renflouer le secteur bancaire – d'un nouveau lobby, le CDS Dealers Consortium, qui réunit les neuf plus grandes banques de Wall Street et dont l'objectif est clair : garantir que l'activité reprenne « comme avant », une fois passé le gros de la crise financière.

Peu après son investiture, Obama organise un dîner avec ses plus proches collaborateurs et leurs conjoints. À l'apéritif, l'épouse du directeur de cabinet de la Maison Blanche demande à Tim Geithner s'il lui arrive de penser au fauteuil cossu qu'il a occupé chez Goldman Sachs. Or Tim Geithner, bien que proche de Lloyd Blankfein, n'a jamais travaillé pour la firme ! Cette anecdote est révélatrice. Tout le monde est sincèrement convaincu que l'homme choisi par Barack Obama pour surmonter la pire des crises financières ne peut qu'être issu du sérail. D'ailleurs, Obama lui-même, sans privilégier en aucune façon un lien particulier, se montre très prévenant à son égard. Il ne manque jamais l'occasion de rappeler combien son aide et ses compétences lui seront « nécessaires » pour relancer la machine économique américaine.

Les premiers nuages apparaissent toutefois dès la mi-mars 2009. L'affaire des bonus exorbitants versés par l'assureur AIG à ses dirigeants met à mal la proximité entre la toute nouvelle administration et ses amis supposés. La Maison Blanche est à juste titre exaspérée. Mais bien que l'État soit désormais l'actionnaire majoritaire de cette compagnie qu'il a renflouée à hauteur de 173 milliards de dollars – une somme unique dans les annales du budget –, le secrétaire au Trésor, Tim Geithner, avalise le paiement des primes en prétextant qu'il n'a aucun moyen juridique de s'y opposer. L'opinion est prise de nausée. Le Président se fâche tout rouge et demande au Congrès de voter en urgence une loi taxant ces largesses à 90 %. Le Sénat s'exécute. Et Obama tance son ministre, jugé trop proche de Wall Street, et de Goldman Sachs en particulier.

Quelques jours plus tard, le Président reçoit les présidents des treize plus grandes banques américaines. Lloyd Blankfein éprouve alors son premier mauvais pressentiment. Revenant sur l'affaire AIG, Obama insiste sur sa volonté de réduire drastiquement le montant des bonus offerts aux cadres dirigeants du secteur financier en général, et à ceux des entreprises lourdement déficitaires en particulier. Plusieurs P-DG, dont Blankfein, tentent de le convaincre de n'en rien faire, usant du refrain habituel : si les banques sont privées de bonus, elles ne seront plus en mesure d'attirer les meilleurs cadres. « Messieurs, vous devriez faire plus attention à ce que vous dites. L'opinion publique n'achète pas votre point de vue », rétorque un Président visiblement excédé.

Par touches successives, les relations vont alors se dégrader entre l'administration démocrate et les banquiers en général – et Goldman Sachs en particulier. Celle-ci joue avec le feu. Sa morgue reprend le dessus. En septembre 2009, en dépit du respect qu'il affiche pour la fonction suprême, Lloyd Blankfein boycotte ouvertement le discours que prononce Barack Obama sur Wall Street. Celui-ci saura s'en souvenir.

La déconfiture d'un ancien de la firme aurait pu lui mettre la puce à l'oreille. Patron de Goldman de 1994 à 1999, Jon Corzine a été sénateur du New Jersey, État industriel au sud de New York avant d'en devenir gouverneur. Sous l'étiquette démocrate, cet ancien Marine, fils de fermier désormais multimilliardaire, affronte à chaque scrutin les quolibets de ses détracteurs qui l'accusent d'«acheter» les résultats grâce à son immense fortune personnelle. Il n'en a cure car, à l'époque, les mots « Goldman Sachs » agissent comme un sésame électoral.

Mais lors des élections partielles du 3 novembre 2009, patatras ! Son ancien employeur a perdu de son lustre et de la fascination qu'il exerçait. Le chômage monte en flèche. L'Amérique, de droite, de gauche comme du centre, s'est mise à détester ses banquiers. Tous en bloc – mais ceux de Goldman plus encore. Pour gagner son second mandat, Jon Corzine, inquiet, dépense plus encore qu'à son habitude face à un adversaire républicain dépourvu de tout charisme, d'expérience politique et surtout d'argent. « Corzine a géré le New Jersey de façon aussi catastrophique que ses amis banquiers à Wall Street » : ce slogan simple permet à l'outsider républicain de l'emporter largement. « Quand je me suis présenté à l'élection sénatoriale, être l'ancien patron de Goldman Sachs était un énorme plus dans un parcours. Maintenant, les gens ont vu les excès [de la finance]. Leur attitude est très différente », déclare, dépité, le vaincu.

Sentant la reprise économique poindre, Lloyd Blankfein – qui, par ailleurs, n'a jamais aimé Corzine – ignore l'avertissement. Il se sent de plus en plus en confiance. Le 10 novembre 2009, il déclare à l'agence de presse Bloomberg, spécialisée dans la finance : « Changer la nature des activités de notre firme ne sera pas une bonne chose pour le monde ou le système financier ». Loin d'« aider » la Maison Blanche à mettre au point la régulation qui assainira les pratiques financières, l'établissement mobilise au contraire en sous-main tout ce qu'elle compte de lobbyistes pour faire capoter toute initiative présidentielle contraire à ses intérêts. Obama est désormais considéré comme un ennemi.

Les fêtes de fin d'année approchent. L'activité financière se ralentit. Les *Christmas parties* battent leur plein. Lloyd Blankfein se laisse aller en petit comité à des commentaires assassins, personnels, inhabituellement brutaux, sur le Président. Des propos qui seront rapportés dans le bureau ovale…

En ce début d'année, ça tangue politiquement à bord du navire gouvernemental, encore malmené par le débat sur la réforme de la santé. Après la gifle reçue en janvier 2010 lors de la défaite démocrate à l'élection sénatoriale du Massachusetts, Barack Obama doit reprendre l'initiative.

L'homme a l'air d'un président cool, d'esprit ouvert, toujours soucieux de consensus. Mais « c'est un mec qui pige vite », comme aurait dit Boris Vian, dans un compliment que l'ex-sénateur aurait préféré à tout autre. Son laxisme envers Wall Street devient un handicap de plus en plus lourd. Obama est un tacticien avisé qui n'abat jamais toutes ses cartes, évite de se précipiter – « Pas de drames » avait été l'un des slogans les plus percutants de sa campagne victorieuse. Il écoute, arbitre les points de vue, résume et prend sa décision avec prudence et pragmatisme. En même temps, l'ancien travailleur social des quartiers sud de Chicago dans les années 80 est capable d'initiatives audacieuses.

S'il veut préserver ses chances pour une réélection en 2012, Obama doit maintenant savoir aussi « cogner ». Et tous les sondages que la Maison Blanche commande le démontrent : la réforme financière est le terrain qui mènera à la reconquête politique. Fin connaisseur des méandres électoraux, l'ancien président Clinton pousse Obama à montrer les dents : « Vous pourriez coincer Blankfein dans une allée sombre et lui trancher la gorge, ça satisferait les gens pendant deux jours, mais ensuite la soif de sang reprendrait le dessus. »

Qu'a constaté Obama ? Massivement renflouées, les grandes banques, Goldman Sachs en tête, renouent avec des bénéfices mirobolants. Main Street (littéralement la « Grand-Rue », c'est-à-dire le peuple) se sent, avec raison, flouée. Le Président est donc ulcéré devant ces banquiers ingrats, sauvés grâce à l'aide de l'État. Il confie à un ami : « La plus grande colère que j'aie ressentie est lorsque j'ai entendu Blankfein prétendre que Goldman n'a jamais été menacée de s'effondrer. »

Fin janvier 2010, devant la commission indépendante chargée par le Congrès d'analyser les motifs du déclenchement de la crise financière, Blankfein, une nouvelle fois, invoque les voies impénétrables du Seigneur pour toute explication. Le président de la commission d'enquête sénatoriale, Phil Angelides, ex-responsable des finances de l'État de Californie, a beau le rabrouer de façon cinglante – « Nous exempterons les actes commis par Dieu. Nous débattons ici des erreurs commises par des hommes et des femmes » –, aux yeux du Boss, la parole de Goldman Sachs est toujours d'Évangile.

L'affrontement annoncé est inéluctable. La firme est maintenant dans le viseur de la Maison Blanche qui s'appuie sur l'opinion. Désormais, le Président est convaincu que « les banquiers sont incurables ». Ils s'imaginent protégés par leur puissance – quand ce n'est pas par Dieu lui-même, comme l'a laissé très imprudemment entendre Blankfein. Ils sont incapables de se hausser au-dessus de leur cupidité. Obama a comparé les grands banquiers – et ce n'est pas un compliment – à des « seigneurs de guerre afghans ». Et pour le Président, Goldman est le premier de ces « affreux ». Si l'administration parvient à faire plier Blankfein, le reste du secteur financier suivra, tel est le credo de la Maison Blanche.

Aux yeux d'Obama, Goldman Sachs n'est qu'un clone de la maison Morgan que Roosevelt avait démantelée en 1934. Un passage de *The Coming of the New Deal : 1933-35* de l'historien Arthur Schlesinger Jr lui revient à l'esprit : « Dans l'administration précédente, exauçant les moindres souhaits de Wall Street, les banquiers proches du pouvoir avaient accès à toutes les informations confidentielles. La nouvelle froideur qu'ils rencontrent de nos jours à Washington est la plus cruelle des punitions. »

Lloyd Blankfein ne voit toujours rien venir, sourd aux bruits de guerre venus de la Maison Blanche, bien que des alliés dans la place l'aient alerté. Il ne veut rien voir. Rien ne doit changer. Le voilà qui déverse des dizaines de millions de dollars sur des parlementaires démocrates et républicains dans le but de faire échec à toute tentative, même limitée, du Congrès visant à mieux contrôler ses activités.

Pan ! Dans le ciel serein d'un printemps américain, le coup de feu est parti. Obama a dégainé le premier dans ce western politico-financier. En annonçant en grande pompe, le 3 mars 2010, son projet de réforme des marchés, le Président a sorti son revolver sans en pâtir, au contraire. Le western a ses bons et ses méchants. Le Bien, c'est le Président des États-Unis. Le Mal ? Lloyd Blank-

118

fein, symbole de toutes les prévarications de Wall Street, bien sûr ! Le casting est en place. Et si on est le Bien, on a le droit de tirer sur le Mal, non ? « *He makes the shot* » (il marque au moment crucial), selon le vocabulaire emprunté au basket, un sport que le Président a long-temps pratiqué.

La machine infernale est lancée. Le 16 avril 2010, la SEC dépose sa plainte contre Goldman pour « fraude ». Quatre jours plus tard, le procureur de New York, Andrew Cuomo, ouvre une enquête criminelle contre les dirigeants de la banque. Le 22, Barack Obama sermonne à nouveau les banquiers dans leur antre de Wall Street : « Un marché libre n'a jamais voulu dire un permis de prendre tout ce que vous pouvez pren-dre. » Lloyd Blankfein est cette fois aux premiers rangs. Il en prend « plein la gueule ». La voix de basse d'Obama, digne d'un orateur impérial, lui interdit toute réplique : « Messieurs, faites bien attention »... Le 27 a lieu l'épreuve de la commission d'enquête sénatoriale. Et, en mai, après l'accord de la Chambre, Obama obtient du Sénat qu'il vote une loi réformant la haute finance américaine. Le Président peut clamer victoire. L'influence légendaire de LA Banque à Washington apparaît bien mal en point.

Dans ses rapports avec Barack Obama, Lloyd Blank-fein a commis deux graves erreurs. La première est d'avoir estimé qu'Obama était son obligé : il n'y a qu'à attendre le déroulement du tapis rouge de la part d'un gentil garçon qu'il juge manipulable et redevable. De là à considérer que la nouvelle administration n'est qu'un pantin et que Goldman va continuer à jouir d'une influence prédominante, il n'y a qu'un pas. Son P-DG l'a trop rapidement franchi. Mais Blankfein ne sait pas comment le Président fonctionne. Obama, à l'inverse de

Clinton ou de Bush, est un politicien atypique, difficile à déchiffrer, imprévisible, inclassable, et qui ne doit rien à personne. Il sait être impitoyable pour préserver son autorité, surtout si elle chancelle. Le dossier Goldman Sachs est arrivé sur son bureau au moment où sa cote partait en vrille. L'occasion de faire vibrer la corde populiste était trop belle. D'autant que le pécheur Goldman, arrogant, impudent, le verbe haut, refusait de se repentir.

La seconde erreur de Blankfein est d'avoir sous-estimé le bouleversement provoqué par la crise financière de 2008. L'enseigne Goldman Sachs doit affronter la concurrence des gagnants de la crise – en particulier JP Morgan, Crédit Suisse et Barclays Capital, adossés à des banques de dépôt réputées. Subir, aussi, le militantisme d'actionnaires contre le diktat des banquiers-conseils et la nouvelle importance de la morale – l'équivalent du concept d'abus de droit à la française – dans la pratique du business. Lutter, enfin, contre la volonté de réguler affichée par les gouvernements du G20 ou le FMI, le Fonds monétaire international.

Mais c'est surtout le cadre réglementaire qui a évolué. Que la SEC, une agence d'État – et quelle agence ! –, ait pu traiter Goldman de manière si cavalière a fait brutalement prendre à ses dirigeants l'ampleur de leur perte d'influence. Ils n'avaient pas mesuré l'effet de l'arrivée chez le régulateur de procureurs opiniâtres. Ces nouvelles terreurs ont remplacé les grands commis républicains qui étaient des spécialistes de l'art de l'esquive. Mary Shapiro, la patronne de la SEC, affiche une détermination sans faille pour ramener dans le rang ces gentlemen un peu trop arrogants. Lloyd Blankfein, le banquier le plus puissant du pays, l'empereur du capitalisme américain, une figure de l'oligarchie financière qui jusque-là bénéficiait d'une stature de « vice-roi » des États-Unis, n'impressionne guère cette femme de tête, de fer et de feu.

Que peut le réseau d'influence de Goldman Sachs, naguère jugé « le meilleur de la place », lorsque les sondages montrent que les banquiers d'affaires et leur « rapacité » sont unanimement perçus par l'opinion – de la gauche démocrate jusqu'au mouvement réactionnaire des *tea parties*[1] – comme les premiers responsables des déboires économiques de l'Amérique ? Pour une fois, c'est l'opinion qui détermine les rapports de force et pas les groupes de pression financiers dans cette bataille qui pourrait se résumer par la célèbre citation de Raymond Aron à propos de la guerre froide : « paix impossible, guerre improbable ».

---

1. Mouvement populiste très ancré à droite, partisan d'un ultra-libéralisme, il se montre particulièrement critique envers le Congrès.

9.

L'argent roi

En 2004, Scott Mead, un banquier d'affaires de la filiale londonienne de Goldman Sachs, va connaître une étrange expérience. Cet Américain de 49 ans possède une immense fortune, une luxueuse maison à Notting Hill et deux vastes appartements à New York et à Paris. Avocat de formation, passé par Harvard et Cambridge, il peut également se targuer d'avoir une femme adorable et intelligente, cinq enfants, et ses entrées dans le beau monde de la City. Scott Mead est l'incarnation d'une génération de gagneurs à l'allure svelte et dynamique. C'est un joueur de tennis chevronné qui sème la terreur sur les courts. C'est aussi un mauvais perdant.

Scott Mead a été victime d'une vaste escroquerie organisée par sa secrétaire anglaise, Joyti De-Laurey, qui l'a grugé de 3,3 millions de livres (environ 4 millions d'euros), après avoir détourné 1,2 million de livres (quelque 1,45 million d'euros) appartenant à sa première patronne chez Goldman Sachs. Avec l'aide de son mari, Joyti De-Laurey a élaboré un ingénieux réseau de blanchiment de l'argent volé via Chypre. En prélevant à sa guise dans le compte de ses deux patrons successifs entre 1998 et 2002, la jeune femme a pu s'offrir quelques plaisirs : une villa avec piscine à Chypre, une maison pour sa mère, un yacht, une Aston Martin, des meubles d'époque, des bijoux Cartier...

Le plus incroyable ? Les deux victimes ne se sont jamais aperçues de la disparition de plusieurs millions de livres sur leur compte courant ! Trop occupés par leur vie professionnelle et mondaine, ils ont jeté un coup d'œil distrait aux extraits soigneusement sélectionnés par la secrétaire qui dispose du droit de signature. À ce niveau de richesse, un zéro de plus ou de moins ne fait pas grande différence. Le service de contrôle interne de la banque a découvert le pot aux roses par le plus grand des hasards. Au terme d'un procès très médiatisé, la secrétaire a écopé de sept ans de prison.

Cette escroquerie l'atteste, l'argent est la clé du système Goldman – ce qui est également vrai de la plupart des banques d'affaires et pas seulement américaines. Il circule comme le sang dans les mannequins transparents des démonstrations scientifiques. En échange d'émoluments considérables, ces professionnels passent un accord de type faustien avec la compagnie. Leur carrière transcende la vie des proches, les vacances, les loisirs. La firme devient une famille de substitution. La vraie famille ? Les sacrifices, en tout cas, sont énormes. L'argent est le moteur d'un métier extrêmement stressant.

Comme en témoignent les déboires de Scott Mead, une cloche de verre recouvre la vie quotidienne. Pas une minute à perdre ! Une batterie d'assistants est présente, jour et nuit, pour organiser l'agenda saturé et régler les petits et grands problèmes d'intendance. Les banquiers seniors ne prennent jamais le métro, mais les taxis, limousines de location, hélicoptères ou jets privés pour se déplacer, même pour des sauts de puce.

Money, money, money. L'heure des bonus est arrivée. Au retour des vacances de Noël, l'atmosphère des salles des marchés de Goldman Sachs est généralement plus électrique que d'ordinaire. Chacun est sur les charbons ardents. Les nerfs sont à fleur de peau. Les employés sont irascibles, certains pètent les plombs. Goldman Sachs a des vapeurs, si l'on peut dire, s'offrant un coup de blues prolongé qui fait douter de tout et de tous. Début février, l'attente devient franchement insupportable. Une dizaine de jours plus tard, le suspense est terminé. Soulagement et libération : le bonus est enfin annoncé, généralement lors d'un tête-à-tête avec son supérieur hiérarchique. Le bonus, c'est dix, vingt fois plus que le salaire annuel – voire au-delà. Aux gagnants le jackpot et la carotte de la promotion. Aux perdants la mise au placard précédant l'éjection de la société.

Pour les vainqueurs, il est hors de question d'exprimer la moindre émotion. Ces bienheureux cachent leur joie derrière un sourire discret. Ils n'ont pas la victoire exubérante, hochant modestement la tête comme un joueur d'échecs qui vient de remporter la partie. L'étalage des richesses est mal vu. Le luxe ostentatoire est prohibé. Goldman Sachs assure que, contrairement à l'idée reçue, on n'entre pas chez elle pour faire rapidement fortune.

Certes, l'employeur se gardera de prétendre que, si ses cadres travaillent jusqu'à dix-huit heures par jour, c'est sans arrière-pensées. Mais à l'entendre, ceux qui sont uniquement motivés par la feuille de paie ne font pas de vieux os. D'ailleurs, pour un banquier, le bonus honnêtement gagné (la spéculation est peut-être amorale, mais ce n'est pas un crime) est considéré comme l'équivalent de l'à-valoir pour l'écrivain, le tarif horaire d'un avocat ou la prime d'un agent de footballeur. C'est la mesure la plus simple et la plus équitable d'un savoir-faire unique.

Comment expliquer cette obsession ? Dans ce métier, où les acteurs sont interchangeables, avoir de l'argent, c'est « être ». Cette valeur existentielle est concrétisée par la prime de fin d'année. C'est pourquoi l'objectif d'un opérateur de Goldman Sachs n'est pas d'égaler la rémunération du P-DG mais de se placer au-dessus de ses pairs.

C'est particulièrement le cas des traders, qui souffrent souvent d'un complexe d'infériorité. Qu'on pense un instant aux images que ces professions renvoient : le banquier-conseil (le seigneur), le gestionnaire de fortunes privées (l'establishment), l'analyste (l'intellectuel), le contrôleur des risques (un agent de renseignement). Face aux autres disciplines, le trading fait bas de gamme. Au mieux, il s'agit de matheux doux-dingues, au pire d'autodidactes formés sur le tas, s'enivrant au champagne et roulant en Porsche. Pour ces gars-là, les salles des marchés sont, avec la guerre ou les sports extrêmes, l'un des derniers terrains où l'agressivité et la violence socialement réprimées peuvent encore s'exprimer en toute légalité.

Constituée à force de compétences et de travail chez Goldman Sachs, la fortune offre une vie facile et sans histoire. Un tel viatique gomme l'effet des coups durs.

C'est réconfortant de savoir qu'en cas de licenciement, le train de vie des proches ne souffrira guère.

Pour justifier l'octroi de bonus faramineux aux plus performants, Goldman, à l'instar de ses confrères, invoque d'abord la nécessité d'attirer et de conserver ses talents dans un environnement international très concurrentiel. Ce qui est important, affirme la banque, c'est qu'elle soit dirigée par des gens compétents pour satisfaire les besoins de la clientèle et assurer de bons dividendes aux actionnaires. Les activités de marché sont des métiers à haute valeur ajoutée qui seront toujours bien payés. Et, dans ce contexte concurrentiel impitoyable, le principe qui sous-tend les primes, selon lequel la rémunération doit dépendre de la performance, est solide. De fortes récompenses, en liquide comme en actions, favorisent la création de richesses et dynamisent les opérateurs.

Mais il ne suffit pas de recruter les meilleurs, encore faut-il les garder. Le bonus reste le meilleur moyen de lier l'employé à son employeur, affirment ses défenseurs. Dans la banque d'affaires, où l'argent est l'étalon de référence, le lien entre le professionnel et son entreprise est très ténu. Même chez Goldman Sachs, pourtant dotée d'une très forte culture maison de loyauté. Les rivaux s'efforcent de débaucher les stars de la place. Sur le marché du travail, les gens de Goldman sont très recherchés. Ils peuvent facilement doubler ou tripler salaire de base et primes chez le concurrent. Ainsi, Crédit Suisse à New York a engagé un ancien responsable de la gestion de patrimoine de la banque en lui offrant un bulletin de paie total à dix chiffres, supérieur à celui de Lloyd Blankfein ! Hormis celles de la City, les banques européennes sont bien incapables de verser de tels ponts d'or.

Pour ces vedettes, la tentation est donc grande de passer avec armes et bagages dans un hedge fund, une société de capital-risque, une petite banque privée, où la politique salariale n'est pas soumise aux mêmes contraintes que celles des mastodontes cotés en Bourse. L'idole des Goldman boys n'est pas leur P-DG mais David Tepper, fondateur du fonds spéculatif américain Appaloosa, dont les 4 milliards de dollars gagnés en 2009 lui ont ouvert les portes du classement des cinquante plus grosses fortunes des États-Unis.

C'est en songeant à ces primes que Lord Griffiths, ancien conseiller de Margaret Thatcher et vice-président de Goldman Sachs International, a demandé au contribuable britannique – venu au secours du système financier – de « tolérer l'inégalité, dans l'intérêt du bien commun ».

C'est aussi la préservation de cette part variable de la rémunération qui explique une malheureuse tentative de chantage exercée par Goldman Sachs au lendemain de l'imposition par le gouvernement travailliste de Gordon Brown d'une taxe de 50 % sur le montant des bonus versés par les banques de la City (locales comme étrangères). La Banque a alors carrément menacé de transférer certaines de ses activités londoniennes sous des cieux fiscaux plus cléments. Avant de faire piteusement marche arrière quand Paris a suivi Londres. Depuis, on la soupçonne, comme ses concurrents, d'avoir développé des dispositifs complexes et légaux de contournement de la nouvelle régulation britannique, par exemple en « prêtant » de l'argent à ceux qui en ont besoin pour conserver leur train de vie face à l'alourdissement de la fiscalité.

Pour filmer *Wall Street Never Sleeps*, le cinéaste Oliver

Stone a refait le parcours initiatique de l'éternel jeu du vice et de la vertu qui avait inspiré *Wall Street*, son conte moral à l'usage des enfants du krach boursier de 1987. « Retourner à Wall Street après vingt-trois ans a été un choc culturel. Un million de dollars est devenu un milliard. Les gens de poids ont été remplacés par des créateurs d'argent anonymes, couleur passe-muraille et obsédés par l'enrichissement personnel. » Le fond du problème n'a pas changé depuis 1987, ajoute Oliver Stone : la loi de la jungle, la cupidité, les bonus astronomiques. Sauf que les banques ont désormais remplacé les raiders d'antan.

Chez Goldman Sachs, la rémunération totale annuelle d'un associé-gérant peut s'élever à 5 millions de dollars. Dans les salles des marchés, un trader peut facilement gagner le double. Un membre du comité de direction, entre 15 et 25 millions de dollars. En 2008, Lloyd Blankfein a perçu 60 millions de dollars, dont 40 % en numéraire. L'exercice précédent, il avait reçu 68 millions de dollars. Et 53,4 millions en 2006.

Résultat, la maison compte pléthore de millionnaires en dollars. Ils ne figurent pas dans le classement *Forbes* des 400 plus grosses fortunes américaines, dont la barre d'entrée est fixée trop haut – au milliard de dollars. En revanche, une quarantaine de cadres de Goldman Sachs International de Londres, passés ou présents, figurent dans la liste des 1000 plus gros patrimoines britanniques répertoriés par le *Sunday Times*. Et encore, « leur richesse est sous-évaluée car ce sont des maîtres de la dissimulation », affirme Philip Beresford, l'auteur de ce hit-parade.

À ce rythme d'enrichissement, il n'est pas difficile d'agrémenter une maison de quelques impressionnistes, d'être le mécène d'une troupe de ballet ou d'un musée, de collectionner les livres anciens les plus rares, de parrainer une université et de contribuer à d'innombrables œuvres caritatives. Il est courant d'atterrir inopinément en hélico sur le gazon du country club, sans oublier, bien sûr, les inévitables contributions à des élus, démocrates comme républicains.

Que faire de la partie du bonus qui est versée en cash et vous tombe soudain du ciel ? Grosso modo, un bon quart, l'équivalent d'un an de salaire, est mis de côté sur un compte bloqué un an pour les mauvais jours : problèmes de santé, licenciement et surtout divorce. Il faut aussi payer le coût exorbitant de l'école privée parce que les enfants des banquiers ne peuvent évidemment aller ailleurs. À Londres par exemple, celui-ci peut monter jusqu'à 30 000 livres (36 350 euros) par an et par enfant. Des travaux d'entretien ou d'extension des nombreuses propriétés – domicile principal, résidence secondaire, chalet – doivent aussi être couverts.

L'heure est également à l'achat d'hôtels particuliers, d'appartements de luxe, de manoirs à la campagne avec court de tennis et piscine. Il faut aussi planifier des vacances dans les endroits à la mode des happy few en vue de décompresser après l'insupportable attente du bonus ! Enfin, il est de bon ton de se faire ces cadeaux qui entretiennent le moral et le standing – bateaux de plaisance, voitures anciennes, livres précieux, œuvres d'art.

Les primes de fin d'année font tourner toute une série d'industries, du bâtiment aux loisirs en passant par les produits de grande consommation ou le conseil en placements. De nombreux métiers vivent de cette manne – gardiens de sécurité, chauffeurs, jardiniers, traiteurs, domestiques, paysagistes, décorateurs, restaurateurs, marchands d'art et personnel de nettoyage. En retapant de grandes fermes et des châteaux, les financiers participent aussi au maintien d'une vie rurale digne de ce nom.

Le bonus joue un rôle macroéconomique substantiel et, d'une certaine façon, positif. Le recours au secteur privé réduit les pressions sur les budgets publics de l'éducation et de la santé. Via les investissements massifs dans les plans de retraite, les goldmaniens œuvrent au renforcement de l'épargne nationale. À Londres, New York ou Paris, la place financière représente des emplois. Chaque nouveau poste en crée indirectement trois supplémentaires dans les services d'appui, la logistique et les loisirs. Le retour aux primes élevées a atténué l'effet de la récession et des compressions d'emplois sur l'économie des municipalités concernées.

L'argent, c'est à la fois des actions et des obligations. Des actions pour créer des profits, et des obligations morales imposées par ces bonus colossaux qui permettent de jouir des bonnes choses de la vie. Résultat, les associations caritatives sont principalement entretenues par les banquiers. Ceux de Goldman Sachs ne sont pas en reste, donnant de l'argent à toutes sortes d'institutions – musées, théâtres, hôpitaux, orphelinats. Mais nombre d'entre eux pensent au contraire qu'on en fait déjà suffisamment et que trop d'assistance, c'est mauvais pour les pauvres. Ils ne culpabilisent pas d'être des nouveaux riches, entendent en profiter mais aussi en faire bénéficier les autres selon le sacro-saint principe que la fortune doit – aussi – créer le Bien.

Même si certaines dépenses philanthropiques sont déductibles de la feuille d'impôts, les banquiers sont taxés au maximum des deux côtés de l'Atlantique, contrairement à ce qu'affirment certains clichés. La gent cossue de la City comme de Wall Street doit travailler six mois pour le fisc avant de commencer à gagner sa vie.

Depuis la crise, les bonus ne sont plus ce qu'ils étaient. Les banquiers de Goldman Sachs se sont retrouvés au régime sec... si l'on peut dire. À commencer par Lloyd Blankfein, qui a réduit sa prime de 80 %, et uniquement en titres à versement différé de cinq ans. Ce bonus s'ajoute à un bulletin de salaire annuel limité à six chiffres, une misère vu les responsabilités de l'intéressé, disent ses thuriféraires.

Aujourd'hui, la rémunération totale du P-DG est donc deux fois moindre que celle de son confrère de JP Morgan, alors que Blankfein a obtenu une rentabilité exceptionnelle, de loin supérieure à celle de son grand rival. Même les dirigeants d'institutions financières sous perfusion étatique, qui, eux, ont essuyé de lourdes pertes, gagnent désormais davantage que le patron de l'établissement financier le plus puissant de la Terre. De surcroît, Goldman a mis en place un nouveau mécanisme obligeant ses employés à rembourser une partie du bonus en cas de pertes provoquées par une prise excessive de risque ou une quête de profits à court terme qui déraperait.

L'institution new-yorkaise affiche ostensiblement sa nouvelle vertu comparée aux bonus délirants distribués pendant les années folles, entre 2000 et 2007. Le montant total de ses bonus – 16,2 milliards de dollars (contre 2 milliards d'euros pour les traders de toutes les banques françaises !) – est désormais inférieur à la moyenne de la profession.

Les dix administrateurs indépendants qui constituent le comité des rémunérations ont tenu compte « du climat général ». Comprendre : en ces temps de disette, le divorce consommé entre Wall Street et une opinion publique prise d'une envie de casser du « bankster » – le banquier devenu gangster ! Ils ont également inscrit leur action dans la ligne des recommandations du G 20 – le groupe des pays industrialisés et émergents –, tout en tenant compte des appels à la modération du Président Obama.

Pour leurs détracteurs, les bonus, en encourageant les comportements à risques, poussent au crime. Ce symbole par excellence des excès et des dérives de la haute finance incite les financiers à prendre des paris exagérés. Les bonus sont aussi un manque à gagner pour les actionnaires. Or c'est avec leurs fonds que les traders spéculent. Même si Goldman Sachs affirme avoir choyé ses actionnaires au fil des ans, les primes sont versées au détriment des dividendes.

L'autre problème est que ce mode de fonctionnement est à sens unique. Lorsque les marchés montent ou que les OPA se multiplient, traders et banquiers d'affaires s'en mettent plein les poches. Lorsque la conjoncture se retourne, en revanche, les intéressés ne sont pas tenus pour responsables. Tout au plus peuvent-ils perdre leur emploi. Il est hors de question pour l'employeur de récupérer les pertes éventuelles sur le bonus passé ou sur les avoirs personnels du fautif.

Il en va de même pour les dirigeants. Si les affaires sont bonnes, la valeur de leurs stock-options grimpe.

S'ils sont licenciés pour mauvaise gestion, un parachute doré les attend de toute façon. Cette rente de situation consiste à jouer à la roulette en raflant les mises, quel que soit le numéro gagnant... « Ceux du sommet veulent s'en mettre plein les poches et, pour y parvenir, ils doivent surpayer leurs collaborateurs. Le bonus est une forme élégante de vol », écrit l'essayiste Michael Lewis dans son livre consacré à la crise des subprimes, *The Big Short. Inside the Doomsday Machine.*

Autre critique : les bonus engendrent la jalousie et les dérapages dans les entreprises. « De nombreux cadres moyens invoquent les sommes indues versées à leurs supérieurs pour mettre la main à la caisse », s'alarme le cabinet comptable Pricewaterhouse devant la hausse de la criminalité en col blanc.

Parfois, les Goldman Boys trouvent plus forts qu'eux. Ce fut le cas lors de la bataille qui, en 2000, a opposé deux caïds de la roulette de Las Vegas, la capitale mondiale du jeu et du divertissement. Le président des casinos MGM Grand envoie un courrier à Steve Wynne lui proposant de racheter son groupe concurrent Mirage Resorts. Reniflant une bonne affaire, Goldman Sachs dépêche immédiatement une délégation de banquiers d'affaires à Las Vegas pour rencontrer Steve Wynne. Tel un mafieux, ce dernier est entouré de ses gardes du corps, en l'occurrence plusieurs pitbulls. Les banquiers proposent à l'homme à l'œil de verre leurs services, pour 25 millions de dollars. Furieux, le maître des lieux explose : « L'acheteur potentiel a dépensé un timbre poste et vous osez me demander une fortune pour lui répondre ! »

Les cris de Wynne paniquent les chiens. Ils attaquent, la bave au museau, à hauteur du bas-ventre. Wynne arrache les banquiers aux crocs de ses molosses après avoir obtenu des représentants tremblants de Goldman Sachs de réduire leurs émoluments de moitié. À cause de deux chiens, le rêve du bonus est brisé. *Cave canem,* « Prends garde au chien », comme le dit la fameuse inscription de Pompéi.

10.

Chiens de journalistes !

Les salopards ! Les médias sont devenus un « nouveau facteur de risque » pour une maison désormais plongée dans une grave crise. C'est écrit noir sur blanc dans son rapport annuel. Pour la première fois, LA Banque consacre un passage entier aux changements intervenus dans le regard que les médias et l'opinion publique portent sur elle : « La presse et les déclarations publiques qui évoquent des méfaits de notre part, même dépourvues de fondements factuels, provoquent souvent des enquêtes par les régulateurs, législateurs, juges, ou encore des procès. Répondre à ces enquêtes ou procès [...] coûte du temps et de l'argent et empêche les dirigeants de consacrer leur temps et leurs efforts à la compagnie. » L'assaut médiatique aurait donc un « impact négatif » sur la « réputation », le « moral » des employés et donc sur la « performance » de l'enseigne. L'écart entre la manière dont la firme se voit et la perception qu'a le public est devenu un gouffre.

On découvre ainsi, ahuri, que si les banquiers de la firme sont « moralement » fragiles, c'est la faute d'une meute de journalistes relayée par une foule de politiciens et de régulateurs, qui ont transformé de petits ennuis en un feuilleton croustillant et vendeur. Et c'est l'argent, ces primes et bonus en tous genres distribués généreusement, qui a mis le feu aux poudres. Chaque semaine, il n'est question que du culte du veau d'or et de la cupidité d'une institution qui a longtemps fasciné la presse. Depuis la crise, à cause des scribes, volaille babillarde et écervelée qui, par définition, ne sait pas de quoi elle parle, la firme a quitté les pages de la pure chronique financière, aseptisée et mortellement ennuyeuse, pour celles des faits divers et de l'émotion brute. La peste soit des médias et de leurs turpitudes, préjudiciables au cours en Bourse, au moral des troupes, au recrutement de collaborateurs de talent, comme aux relations avec la clientèle ! Quant aux vieux compagnons de route – agences de notation financière, bureaux comptables, cabinets juridiques –, ils s'interrogent : et si la banque d'affaires la plus puissante du globe avait perdu la main ? La vertu affichée hier par Goldman Sachs – le savoir-faire, l'assiduité à la tâche, la discrétion et l'influence politique – est désormais un vice. En vérité, le message au ton geignard, vindicatif, porté maintenant par la firme, est à la fois déplacé et, au fond, profondément maladroit.

La montée du péril médiatique commence à l'automne 2008 après l'effondrement de la grande rivale, Lehman Brothers. Les commentateurs relèvent alors que La banque s'est débarrassée d'un concurrent historique grâce à l'aide d'Henry Paulson, le secrétaire au Trésor, véritable bras droit de George W. Bush. C'est un ancien président de Goldman Sachs... ce qu'ignorait jusque-là le grand public.

Après ces premières égratignures, pas de quartier ! En juillet 2009, un journaliste du magazine *Rolling Stone*, Matt Taibbi, spécialiste des enquêtes au long cours, publie « Goldman Sachs, la grande machine américaine à bulles ». L'impact est énorme, non à cause des révélations qu'il comporte (il n'y en a pas), encore moins pour son ton, acrimonieux et par endroits presque nauséabond, faisant de ces banquiers d'affaires des comploteurs âpres au gain et peu honorables. La firme, décrite comme le pire monstre de la finance depuis la nuit des temps, aurait-elle alors existé que Taibbi l'eut accusé d'avoir vendu le Seigneur... Le succès est énorme car, aux yeux de l'opinion, le lien est fait entre les diverses composantes de la crise : l'effondrement du marché immobilier, la soudaine montée en flèche du prix du baril de pétrole, les décisions de l'État américain de renflouer AIG ou de « tuer » Lehman... Goldman Sachs est responsable de tout. L'opinion tient son grand méchant loup.

Les manchettes indignées se suivent et se ressemblent contre la vilaine banque. Pour les alimenter, on peut toujours faire confiance à quelques adversaires notoirement remontés dans les milieux financiers qui ont toujours vu « ce qui se passait là-bas », à Wall Street, avec suspicion. On s'acharne à diffuser rumeurs et perfidies avec délectation, ce qui laisse peu de place aux nuances. Et les relais ne manquent pas.

Cette situation est aggravée par l'aveuglement de Lloyd Blankfein et de son entourage face à l'apparition de nouveaux médias. C'est qu'à Wall Street, désormais, investisseurs et acteurs financiers ne se nourrissent plus seulement des grands journaux new-yorkais, le *Wall Street Journal*, le *New York Times, Forbes, Baron* ou les lettres spécialisées. Le must, pour se tenir informé – pas des grands enjeux, bien sûr, mais du bruit de fond de la profession –, et aussi pour se mêler aux jeux d'influence, est de consulter et d'agir à travers les blogs financiers. Dealbreaker.com est l'exemple type de ce à quoi Goldman n'est pas préparée. Affaire d'état d'esprit, de puissance, de génération... L'établissement a négligé l'impact de ces nouveaux venus. Dans la crise, dealbreaker.com s'est vite installé au carrefour du *buzz* : il bénéficie d'une somme d'informations, petites ou grandes, avérées ou invérifiables, mais qui ont toutes pour particularité d'être issues « de l'intérieur ».

Anonymement, banquiers, traders et autres gestionnaires de fonds « balancent » sur ce site toutes les vérités guère bonnes à dire que leurs patrons et employeurs tiennent à cacher. Leur fiabilité est parfois très relative, mais le succès leur est assuré. Comme tout site Internet, dealbreaker.com propose diverses entrées. Lorsque, à la mi-2009, il rajoute aux usuels mots clés (banques, sujets du jour, ou fonds spéculatifs) celui de Goldman Sachs, on devine que l'affaire, pour la firme, est mal engagée.

Deux grandes plumes du *New York Times*, Gretchen Morgenson et Joe Nocera, vont creuser le sillon sans relâche, portant un tort considérable à l'image immaculée du Temple de l'argent. La première, prix Pulitzer 1998 pour sa couverture tranchante et incisive de Wall Street, enchaîne les scoops sur les turpitudes de Goldman semaine après semaine. Souvent menées avec sa consœur Louise Story, ses enquêtes plongent dans les eaux troubles et enfoncent le clou. Après avoir démonté méthodiquement l'affaire AIG, Joe Nocera, lui, découvre le rôle secret qu'a joué la firme dans cette terrible crise.

Face à la tornade médiatique, que fait Goldman Sachs ? Elle souffle le chaud et le froid. D'un côté, la direction de cette cathédrale du silence descend enfin de l'Olympe pour porter la bonne parole aux analystes et aux journalistes, en s'efforçant de renouer les fils de la confiance. De l'autre, la société dément avec acharnement tout ce qui passe à sa portée et dénonce les fausses nouvelles, les sources approximatives, l'absence de conditionnels dans la copie des journalistes financiers ennemis, par l'odeur du scandale alléchés. « Il y a spéculation [médiatique], [et celle-ci] transcende la simple stupidité et la porte à un niveau supérieur », dit la banque à propos du scoop avorté du *Times* sur les « 100 millions de dollars » que Lloyd Blankfein est censé toucher au titre de sa rémunération en 2009. (En réalité, ce ne seront « que » 9,6 millions de dollars.) Quand, à la fin de cette même année, le *Wall Street Journal* fait état d'une rumeur annonçant la démission imminente du P-DG, Goldman sort carrément son revolver : « Publier une telle boue est une véritable honte. »

Pour contre-attaquer, ces messieurs battent le rappel des relais – ils sont puissants – dont ils disposent dans les médias influents. Des chroniqueurs bancaires, des directeurs de grands journaux ou des animateurs de talkshows financiers, chargés de les défendre tout en faisant mine de rester à distance, sont appelés en renfort. Ils critiquent, certes, la firme sur des points importants, mais c'est pour mieux préserver l'essentiel : son intégrité. Dans le *Washington Post*, le chroniqueur réputé Fareed Zakaria, s'exclame : « Assez de la rage anti-Goldman ! » Dans des tribunes libres envoyées au *Time* et au *New York Times*, William Cohan, un ancien banquier d'affaires chez Lazard puis chez JP Morgan devenu « expert », se démène régulièrement. Sa thèse est simple : certes, les problèmes de Goldman sont apparus lorsque la banque s'est mise à privilégier les activités de marchés au détriment de son métier historique, mais il ne faut pas jeter le bébé avec l'eau du bain. Si elle s'en est mieux sortie que les autres, affirme-t-il, c'est simplement qu'elle était « la meilleure », et son personnel le plus compétent.

« Pour avoir le moindre espoir d'éviter une autre calamité financière, le reste de Wall Street va devoir suivre l'exemple [de Goldman] », écrit par la suite l'intéressé dans le *Financial Times*. Le grand quotidien des affaires, dont l'édition américaine est très lue à Wall Street, parraine, au côté de Goldman Sachs, le *Business Book of the Year*. Le jury de sept membres comprend deux représentants de Goldman Sachs, l'un déclaré, Lloyd Blankfein, l'autre caché, Mario Monti, présenté comme « ancien commissaire européen et président de l'université Bocconi ». Et le lauréat 2007 du prix n'est autre que... William Cohan. On reste en famille.

Quand la Securities and Exchange Commission (SEC), le gendarme des marchés américains, porte plainte contre la banque pour « fraude », le 16 avril 2010, le *Wall Street Journal* défend celle-ci : « Goldman fournit un méchant très facile. Mais au vu des attendus de la plainte, la vérité est que les enquêteurs ont trouvé bien peu de vilenies » à lui reprocher. Beaucoup croient voir là l'influence sur les pages éditoriales du nouveau propriétaire, Rupert Murdoch, client de longue date de la banque.

Par sa culture, Goldman Sachs est cependant très mal armée pour lancer une contre-offensive médiatique. Avant l'introduction en Bourse de 1999, les journalistes ne franchissaient d'ailleurs jamais le seuil de l'une des dernières banques d'associés-gérants de Wall Street. Les contacts avec les médias étaient tout simplement inexistants. Vivons heureux, vivons cachés : Goldman Sachs se retranchait derrière son statut de compagnie privée pour fuir tout contact avec la presse. Ne rien voir, ne rien dire. Laisser écrire, sans commentaires d'aucune sorte. *Business first !* Toute indiscrétion d'un cadre était passible de renvoi pour faute professionnelle grave, ce qui montre qu'en réalité, la maison se souciait plus de son image qu'elle ne le montrait.

Dans la première moitié des années 90 a lieu une timide tentative de perestroïka. Mais on reste frileux, sur le mode : « Un pas en avant, deux pas en arrière. » Un consultant extérieur, Ed Novotny, est recruté, davantage pour faire barrage que pour communiquer. Cet ancien reporter de Chicago, spécialisé dans l'information locale, ignore d'ailleurs tout des arcanes de la banque d'affaires, ce qui convient parfaitement à ses patrons. Tout va mieux que bien dans le meilleur des mondes.

L'entrée en Bourse oblige les apparatchiks en place à aller plus loin. Cette décision historique leur permet certes d'accroître leurs moyens. Et les associés ne sont désormais plus responsables sur la totalité de leur fortune. Mais parallèlement, le New York Stock Exchange impose une certaine transparence. Il faut désormais informer en bonne et due forme actionnaires, analystes, régulateurs, médias et employés. Les associés élevés dans le sérail rechignent à l'ouverture.

En 2000, le nouveau président, Henry Paulson, crée un vrai poste de directeur de la communication. Son titulaire est Lucas Van Praag, un Britannique qui officiait jusque-là comme porte-parole à Londres. Les deux hommes partagent ce mélange d'insolentes certitudes et de modestie insolite. Van Praag est anglais et non pas hollandais ou sud-africain comme son nom pourrait le laisser supposer. Aucun doute là-dessus : de l'Anglais, il a la finesse, la distance et la... perfidie. Cet ancien dirigeant de Brunswick, le plus prestigieux cabinet de relations publiques de la City, est un vieux routier du monde des affaires : il a été successivement banquier, patron d'une PME industrielle et directeur d'une maison d'édition. La ligne médiatique à laquelle le pugnace soldat consacre son savoir-faire est simple : le succès parle de lui-même, regardez nos résultats. Un problème surgit ? On l'interroge sur les maux de la banque ? Il répond invariablement par trois initiales, NFN, « Normal for Norfolk », l'expression qu'utilisent bon nombre de médecins britanniques pour décrire un bobo sans gravité (l'homme est d'ailleurs originaire du Norfolk, comté agricole de l'est du Royaume-Uni).

La crise de 2008 porte un coup fatal à cette communication minimaliste. Pour tenter d'atténuer la rigueur du jugement des Américains à son sujet, Lloyd Blankfein doit présenter des excuses en bonne et due forme. En novembre 2009, un an après la chute de Lehman Brothers, le renflouement de l'assureur AIG et l'octroi de l'aide de l'État, le P-DG bat sa coulpe en signe de contrition : « Nous avons participé à des actions qui étaient foncièrement mauvaises, et nous le regrettons. »

Pour prononcer ce mea culpa à l'ancienne, ce repentir qui se veut sincère, le patron a dû forcer sa nature. Cette réticence à faire repentance fait partie des gènes des « Maîtres de l'Univers » selon la formule de Tom Wolfe dans *Le Bûcher des vanités*. À cet égard, le comportement des banquiers est très différent de celui des industriels, plus facilement enclins à reconnaître publiquement leurs erreurs. La complexité des produits financiers crée un sentiment de supériorité chez les « véritables animaux mâles qui se lançaient dans l'investissement financier », pour reprendre l'expression de Wolfe. L'agressivité, la force brute, l'exaltation de la virilité et la voracité sont des valeurs reconnues dans cet univers. Présenter des excuses donne une image de vulnérabilité et d'incompétence incompatible avec le désir de puissance et de réussite matérielle illimitée. L'autoritarisme,

144

l'aveuglement et, parfois, le népotisme qui règnent dans les salles des marchés n'incitent pas à la contrition. Et les mirobolantes rémunérations soutiennent un mode de vie propice à une certaine morgue. Enfin, il y a la terreur qu'inspirent les *class actions* (plaintes collectives), en vertu desquelles des clients s'estimant lésés peuvent, aux États-Unis, se regrouper pour faire reconnaître leurs droits.

Malgré tout, Lloyd Blankfein n'avait guère le choix. Ses excuses étaient nécessaires. Aux yeux de l'opinion publique, se taire aurait été un aveu implicite de responsabilité. Dans la foulée, la banque offre 500 millions de dollars en vue d'aider 10 000 PME sur cinq ans. L'investisseur Warren Buffett – gros actionnaire de Goldman – préside la commission chargée d'attribuer les dons. Ce programme de soutien à l'économie paraît modeste, mais ses modalités montrent qu'il est motivé par autre chose que la simple nécessité de soigner son image. Sur le plan médiatique, Buffett est un atout : c'est une star mondiale et l'un des rares financiers à avoir la cote auprès de l'opinion américaine.

La situation délicate dans laquelle se débat l'enseigne vaut un troisième accommodement. Dans un e-mail interne, Lloyd Blankfein demande à ses cadres d'adopter un profil bas, d'éviter d'étaler leurs richesses. Les associés sont priés de ne plus rouler en Ferrari, de cesser de courir les restaurants huppés, de refuser de faire la une des magazines de décoration intérieure. Le cheptel des limousines, la location d'avions privés et les billets de première classe ne vont plus de soi...

Résultat ? Le subtil plan médias est un échec complet ! Dans les enquêtes d'opinion, la cote de la banque ne cesse de chuter. Journalistes et hommes politiques fustigent la célérité avec laquelle Goldman a renoué avec des profits faramineux et les bonus généreux, un an à peine après l'une des périodes les plus calamiteuses de son histoire. Elle a beau insister, preuves à l'appui, et se prétendre moins irresponsable que les autres établissements, personne n'écoute. L'institution concentre sur elle tout le ressentiment d'un public victime de la récession et du chômage.

Trop tardives, les excuses du Boss n'ont pas convaincu. Et surtout, en refusant de reconnaître que son rétablissement vigoureux doit beaucoup à l'intervention de l'État, Goldman Sachs passe pour une ingrate. Car le gouvernement, au plus fort de la crise, en septembre 2008, a bel et bien sauvé la citadelle en lui conférant le statut de « compagnie bancaire holding », ce que ni Bear Stearns ni Lehman Brothers n'avaient pu obtenir. De surcroît, Goldman a été remboursée de ses engagements colossaux dans AIG en recevant 13 milliards de dollars. Dans ces circonstances, mettre ensuite l'accent sur l'action philanthropique apparaît condescendant, tardif et... pingre. Après tout, l'enveloppe totale consacrée à la charité par LA Banque n'est que l'équivalent d'une journée moyenne de trading...

Par ailleurs, une vaste campagne d'explication du métier de banquier d'affaires se retourne contre l'intéressée. Quelle est la raison d'être économique de Goldman Sachs ? Quelle est son utilité civique pour la société en général ? Le problème est que l'on peut voir le résultat tangible de l'activité d'un industriel (sa production), d'une star du foot (les buts), voire d'un banquier commercial (le guichet, l'agence, la gestion de comptes courants ou d'épargne). À l'inverse, faire comprendre au grand public le fonctionnement des bénéfices collectifs d'une banque d'affaires aussi complexe relève de la mission impossible. Ce type d'établissement ne collecte pas les dépôts, n'accorde pas de crédits aux ménages et ne recueille pas l'épargne des particuliers à l'exception des grandes fortunes. Le temple des capitaux n'a pas de contact direct avec le consommateur. Goldman Sachs est enfermée à double tour dans sa prison de l'invisible. Pour l'homme de la rue, son identité est insaisissable.

En matière de relations publiques, Goldman Sachs est en réalité un nain richissime mais fragile. Isolée en son bunker, elle est incapable de mesurer l'ampleur de l'exaspération envers la haute finance alors que le monde occidental connaît sa plus grave récession depuis la Seconde Guerre mondiale. Pour prendre le pouls de la société, elle n'a que l'action philanthropique, un étalon de mesure pour le moins surprenant et aléatoire.

L'établissement paie aussi le prix de sa culture maison introvertie, fondée sur l'entre-soi. Avec une gestion presque kolkhozienne, cette atmosphère de travail très particulière crée un esprit de caste face aux détracteurs. Les moines banquiers chantent mâtines sur l'air de : « Nous sommes les meilleurs. » La version hooligan de cette philosophie est celle des teigneux et racistes supporters du club de foot londonien de Millwall : « On nous déteste, mais on s'en fout. »

Tout expert en communication vous le dira : la question n'est pas d'en faire trop mais de faire bien, de privilégier l'action à long terme, en profondeur. Or, la vie des traders est rythmée par des marchés qui ne s'arrêtent jamais. Wall Street n'est pas le royaume de la patience mais de l'instantané. Et en roulant, on passe souvent à l'orange ! C'est aussi, pour les communicants de la firme, la quadrature du verbe.

Le 2 mai 2010, lors du traditionnel dîner du Président américain avec la presse, où la règle du jeu est que ce dernier parsème son intervention de bons mots et

d'allusions, Barack Obama a déchaîné les applaudisse-
ments : « Ce soir, les blagues sont sponsorisées par Goldman Sachs. Et ne vous en faites pas pour eux : que les
gags vous fassent rire ou pas, elle gagnera de l'argent. »

11.

La maison des BRICs

Il reste qu'au fil du temps la force de la maison a été de savoir se renouveler. En pressentant l'existence de marchés prometteurs, elle s'est révélée plus créative que ses concurrents. D'autant qu'elle a réussi à faire adopter ses découvertes par des médias, à l'époque bien disposés à son égard.

En forgeant, dès 2001, le concept de BRICs, acronyme désignant les marchés émergents à fort potentiel de croissance, à savoir le Brésil, la Russie, l'Inde et la Chine, Goldman Sachs est entrée dans la légende.

Dans le bureau de l'économiste en chef de la banque à Londres, Jim O'Neill, les quatre petits drapeaux brésilien, russe, indien et chinois paraissent écrasés par la masse des journaux, rapports et dossiers. De son « pays », le Lancashire ouvrier, Jim O'Neill a gardé l'accent rugueux, le coup de gueule facile et le discours invariablement chaleureux. Ce fils de postier au laisser-aller vestimentaire qui lui permet de ne pas avoir la raideur typique des gens de la City, a rejoint le temple de l'argent en 1990. Après un doctorat en économie à l'université de Sheffield, il se spécialise dans les marchés des devises avant de devenir numéro deux du département de recherche économique dirigé par Gavyn

Davies. Quand ce dernier quitte Goldman Sachs pour la présidence de la BBC à l'été 2001, le chantre des devises exotiques lui succède.

Les attentats du 11 septembre 2001 contre les tours jumelles du World Trade Center servent de révélateur : « J'ai compris alors que la mondialisation ne serait pas américaine. Pour la faire avancer, il fallait ouvrir la porte à d'autres, mais sans leur imposer la pensée unique anglo-saxonne. » À ses yeux, en dépit de leurs disparités culturelles, religieuses, politiques, le Brésil, la Russie, l'Inde et la Chine ont en commun une population très nombreuse, une économie au potentiel énorme et la volonté des dirigeants d'embrasser la mondialisation.

La réflexion de Jim O'Neill triomphe avec la publication, le 30 novembre 2001, de son rapport intitulé *Goldman Sachs Global Economic, Paper numéro 66: Building Better Global Economics BRICs.* Son pronostic : d'ici 2041 (ramené ensuite à 2039 puis 2032), ces quatre nations vont dépasser les six plus grosses économies d'aujourd'hui. Son verdict fait l'ouverture du journal du soir de la BBC. Sa prévision d'un rattrapage des États-Unis par la Chine dès 2027 provoque la polémique à Washington. Le document s'arrache comme un best-seller. Les clients de la firme en redemandent. Les BRICs sont désormais la grande affaire, le discours à la mode. Le logo est à l'affiche partout, un peu comme une marque planétaire style Coca-Cola ou McDonald's.

« Les BRICs, c'est une appellation neutre, non condescendante et politiquement correcte », dit, non sans fierté, O'Neill, devenu la nouvelle coqueluche des conférences internationales et autres grand-messes de la finance. La crise des subprimes de 2008 lui donne l'occasion de tester son analyse. À l'exception de la Russie, ces pays résistent mieux à la tempête que les économies occidentales.

Mais pour un économiste, devenir un oracle est risqué. La spécialité que ce missionnaire provocateur s'est créée lui vaut des joutes pas toujours amicales avec ses pairs peu convaincus ou jaloux. Encore un gadget de Goldman pour attirer le chaland ! Un truc de marketing, disent ses détracteurs. Ils remettent en cause la prédiction d'une croissance exponentielle à si long terme ou s'interrogent sur les critères de sélection. La pythie des économies émergentes crée d'ailleurs une deuxième division, baptisée N-11 : Bangladesh, Égypte, Indonésie, Iran, Corée, Mexique, Nigeria, Pakistan, Philippines, Turquie et Vietnam.

Diable ou bon dieu, c'est selon, Jim O'Neill n'a que faire des critiques : « Ce concept peut bâtir un monde meilleur, c'est cela ma motivation profonde. »

Les chiffres sont têtus. En 2010, le produit intérieur brut de la Chine a dépassé celui du Japon et ses exportations ont détrôné celles de l'Allemagne. Bien avant la trouvaille de son brillant économiste, Goldman Sachs a pris la mesure du formidable potentiel de l'empire du Milieu, désormais deuxième économie de la planète. Aujourd'hui, ses résultats sont exceptionnels.

Deux caciques de la banque d'affaires ont fait de la Chine le nouvel eldorado : John Thornton et Henry Paulson. Le premier peut s'enorgueillir d'avoir bâti en partant de rien le pôle asiatique d'une institution jusque-là prisonnière de son tropisme américano-britannique. D'ailleurs, quand il claque la porte de la banque, en 2003, John Thornton devient le premier étranger à décrocher une chaire dans l'une des écoles de commerce chinoises les plus réputées.

Le second avait été responsable de la région avant de gagner, en 2000, le sommet. Devenu P-DG, Henry Paulson passe alors beaucoup de temps en Chine, dont le potentiel l'obsède. Ce banquier très fin sous des allures rudes a compris instinctivement les mystérieuses manières d'opérer de l'ex-empire communiste. Fidèle à la stratégie visant à se constituer des réseaux, il se lie d'amitié avec ses confrères chinois comme avec les dirigeants politiques pour mieux asseoir sa crédibilité.

Dans un premier temps, Goldman Sachs aide les entreprises chinoises à émettre des actions au niveau international, en particulier aux États-Unis, et à lever des capitaux sur les marchés financiers étrangers. Elle est aussi très active dans les privatisations. En marge des commissions traditionnelles tirées des prestations de conseil, l'établissement se crée des opportunités d'investissements directs, à commencer par le secteur financier. Elle s'assure ainsi une participation dans le capital de la première banque de détail chinoise, l'Industrial Commercial Bank of China, qui se révèle très rémunératrice. Une coentreprise est établie avec la maison de courtage Gao Hua Securities que l'associé américain contrôle malgré sa part minoritaire. Goldman Sachs Private Equity, sa filiale capital-investissement, se lie à des partenaires chinois pour investir dans la pharmacie, l'automobile, l'électroménager, les semi-conducteurs ou l'Internet. Par ailleurs, l'institution new-yorkaise sponsorise une business school formant les futurs cadres de… Goldman Sachs China.

Mais là-bas, rien n'est jamais simple. Le gouvernement entend protéger ses entreprises publiques de la mainmise des intérêts étrangers. Les autorités font donc des secteurs jugés stratégiques – l'énergie, les médias, les mines ou les télécoms qui comptent parmi les spécialités de la banque – leur chasse gardée. En revanche, les domaines ouverts aux étrangers – les industries propres ou le high-tech – ne génèrent pas autant de commissions. Par ailleurs, la règle du jeu change constamment en matière de privatisations, autre créneau très porteur.

Les placements à l'étranger des ressortissants chinois sont strictement contrôlés. Les réseaux du pouvoir financier demeurent opaques. Le parti communiste et le régulateur sont représentés au sein de la direction des dix-sept banques chinoises dépositaires de 80 % des dépôts du pays le plus peuplé au monde. La corruption, le trafic d'influence, les prêts soumis aux considérations politiques sont endémiques. Le droit des affaires est embryonnaire.

Malgré ces points noirs, la maison prospère en Chine. Sauf que les conflits d'intérêts se multiplient, mettant à mal la bienveillance initiale des autorités de régulation chinoises. En janvier 2008, Goldman publie un rapport sur l'économie chinoise prédisant une baisse des prix des actifs du pays. À cette époque, l'économie nationale est en plein boom. Après la publication du document, la Bourse chute brutalement, comme l'avait prévu la firme. Pour les autorités, furieuses, Goldman a joué avec le feu en provoquant par ses prévisions alarmistes un mouvement de panique boursière.

Par ailleurs, la commission de contrôle des avoirs de l'État reproche à ses traders en pétrole d'avoir vendu des produits financiers trop complexes aux entreprises locales « avec des intentions diaboliques ». Ainsi, l'électricien Shenzhen Nanshan Power a perdu des sommes colossales après avoir acheté à la filiale spéculative de Goldman, J. Aron, des contrats de dérivés d'or noir. Affirmant s'être fait gruger sur le marché spéculatif du baril-papier, Pékin a interdit aux compagnies énergétiques chinoises concernées d'honorer leurs dettes vis-à-vis de Goldman Sachs comme de ses rivaux. Le climat se tend.

Aussi la réputation de la maison auprès du pouvoir a-t-elle pâti de l'échec en 2005 de l'offre publique d'achat hostile du groupe pétrolier public Cnooc (China National Offshore Oil Company) sur la septième compagnie américaine d'hydrocarbures, Unocal. Malgré son emprise sur Washington, la banque n'a pas su surmonter une levée de boucliers à la limite de la xénophobie, dans l'opinion et chez les élus, contre cette opération. La Cnooc a été contrainte de renoncer à son offre, au plus grand bonheur de la major américaine Chevron Texaco qui a finalement mis la main sur Unocal.

Enfin, la citadelle souffre toujours de sa culture anglo-saxonne. Malgré son expansion à l'international et en dépit de la présence de nombreux associés étrangers, au sommet elle reste une firme américaine. Les administrateurs étrangers ne sont pas légion. Cette omniprésence ne peut que heurter les susceptibilités de la Chine pour qui la mondialisation doit être à double sens.

Au printemps 2010, la nouvelle terre promise de Goldman Sachs place une deuxième fois Jim O'Neill sous les projecteurs de l'actualité. Le croisé des BRICs est un supporter fervent de Manchester United, le club de son enfance, dont la majorité des fans étrangers sont asiatiques. Inquiet de l'explosion de la dette dont le service absorbe la totalité du résultat opérationnel du club, Jim O'Neill s'en prend à la famille américaine Glazer, propriétaire des « Diables rouges ». Pour racheter l'affaire, il forme un consortium de financiers comptant de nombreux magnats chinois. Passion du sport, pouvoir et argent : tous les ingrédients sont réunis pour faire de cette saga une confrontation hautement médiatisée.

En vue d'acquérir ce fleuron de la *Premier League* anglaise, les Glazer se sont endettés jusqu'au cou. Pour renflouer les caisses, ils lancent une émission obligataire en janvier 2010. En voyage en Chine, Jim O'Neill dénonce publiquement cette opération pilotée par la banque-conseil du clan américain. Or celle-ci n'est autre que Goldman Sachs elle-même, qui prie son augure de faire profil bas ! Tels sont les risques et aléas du métier d'économiste en chef dans une serre traversée de conflits d'intérêts.

Dans leur conquête du monde, entre mégalomanie et sens des opportunités, les seigneurs de Goldman se sont attaqués à un nouveau pays-continent. Pour réussir dans cette jungle des affaires, deux facteurs sont nécessaires : le moment idoine et surtout les alliés adéquats. Là, dans l'ex-URSS triomphe celui qui parie sur les bonnes relations avec le Kremlin et sait naviguer dans un univers politique, juridique et comptable aux règles mouvantes. Business et politique sont inextricables. La plupart des oligarques ont occupé des postes gouvernementaux dans les années 90 et les décideurs politiques ont bien souvent des intérêts directs dans les grandes entreprises, via des hommes de paille ou des sociétés-écrans. Comme l'atteste le démantèlement, en 2003, du géant pétrolier Ioukos, le Kremlin a mis banquiers et industriels au pas.

A priori, le fragile édifice issu, en 1992, des décombres de « l'empire de toutes les Russies » a tout pour plaire à Goldman Sachs. Le formidable potentiel de croissance, les opportunités offertes par la grande braderie des privatisations de l'ère Eltsine au milieu des années 90, les valeurs boursières largement sous-évaluées et le climat d'affaires très prometteur ne peuvent qu'attirer LA Banque. Contrats et mandats sont négociés tranquillement dans l'ombre, ce qui n'est pas pour déplaire à une enseigne qui cultive le secret. Quant à la presse russe, elle a peur du pouvoir. De surcroît, l'économiste star de la firme, Jim O'Neill, a inventé le concept de BRICs, dans lequel la patrie de Pierre le Grand figure en bonne place, même s'il ne s'agit pas d'une puissance émergente à proprement parler. Enfin, le pétrole, activité souveraine de la Russie et moteur essentiel de sa croissance, ne peut qu'attiser l'intérêt d'un établissement qui joue un rôle de premier plan dans le trading énergétique.

Comment expliquer alors la déroute subie par la banque la plus puissante de la planète en Russie ? Tout d'abord, trop préoccupée par la Chine, Goldman Sachs a raté sa percée historique en ne s'y déployant qu'en 2006. Auparavant, la firme avait tâtonné : un bureau de représentation en 1998, à la veille de la crise financière russe, puis une longue période d'hibernation. Une filiale de droit russe avait suivi en 2006 puis une licence avait été obtenue pour constituer une holding bancaire diversifiée en 2008. La même année avait eu lieu l'achat de la banque de détail Tinkov, sans grands résultats. Dans les faits, les grandes transactions sont pilotées depuis Londres et New York, ce qui heurte le nationalisme local.

Ce tropisme américain décourage les grandes figures de la finance russe de siéger au sein de la direction moscovite de Goldman. Celle-ci n'a donc jamais réussi à se constituer une équipe forte et stable. Autre contretemps, Goldman pilote de main de maître l'OPA réussie du sidérurgiste Lakshmi Mittal sur Arcelor, en 2006, en torpillant la tentative de Severstal – le champion national de l'acier poussé par le Kremlin – de jouer au chevalier blanc. Le pouvoir pousse les oligarques à procéder à de grosses acquisitions à l'étranger pour renforcer l'influence du pays. Pour Vladimir Poutine, la fusion Arcelor-Mittal est un soufflet. Et l'ex-colonel du KGB est de nature rancunière.

Le contentieux avec le Kremlin s'aggrave quand les analystes de Goldman Sachs annoncent en fanfare, en mai 2008, que le marché russe va grimper de 20 % dans les huit mois à venir. Mais, à l'échéance, c'est le contraire qui se produit : l'indice boursier RTS de Moscou plonge de 80 %... *Bad luck.* Pour gagner en visibilité, Goldman Sachs mise sur Oleg Deripaska, tsar de l'aluminium, P-DG de la société RusAl. L'homme le plus riche de Russie est un proche allié de Vladimir Poutine. Ex-directeur d'une fonderie de Sibérie et ancien trader, il est associé dans l'aluminium aux oligarques de Londres les plus en vue, Roman Abramovitch, Eugene Shvidler et Viktor Vekselberg, une clientèle potentiellement intéressante.

La banque lui promet que grâce à son réseau d'influence à Washington, Deripaska deviendra un homme honorable. En effet, le FBI rejette régulièrement ses demandes de visa d'entrée. Deripaska traîne derrière lui une réputation douteuse liée à la guerre féroce engagée pour le contrôle de l'aluminium dans les années 90, dans la foulée de l'effondrement de l'Union soviétique. Rien n'y fait. Malgré les pressions de Goldman Sachs sur l'administration Bush, Deripaska reste persona non grata au États-Unis. Furieux, l'homme d'affaires se sépare avec fracas de son nouvel allié.

Après tant de déconvenues, celui-ci rase les murs et utilise souvent les services de banques d'investissement locales, beaucoup mieux introduites qu'elle dans les hautes sphères du pouvoir. La maison Russie, où les lendemains déchantent, est restée jusqu'à présent une aventure ratée. Ce qui arrive même aux meilleurs.

L'implantation en Inde a commencé modestement par le truchement d'un groupe financier privé, Kotak Mahindra, dans lequel la banque possédait une participation. Outre ses activités traditionnelles de banque d'affaires et de courtage, Goldman a mis l'accent sur le capital-investissement en s'associant avec des structures familiales qui jouent un rôle moteur dans cette nation émergente. À l'heure de la mondialisation, ces entités ont des règles que l'on croyait révolues fondées sur les liens du sang, avec son lot de détestations et de trahisons.

Parallèlement, Blankfein joue de son réseau d'influence. La nomination comme administrateur de Goldman du roi de l'acier, Lakshmi Mittal, doit renforcer l'expansion attendue.

Bien que Goldman Sachs soit présente sur le marché brésilien depuis 1994, et qu'elle ait tenté, sans succès, de prendre position localement en rachetant de multiples opérateurs locaux, elle a vraiment mis l'accent sur la puissance émergente lors du lancement des BRICs en 2001. La création, en 2002, de la Goldman Sachs do Brasil Banco Multiplo, une banque dite universelle basée à São Paulo, doit assurer ses ambitions.

Pendant la guerre froide, les États-Unis et l'Union soviétique se sont combattus férocement pour dominer le tiers-monde, comme on disait à l'époque. Point de passage obligé entre les économies émergentes et les ressources minières et en hydrocarbures, la banque est partie à la conquête de positions sur le continent noir. Le Nigeria, l'Afrique du Sud et l'Angola, riches en matières premières, sont plus particulièrement visés, comme l'attestent de récents événements.

En mars 2010, Olusegun Aganga est nommé ministre de l'Économie du nouveau gouvernement du Nigeria mis en place par le président, Goodluck Jonathan. Olusegun Aganga est un bon contact : il a dirigé le service de conseil aux hedge funds de Goldman Sachs International. Bonne intuition ! En mai 2010, Tito Mboweni, gouverneur de la Banque centrale d'Afrique du Sud entre 1999 et 2009, devient, lui, conseiller international de Goldman Sachs. Cet ancien ministre du Travail de Nelson Mandela est une vieille connaissance de la banque, où il avait effectué un stage après ses études à l'université Georgetown.

En mai 2010 toujours, Global Witness dénonce les liens entre la compagnie pétrolière américaine Cobalt International Energy et certaines personnalités politiques angolaises. À en croire cette ONG britannique renommée, Cobalt a confié l'exploration de nouveaux gisements octroyée par la compagnie nationale des pétroles à deux sous-traitants totalement inconnus – des coquilles vides présumées, réceptacles potentiels de commissions occultes. Or, Goldman Sachs est actionnaire de Cobalt et siège à son conseil d'administration.

Balkanisée, parcellisée sur le plan ethnique, victime d'une corruption endémique, l'Afrique subsaharienne se prête mal au type de transactions auxquelles la banque est habituée, en Europe par exemple. Celle-ci peut pourtant s'enorgueillir d'avoir organisé l'une des rares fusion-acquisitions à l'échelle du continent noir : Ashanti-AngloGold. Mais là encore, les règles éthiques ont été appliquées avec une immense ouverture d'esprit.

Bienvenue à Obuasi, la première mine d'or du Ghana. Il est 4 h 30 du matin. La benne descend à toute vitesse dans le silence et les ténèbres, avec à son bord une cinquantaine de mineurs, le visage encore gonflé de sommeil. Le voyage dans les entrailles de la terre, qui dure quelques minutes, paraît une éternité et se termine au niveau - 1 600. Une bouteille d'eau à la main, bottés, gantés, casqués, toujours silencieux dans leurs combinaisons immaculées, les mineurs marchent en colonnes dans un labyrinthe de galeries mal éclairées qui vont se rétrécissant pour prendre leur poste. Par trois, accroupis ou assis dans des boyaux d'un mètre de hauteur, les hommes percent la roche de quartz renfermant le métal jaune. Les cercles de lumière des lampes frontales trouent l'obscurité, comme des projecteurs de DCA dans les vieux films en noir et blanc.

Situé à 200 kilomètres au nord-ouest de la capitale, Accra, ce gisement a longtemps été le principal actif d'Ashanti Goldfields Company, établie à Londres en 1897. À l'époque, la Gold Coast est, avec l'Afrique du

Sud, la pépite du plus grand empire de tous les temps. Avec la dislocation impériale dans les années 60 et les remous provoqués par les déclarations d'indépendance, l'ex-société coloniale prospère. En 1986, premier Africain à diriger une compagnie minière du continent, Sam Jonah accède aux commandes d'Ashanti. Dix ans plus tard, le groupe privatisé est coté à la Bourse de New York.

Largement déconsidéré comme valeur refuge, victime du recul de l'inflation qui ne menace plus grand monde et devenu une simple matière première soumise à l'humiliante loi de l'offre et de la demande, le métal fin ne cesse de dégringoler. Les spéculateurs new-yorkais ne sont pas les seuls à constater que l'éclat du métal jaune s'est terni. Les Banques centrales savent elles aussi manier la règle à calcul. Depuis 1996, les instituts d'émission se délestent de centaines de tonnes d'or. Le 7 mai 1999, la Banque d'Angleterre annonce son intention de procéder par étapes à des ventes de plus de la moitié de ses réserves en or. Le cours de l'or plonge autour de 260-270 dollars l'once. Pour Ashanti, qui se débat dans d'énormes difficultés financières, c'est le coup de grâce.

Si l'or reste toujours une Arlésienne pour les mineurs d'Obuasi qui n'ont jamais vu à quoi pouvait ressembler un lingot pur, sauf en photo, tel n'est pas le cas de Goldman Sachs. Lloyd Blankfein a commencé sa carrière financière comme vendeur d'or chez J. Aron, absorbé plus tard par la banque. Son bras droit, Ron Beller, est un sorcier de la confection de produits financiers permettant aux sociétés de matières premières de se protéger contre la volatilité des cours. De plus, fort de l'excellence de son équipe minière basée à Londres, la maison a une réputation de savoir-faire dans les situations difficiles. Sur la foi des prédictions alarmistes de ses analystes chevronnés, la banque persuade Ashanti que le cours de l'or va continuer à tomber. Goldman Sachs vend à son client, confiant, des produits dérivés très risqués pour le protéger contre une baisse des cours. Après tout, pourquoi pas ?

Mais en octobre 1999, plusieurs Banques centrales européennes gèlent la vente de plus de 80 % des réserves mondiales de métal fin. L'émotion suscitée par la perspective des problèmes sociaux qu'entraînerait, en Afrique comme en Russie, la fermeture de mines non rentables, a pesé lourd dans cette décision. Les cours remontent alors brusquement. Ashanti, qui, pour rembourser ses créditeurs, doit racheter l'or au plus haut, est prise à la gorge. La compagnie ghanéenne est moribonde. Les jours de cette société indépendante sont comptés.

À Londres, au 19 Charterhouse, superbe bâtiment néoclassique, les dirigeants du géant minier sud-africain Anglo American Corporation se morfondent. Anglo-Gold, la structure regroupant les avoirs aurifères d'Anglo, est rétrogradée au deuxième rang mondial. Face à la concurrence australienne et canadienne, le groupe doit grandir pour survivre. Mandatée par Anglo American, Goldman Sachs déterre la hache de guerre. À l'issue d'une bataille boursière mémorable, AngloGold et Ashanti s'unissent en 2004 pour former le leader mondial incontesté du secteur.

Commissions du négoce des produits dérivés, mandat de conseil : une nouvelle fois, Goldman Sachs gagne sur tous les tableaux. Mais ce n'est pas tout. En mars 2009, un hedge fund rachète – toujours conseillé par Goldman Sachs – la part d'Anglo American dans Anglo-Gold-Ashanti. Il en devient le deuxième actionnaire. L'acquéreur est une vieille connaissance de Goldman

Sachs : John Paulson. Il s'agit de l'homme par qui le scandale des CDO, ces titres obscurs au cœur de la crise financière de 2008, est arrivé. La récidive est un filon inépuisable…

12.

Le Lundi noir

Les nababs de Goldman sont ainsi : il leur est aussi difficile de résister à un « coup » qu'à un requin de rester insensible à l'appel du sang. C'est Kerry Killinger, patron de la caisse d'épargne Washington Mutual (WaMu) qui l'affirme après avoir lâché la banque d'affaires à l'automne 2007. « Je ne fais plus confiance à Golby [Goldman Sachs] sur ces dossiers [les crédits subprimes]. Ce sont des types intelligents mais se mettre en affaires avec eux revient à nager avec des requins. »

Killinger a le cœur lourd. Washington Mutual était pourtant un vieux client de Goldman Sachs, qui a trompé sa confiance en lui vendant par paquets des actifs hypothécaires vérolés. Dans le cadre du délestage des avoirs immobiliers décidé en décembre 2006, l'établissement s'est débarrassé en douce des titres WaMu, pariant sur leur effondrement, tout en continuant à les vendre à ses clients. En septembre 2008, Washington Mutual s'effondre et doit être nationalisée avant d'être revendue pour un franc symbolique à JP Morgan Chase. Alors que les actionnaires ont tout perdu, Goldman Sachs a encaissé de plantureux profits sur ces transactions.

Ces accusations sont contenues dans les documents

publiés par la commission d'enquête du Sénat américain. Il s'agit du même comité qui, le 27 avril 2010, a interrogé pendant onze heures d'affilée huit représentants de Goldman Sachs, dont plusieurs anciens responsables du département des crédits hypothécaires visés par les allégations de duplicité.

L'affaire illustre une nouvelle fois les conflits d'intérêts inhérents au fonctionnement de cette banque, dont la bible fait une large place au strict respect des règles éthiques. La prééminence du trading, dont la culture consiste à réaliser une opération le plus rapidement possible pour passer à la suivante, ne laisse, il est vrai, guère de place à ce genre de considérations.

Depuis la disparition de Washington Mutual, de Lehman Brothers, de Bear Stearns ou de Countrywide, et les nationalisations très controversées du plus gros assureur du monde, AIG, ou de la britannique Royal Bank of Scotland, une question se pose clairement : quel a été le véritable rôle de Goldman Sachs dans l'élimination ou la neutralisation de ses concurrents ?

Le rideau va se lever. Les trois coups ont sonné.

Acte 1. Le vendredi 12 septembre 2008 en fin d'après-midi, Lloyd Blankfein doit prononcer un discours devant l'Association des volontaires américains qui tient son congrès dans la salle de bal de l'hôtel Hilton à New York. Le patron de Goldman Sachs reçoit un appel sur son portable, de Henry Paulson, le secrétaire au Trésor en personne : « Viens à 18 heures dans les locaux de la Fed. La soirée sera longue. » Le monde financier est certes un grand chaudron où mitonnent toujours rumeurs, pressions et accusations. Mais aujourd'hui, à l'intérieur des empires ébranlés, la fièvre s'ajoute à l'effervescence des marchés. Le tout sous le regard des médias. Le contexte ? L'élection présidentielle qui a lieu dans moins de deux mois, et qui, comme toujours, échauffe les esprits. « Ce genre d'appel à la veille d'un week-end, ce n'est jamais bon signe », se dit le destinataire de cet appel.

La réunion commence finalement à 18 h 45, dans la grande salle de conférence de la Réserve fédérale de New York, au premier étage de l'immeuble de granit du 33 Liberty Street, au cœur de Wall Street. Une vingtaine de personnages légendaires de la haute finance américaine sont assis coude à coude dans un silence pesant. Le secrétaire au Trésor, Henry Paulson, et Tim Geithner, directeur de la Réserve fédérale de New York, président, aux deux extrémités de la table rectangulaire. « Lehman Brothers doit être secouru. Vous devez trouver une solution, parce que le gouvernement ne vous aidera pas. C'est votre responsabilité de faire vivre ou mourir Lehman », annonce, de sa voix rauque, un Paulson catégorique.

Les marchés financiers sont fermés jusqu'à lundi, mais le temps presse. Prise à la gorge par des pertes colossales sur ses investissements dans les subprimes « vérolés », la quatrième banque d'investissement américaine ne peut plus lever de fonds. Dans la matinée du vendredi, la situation de Lehman s'est aggravée d'heure en heure. JP Morgan Chase, principale chambre de compensation de Lehman, a gelé en début d'après-midi des actifs de trésorerie appartenant à Lehman qu'elle possédait en garantie du remboursement d'une partie des prêts octroyés à la banque chancelante. Le déficit est devenu un gouffre à la clôture officielle de la Bourse de New York, à 17 heures.

Washington exclut tout sauvetage public. La semaine précédente, le Trésor a dû secourir les deux géants du refinancement du crédit immobilier, Freddie Mac et Fannie Mae. Il n'est pas question, pour une administration républicaine par définition libérale, de répéter l'opération.

Lloyd Blankfein est en terrain familier. Paulson, trente-deux ans de maison chez Goldman, qu'il a même présidée entre 1998 et 2006, est son mentor et Tim Geithner une vieille connaissance. Parmi les grands fauves de la jungle de Wall Street réunis dans cette salle modeste figurent aussi plusieurs autres anciens de Goldman Sachs, toujours très influents.

Créée non pas sur les bancs de l'université, mais lors de formidables batailles boursières, cette fraternité bancaire entretient des relations incestueuses qui transcendent les étripages publics et les haines à peine réprimées. Les étranges créatures qui peuplent cette ménagerie se ressemblent : machistes, sexistes, directes, brutales et le juron facile. L'atmosphère *alpha male* (les femmes sont là pour servir le café ou passer les messages) ne porte pas à la décision rationnelle.

Acte 2. Une enseigne illustre à vendre, deux repreneurs potentiels – Barclays et Bank of America –, le soutien des autorités : sur le papier, l'opération de sauvetage de Lehman est bien partie. Mais il manque deux ingrédients essentiels : le temps et la bonne volonté des participants.

Lehman est le cadet des soucis de Lloyd Blankfein. Les retombées financières d'une faillite, pour lui, seraient minimes. Ses économistes, qui passent pour les meilleurs de la place, lui ont assuré que le risque systémique d'une telle banqueroute serait limité. Enfin, Blankfein se souvient de la conversation téléphonique très déplaisante avec Dick Fuld, patron de Lehman Brothers qui l'avait appelé en juillet 2008, très remonté contre lui :

– Lloyd, on me dit que l'offensive des hedge funds contre nous est dirigée par Goldman Sachs.

– Dick, je ne suis pas au courant, calme-toi.

– C'est totalement faux ! Ça fait longtemps que vous attisez l'attaque en meute de ces salopards qui font tomber mon cours en Bourse.

Fuld raccroche au nez du P-DG après l'avoir couvert d'injures. Durant les jours qui ont précédé la crise de Lehman, Paulson a demandé à Goldman Sachs d'aider l'institution en perdition. Mais Dick Fuld a refusé d'ouvrir ses livres de comptes à son concurrent.

Au 33 Liberty Street, la réunion continue. Dans le courant de la soirée, Hank Paulson décide de séparer les banquiers en trois groupes. Le patron de Goldman Sachs s'arrange pour se retrouver dans le groupe chargé d'évaluer les avoirs toxiques de Lehman. C'est typique de la tactique maison en matière de renflouement de firmes en difficulté. Sous couvert de leur prêter main-forte, la firme semble chercher d'abord à racheter à bas prix des actifs dont la valeur a dégringolé. L'examen des comptes permet également, au passage, de débaucher des clients.

C'est une partie de billard à plusieurs bandes qui, ce soir-là, se joue à la Fed de New York. La banque d'affaires Merrill Lynch est également en très mauvaise posture. Le secrétaire au Trésor pousse cette dernière à prendre langue avec Bank of America en vue d'une fusion. L'affaire se conclut dans le plus grand secret, le dimanche 14 septembre 2008 à la mi-journée. À ce stade donc, Bank of America étant trop occupée ailleurs, il ne reste qu'un seul candidat pour sauver Lehman : la britannique Barclays. Quand le gouvernement de Londres refuse de se porter garant de cette reprise, les jeux sont faits.

En mariant Merrill Lynch à Bank of America, Paulson était-il conscient de laisser le sort de Lehman entre les seules mains de la perfide Albion ? Savait-il dans son for intérieur que son homologue, le chancelier de l'Échiquier Alistair Darling, n'allait jamais accepter d'« importer le cancer américain » dans le royaume, pour reprendre l'expression de ce dernier ? La question mérite d'être posée sachant que Paulson, ex-dirigeant de Goldman Sachs, a toujours haï sa rivale historique, Lehman.

Acte 3. « C'est fini », déclare Henry Paulson après le « non » définitif de Londres. Lehman se place sous le chapitre 11 de la loi américaine sur les faillites. Lundi 15 septembre, à 0 h 57, heure de New York, la banqueroute est officielle.

Épuisé par ces nuits blanches à répétition, Lloyd Blankfein regagne son appartement de Central Park West. Dans l'entrée au dallage marbré, le portier lui sourit sous sa casquette. Dans quelques heures, la planète entière sera informée. En pensant au tumulte des jours à venir, une frayeur subite s'empare de Lloyd Blankfein.

À Washington, George W. Bush se dit « confiant dans la capacité de résistance des marchés ». Paulson évoque « un système bancaire sain ».

Mais la disparition de Lehman Brothers provoque la plus grande panique financière mondiale depuis la crise de 1929. Les Bourses du monde entier dévissent à tout-va. Le système est menacé d'implosion. Les banquiers croient la fin du monde arrivée. Le choc est amplifié par le fait que personne ne s'attendait à pareil cataclysme. C'est un peu comme si en France, la Société Générale disparaissait du jour au lendemain. La terre entière est prise dans la tourmente et la panique. Le rideau tombe.

À l'automne 2009, lors d'un déplacement à Francfort, Lloyd Blankfein va récuser la thèse selon laquelle la chute de sa rivale a été à l'origine de la crise. Le financier estime que, si le gouvernement américain avait sauvé Lehman, il se serait trouvé tôt ou tard face à une autre banque en péril. « Elle aurait pu être bien plus grande encore, et la lâcher aurait eu des conséquences bien plus graves. » Traduction : mieux valait sacrifier Lehman et vite !

En menant ce double jeu tout au long de la crise financière, Goldman Sachs a aggravé la situation d'entreprises en difficulté qui étaient ses clientes. Elle les a enfoncées au lieu de les aider à sortir de l'ornière, comme c'est le rôle d'un banquier-conseil. Et si la société a œuvré au sauvetage de l'assureur AIG, il ne faut pas oublier qu'elle a contribué à sa déconfiture et a retiré du renflouement par le contribuable américain d'importants profits.

On l'a vu dans la crise de la Grèce et de l'euro, comme dans l'affaire Abacus, Goldman Sachs ne fait rien d'illégal – le jeu n'en vaut pas la chandelle. Mais, motivée par la cupidité – le mot n'est pas trop fort –, guidée aussi par l'arrogance, elle franchit allégrement la ligne jaune. Ses opérateurs dans les salles des marchés sont des joueurs qui rebattent sans cesse les cartes qu'ils ont en main, à la recherche de la combinaison qui leur permettra de remporter le jackpot.

Goldman Sachs s'est durablement installée dans ce bonheur permanent de la duplicité. Comme dans *Pirates des Caraïbes*, la trame est toujours identique : la vie est un combat !

Ces baroudeurs, qui sont de tous les coups tordus, se considèrent comme des corsaires, pas des pirates. Dans les faits, c'est l'inverse. D'un côté, au service de son client, Goldman Sachs affrète le navire, remplit ses soutes, engage l'équipage, finance le voyage. De l'autre, en pleine mer, ses propres flibustiers attaquent le même bâtiment, le pillent, le coulent. Le naufrage de Bear Stearns témoigne de ce côté Janus de la firme.

En mars 2007, la banque d'affaires lance un produit financier adossé à des créances hypothécaires subprimes. L'un de ses gros clients, Bear Stearns, en achète un bon tiers. Mais un mois plus tard, invoquant la chute brutale du marché immobilier américain, Goldman avertit ses clients qu'ils risquent d'avoir des problèmes avec deux fonds spécialisés dans les investissements hypothécaires de... Bear Stearns. Cet avertissement est d'autant plus étonnant que Goldman Sachs est responsable de la gestion de ces deux fonds. Ceux-ci sont obligés de réviser leur bilan à la baisse, ce qui fait fuir les investisseurs et entraîne leur fermeture au printemps 2008.

Bear Stearns est alors, à son tour, dans le collimateur des spéculateurs. Au bord de la faillite, en mai 2007, le courtier est racheté (pour une bouchée de pain), par JP Morgan, avec l'aide de l'État fédéral. Goldman a gagné sur tous les tableaux. La cession des titres « vérolés » de Bear Stearns lui a rapporté gros et elle s'est débarrassée d'un rival très actif dans les opérations de courtage des hedge funds, qui deviennent en quelque sorte sa chasse gardée.

Goldman Sachs se dit corsaire en aidant les États ou les collectivités locales à financer leur dette. Mais c'est un pirate. Prenez l'exemple du New Jersey, dont le gouverneur n'est autre que Jon Corzine, qui a dirigé Goldman Sachs de 1994 à 1999. L'enseigne est donc tout naturellement le principal banquier d'affaires de cet État voisin de New York et gère sa dette. En 2008, la firme recommande à ses clients de se prémunir contre une éventuelle cessation de paiement – non seulement du New Jersey mais de plusieurs autres États américains. Tout en agissant au nom de ce même État, dans son dos, l'établissement le dénigre !

Le cas de l'assureur AIG est encore plus symptomatique de ces conflits d'intérêts permanents. Le numéro un de l'assurance américaine, qui compte 116 000 employés dans 130 pays, a perdu 60 % de sa valeur au cours de la seule journée du 16 septembre 2008, en pleine tourmente. Le gouverneur de l'État de New York, David Paterson, autorise exceptionnellement l'assureur à puiser dans ses filiales pour se renflouer et faire face aux échéances les plus urgentes. Sous la pression du Trésor, JP Morgan Chase et Goldman Sachs lui octroient un crédit-relais. Rien n'y fait. L'agence Standard & Poor's abaisse sa notation au vu de son exposition phénoménale sur les marchés des produits dérivés les plus complexes. Le financement de la levée de fonds d'urgence s'en trouve brutalement renchéri.

Cette crise coïncide avec l'annonce, par Goldman Sachs, de ses résultats au troisième trimestre. Malgré un bénéfice net en chute de 70 %, et la plongée du produit net bancaire, elle s'en sort bien en comparaison. Mais l'arbre cache la forêt : une faillite d'AIG aurait des répercussions désastreuses pour la firme.

En effet, Goldman Sachs est de facto la banque-conseil de l'assureur déchu. À plusieurs reprises, Lloyd Blankfein avait même envisagé d'acquérir AIG dans un souci de diversification et de renforcement des fonds propres. Mais à chaque fois, il avait reculé devant la dérive des comptes et l'usine à gaz qu'était devenue la compagnie d'assurances, engagée dans une course au gigantisme. Le mythique directeur général d'AIG, Maurice Greenberg, qui avait dû démissionner en 2005 à la suite de pratiques comptables illégales, est également un client de longue date de la banque. La haute finance est un tout petit monde. Par ailleurs, Goldman a exécuté une partie des ordres boursiers d'AIG Financial Products Corp., la filiale aux montages financiers complexes et à hauts risques installée à Londres. C'est même l'un de ses plus gros pourvoyeurs en commissions de trading.

Malgré ces liens solides, Goldman Sachs a, en fait, parié contre AIG dès 2007. Jugeant insuffisantes les garanties (les crédits hypothécaires subprimes) déposées en nantissement des prêts octroyés, elle n'a eu de cesse de lui réclamer des paiements en liquide additionnels qui grèvent sa trésorerie. Parallèlement, la banque joue en Bourse contre AIG. Sévères, ou lucides, ses analystes baissent régulièrement sa valorisation. Le 28 août 2008, l'un d'entre eux ébranle ce qu'il reste de confiance des marchés en AIG en émettant des doutes sur sa solvabilité. Wall Street sait que Goldman, en tant que banque-conseil, a accès aux données confidentielles de la compagnie, en particulier à l'ampleur de ses pertes sur les subprimes. Le problème est qu'en spéculant pour son compte propre contre son client au lieu de rester neutre, Goldman Sachs est à même de manipuler les marchés. En raison de son poids, de son influence, elle peut distiller le doute.

Dans ce contexte, en quelques jours, le lynchage d'AIG va commencer. Mais cette fois, Goldman Sachs est prise à son propre jeu. Anticipant l'effet dévastateur d'une banqueroute de l'assureur sur la banque, les spéculateurs attaquent également Goldman de front. D'autant que le liquidateur britannique, PricewaterhouseCoopers, a gelé les actifs des hedge funds confiés à Lehman International basée à Londres. Paniqués, les fonds spéculatifs américains retirent massivement leurs avoirs confiés aux autres courtiers attitrés, Goldman en tête. La crise de confiance s'aggrave d'heure en heure.

Inquiet de la chute brutale de son action en Bourse, Lloyd Blankfein appelle en catastrophe le ministre des Finances, Henry Paulson, sur son portable : « Par pitié, Hank, fais quelque chose. »

À ce stade, Paulson est pieds et poings liés. En devenant secrétaire au Trésor, pour ne pas prêter le flanc aux critiques contre le « gouvernement Goldman » (la présence de tant d'anciens de la banque parmi ses conseillers), il a signé une lettre lui interdisant tout contact avec son ex-employeur. L'hypocrisie est totale. D'ailleurs, la gravité de la situation rend cet interdit caduc, estime Paulson. En acceptant de parler à Blankfein, il viole sciemment ses propres engagements. Et lors de la seule journée du 17 septembre 2008, Blankfein et Paulson se parlent à cinq reprises…

Hank Paulson et Tim Geithner – le patron de la Réserve fédérale de New York – organisent alors une rencontre avec Blankfein pour sauver AIG. Une faillite de l'assureur aurait des répercussions incalculables sur l'activité économique. Si d'autres banquiers sont présents à cette réunion, tout se passe en réalité à huis clos entre le Trésor et Goldman Sachs. Et là, les conflits d'intérêts se multiplient. Un nouveau directeur général pour AIG ? Un bras droit du ministre, Ken Wilson (ex-Goldman Sachs !), trouve la perle rare : Ed Liddy, ancien P-DG de la compagnie AllState. Un homme parfait. Et en plus, il siège comme administrateur indépendant au conseil d'administration de... Goldman Sachs. La nationalisation d'AIG est-elle inévitable ? Au Trésor, Dan Jester s'en occupe... C'est un ancien spécialiste des institutions financières chez Goldman.

Le 17 septembre 2008, l'État acquiert 79 % du capital d'AIG. L'opération se fait dans le plus grand secret. Et pour cause : Geithner et Paulson ont bradé les intérêts du contribuable en reversant plus de 60 milliards de dollars à un consortium de huit banques pour permettre à l'assureur de respecter ses engagements à leur égard. Goldman Sachs et la Société Générale en sont les principaux bénéficiaires. À peine l'argent débloqué, Goldman obtient en effet les 12,9 milliards de dollars que lui devait AIG. Le problème est que la banque profite d'une compensation pleine (100 cents pour un dollar), au lieu de supporter une partie de la perte, comme le veut l'usage dans ce type de renflouement. En clair, le contribuable américain a sauvé la coquille vide qu'était devenue AIG puis Goldman Sachs – avec d'autres – est venue se servir. Washington n'a jamais véritablement expliqué cette décision d'une exceptionnelle générosité : rembourser à l'établissement l'intégralité de ses pertes.

Transformée en décharge financière après avoir accepté de prendre en dépôt certains des actifs des banques secourues, la Fed de New York a caché pendant six mois la teneur exacte du sauvetage d'AIG au nom de sa sacro-sainte indépendance. L'opacité a été totale.

Comment la firme justifie-t-elle le lâchage de ses fidèles clients ? En fait, à côté des Quatorze Principes édictés par la banque, il en existe un quinzième, informel, non écrit : les conflits d'intérêts ne sont pas toujours détestables. Ainsi, loin d'être répréhensible, la tension entre la banque d'affaires et son client est-elle vue comme une bonne chose. C'est un signe d'agressivité saine, de virilité. Au lieu d'éviter ces situations conflictuelles, gérons-les à notre avantage : voilà l'idée. Dans ces circonstances, le client devient un concurrent qu'on peut tondre allégrement. De toute façon, ce dernier est une entité aussi sophistiquée et cynique que sa banque-conseil : tel est le leitmotiv.

Publié au faîte du pouvoir de la banque, en 2007, un manuel de bonne gouvernance du département des crédits immobiliers proclame : « La loyauté au client n'est pas toujours facile en raison de nos métiers multiples. » Ce document interne explique comment Goldman Sachs utilise les informations de ses clients, leur vision du marché, leurs ordres d'achat et de vente. Elle y ajoute les renseignements fournis par les banques de données, les autres établissements financiers et les Bourses en vue d'obtenir « une vision unique du marché qui est une mosaïque de toutes les informations reçues », à partir desquelles sont prises les décisions stratégiques.

La formule est un modèle de simplicité. Et de franchise. LA Banque n'entend pas rejoindre Lehman ou Bear Stearns au cimetière des chers disparus.

13.

Très chers amis...

À New York, sur le plus grand marché boursier du monde, rien ne sera plus comme avant. La faillite de Lehman Brothers et la nationalisation de l'assureur AIG sonnent le glas d'une époque unique dans les annales de la finance. Aveuglée par la politique d'argent peu cher, toute une génération de traders a fragilisé le marché sur lequel ils opéraient de manière frénétique. Une pyramide de prêts hypothécaires à risque, les subprimes, s'est mise à trembler, provoquant le krach bancaire le plus spectaculaire depuis la Grande Dépression. Les banques américaines, mais aussi européennes, menacent de s'effondrer comme un château de cartes. Et Wall Street étant le thermomètre de l'économie américaine, sa dégringolade entraîne la récession la plus grave depuis soixante-dix ans.

Lors de la décennie dorée qui vient de s'écouler, au fil des restructurations et des fusions-acquisitions, encouragés par des taux d'intérêt bas et par la déréglementation, d'énormes conglomérats bancaires se sont constitués des deux côtés de l'Atlantique. Leurs actifs sont colossaux.

Il y a trois groupes d'établissements. D'abord, les banques commerciales ordinaires que l'on trouve dans toutes les grandes rues. Ces banques dites de dépôts fonctionnent sur un réseau d'agences et jouent un rôle de conseiller, auprès des particuliers comme des entreprises. C'est le cas de LCL en France (Le Crédit Lyonnais), ou de Bank of America aux États-Unis.

Dans la seconde catégorie figurent des établissements qui combinent les activités des banques de dépôts et des banques d'affaires. C'est le cas de JP Morgan ou de BNP Paribas.

Le troisième groupe est constitué des banques d'affaires pures, qui font appel aux marchés pour financer leurs opérations de conseil comme de trading : Goldman Sachs en est l'exemple.

Quel que soit le modèle, la stratégie est la même : la prise de risque en vue du meilleur profit. L'ancienne distinction, datant des années 30, entre banques commerciales et banques d'affaires a donc vécu. La nouvelle ligne de partage se situe entre les géants, véritables supermarchés de la finance, et les petites banques traditionnelles de dépôts. Goldman Sachs, qui a décuplé ses actifs entre 1997 et 2007, est le leader incontesté des géants. Dans la foulée, tout le monde en a profité : banquiers, industriels, investisseurs, petits et gros.

Lors de la semaine noire, entre le 15 et le 22 septembre 2008, malgré les appels à la raison des autorités boursières et des gouvernements, la panique s'empare de Wall Street. Les analystes se débarrassent du vocabulaire ternaire : acheter, conserver, vendre. Ils n'ont plus qu'un mot à la bouche : liquider !

Pour Lloyd Blankfein, le onzième patron de Goldman Sachs en cent quarante ans d'existence, la voie royale se transforme en champ de bataille.

« De nature, je suis un angoissé » : ce leitmotiv, le P-DG le répète à l'envi à ses interlocuteurs qui défilent dans son bureau en cette dramatique journée du 16 septembre 2008. Des cinq banques d'affaires qui régnaient sur Wall Street, il n'en reste plus que deux : Goldman Sachs et Morgan Stanley. Merrill Lynch et Bear Stearns ont été rachetées, et Lehman est en liquidation.

Deux jours plus tard, Henry Paulson et Ben Bernanke, le président de la Réserve fédérale, la Fed, sont au Congrès pour une réunion avec douze des élus les plus importants sur les questions financières. Leur discours est exceptionnellement alarmiste ; ils évoquent, si rien n'est entrepris, « des effondrements spectaculaires de grands et célèbres établissements bancaires ». C'est Armageddon. Paulson réclame les pleins pouvoirs pour acquérir en Bourse 700 milliards d'actifs vérolés : cette intervention directe de l'État sur les marchés est totalement inédite dans l'histoire des États-Unis, patrie par excellence du libéralisme.

Malgré le sauvetage d'AIG, les titres de Goldman Sachs et de Morgan Stanley continuent de plonger. Les investisseurs – fonds d'investissement, caisses de retraite et grosses fortunes – se délestent des obligations des entreprises, en particulier des banques et des constructeurs automobiles, pour se réfugier sur les bons d'État. En vue de gonfler leurs liquidités et réduire leur endettement, les hedge funds cèdent encore plus vite des actifs.

Le sort de Goldman hante Paulson. Le secrétaire au Trésor a servi LA Banque comme on sert un pays, quand il la présidait. D'ailleurs, lorsqu'il a prêté serment et a été investi ministre des Finances, le 10 juillet 2006, en présence du Président Bush, Lloyd Blankfein était le seul banquier présent. Dans le plus grand secret, le ministre demande donc à la Maison Blanche la levée de l'interdiction – qu'il s'était lui-même imposée – de prendre contact avec Goldman. Il faut à tout prix l'aider à se sortir du pétrin. Le directeur de cabinet de la présidence, Joshua Bolten – encore un ancien de Goldman –, obtient immédiatement l'autorisation de Bush.

Tel un général dans une salle de commandement, Tim Geithner, le patron de la Fed de New York, se démène. Dans ce complexe Meccano, le tuteur de Wall Street pousse d'abord Goldman à s'unir à Citigroup, ce qui permettrait de renflouer ses liquidités. Les politiques et les marchés applaudiraient un mariage complémentaire entre une banque d'affaires sans réseau et un établissement de dépôts.

Lloyd Blankfein, à qui on a pourtant promis la tête de l'ensemble, est hostile à cette fusion. Hétéroclite, lesté de dettes, au bord du précipice, Citigroup est un canard boiteux. L'autre solution est l'absorption de Wachovia, quatrième banque américaine par les actifs, en grave difficulté. Basé à Charlotte, en Caroline du Nord, cet établissement est présidé par un ancien de Goldman Sachs proche de Paulson. Mais le refus d'une aide de l'État, exigée par Blankfein en raison de l'état catastrophique de Wachovia, fait capoter le projet. On ne prend jamais trop de précautions.

Le P-DG de Goldman affronte cette crise comme le capitaine d'un navire affronterait une tempête. Les vagues qui déferlent risquent d'engloutir le bateau. Mais le vaisseau n'est pas en perdition car le barreur Blankfein est expérimenté. Il a fermé les écoutilles, a réduit les voiles et fait front, seul, sur le pont. Obsédée par l'idée de son rang et par son ressentiment envers les spéculateurs qui la joue à la baisse, isolée du public, des médias, des analystes, sa maison se referme sur elle-même dans une sorte de bunker, avant le combat final.

Heureusement, Blankfein ne reste pas longtemps seul. Son ami Henry, le secrétaire au Trésor, veille au grain. Et puis entre en scène Rodgin Cohen, l'homme de la situation. Avec ses costumes classiques, le président du cabinet d'avocats new-yorkais Sullivan & Cromwell ressemble à un fondé de pouvoir courtois, ni nerveux ni même impatient. Ce tireur de ficelles écoute calmement, répond toujours de la même manière, ponctuant chaque phrase d'un petit sourire en coin. Ce *consigliere* n'a cessé de modeler le paysage financier américain : il n'y a pas d'affaires à Wall Street qui ne passe par cette personnalité marquée par la formation très particulière du *corporate lawyer* à l'américaine, qui croit plus aux vertus du compromis qu'à la confrontation. Véritable sorcier, Rodgin Cohen a été, bien sûr, à l'épicentre des crises à répétition qui viennent de secouer la haute finance : Bear Stearns, Lehman, AIG. S'il n'a ni la robe ni la voix du ténor d'audience, maître Cohen a un carnet d'adresses étoffé. Il a l'accès le plus direct et le plus fréquent à la Fed et au Trésor puisque Henry est lui aussi un ami de toujours.

Le 21 septembre 2008, dans une ambiance de fin du monde, Goldman Sachs et Morgan Stanley, par l'intermédiaire de Cohen, renoncent à leur statut de banques d'affaires en devenant des holdings bancaires. L'objet de cette transformation ? Elle est capitale puisqu'elle leur donne un accès illimité aux fonds fédéraux en cas de graves difficultés de trésorerie. Voilà les marchés (un peu) rassurés. En échange, les deux établissements doivent accepter de se soumettre au contrôle de l'État. La bonne nouvelle ? Celui-ci ne sera pas trop intrusif.

Issu du Glass-Steagall Act promulgué dans les années 30, le « statut juridique spécial » des banques d'affaires est mort ce jour-là. Constat amer d'un ex-dirigeant de Lehman : « Ce qu'ils ont fait pour Goldman Sachs, ils nous l'avaient refusé. » En effet, la garantie financière du statut de holding bancaire permet à Goldman Sachs et à Morgan Stanley d'emprunter des fonds à taux zéro – zéro absolu – pour acheter des bons du Trésor américain à 3 à 4 % de rendement. L'argent cédé ainsi par le gouvernement lui est donc prêté à nouveau, et la banque en retire un gain net. C'est ce qui s'appelle une bonne affaire.

Les deux nouvelles holdings bancaires doivent maintenant trouver des investisseurs. « Parcours le monde s'il le faut pour les dénicher. Retourne toutes les pierres » : Paulson secoue ainsi Blankfein, dont le regard sombre trahit le stress. On murmure que celui-ci couve une dépression. Mais il tiendra le coup pendant toute la crise. Approchés, des banquiers asiatiques refusent de lui venir en aide. En désespoir de cause, Lloyd Blankfein se tourne vers Warren Buffett, la plus grosse fortune des États-Unis.

Pour ses adversaires, c'est un pirate rusé et ambitieux. Pour ses admirateurs, un croisé de la libre entreprise comme on n'en fait plus. Warren Buffett est un Crésus à l'humour cinglant, un faux naïf, un vrai génie des affaires. Il a bâti sa fortune sur une idée simple : acquérir des actions sous-évaluées et attendre qu'elles remontent.

Parti de pas grand-chose, vivant au milieu de nulle part – Omaha, dans le Nebraska –, ne payant pas de mine, le président de la holding Berkshire Hathaway est un peu le *Forrest Gump* – ce simplet génial interprété au cinéma par Tom Hanks – de la finance. Sous son air pataud se cache une vraie finesse. Il semble désinvolte

184

mais il est extrêmement organisé et rationnel. Selon son biographe, Roger Lowenstein, Buffett a creusé son sillon « sans technique ésotérique et inaccessible au commun des mortels, mais grâce à un mélange de calcul, de bon sens, de patience et d'analyse que l'investisseur ordinaire peut parfaitement imiter ».

L'argent est son obsession depuis l'enfance. Mais ce fils d'agent de change de la bonne société du Middle West n'aime guère Wall Street. Son plus beau coup reste son investissement, en 1963, dans l'American Express, à l'époque au bord du précipice. L'opération lui avait permis d'empocher une plus-value de 20 milliards de dollars. Depuis son raid plutôt raté sur la banque d'affaires Salomon Brothers, en 1991, Buffett se méfie des établissements financiers. Il préfère prendre des participations dans les grandes compagnies américaines industrielles ou dans les médias. « Les bons jockeys gagnent, affirme-t-il, avec de bons chevaux, pas avec des haridelles. »

Warren est un client historique de Goldman. À 10 ans, son père l'avait emmené à New York. Pendant le séjour, Buffett Sr lui fait rencontrer, au siège de Goldman, le légendaire Sidney Weinberg. « Pendant trois quarts d'heure, Weinberg m'a parlé comme à un adulte », se souvient le financier, resté loyal. C'est Paulson, quand il a représenté la firme à Chicago, qui a tissé ces liens d'affaires avec cet aventurier aux doigts d'or. « Je considère Warren comme un ami. J'ai confiance dans sa sagesse et ses avis, invariablement sensés », écrit Henry Paulson dans ses Mémoires, *On the Brink*, publiés en 2010.

Sur le papier, la banque d'affaires répond aux six critères d'acquisition du milliardaire : une taille significative, une capacité prouvée à gagner beaucoup d'argent, un bon taux de rentabilité, un endettement faible, une équipe dirigeante compétente et une transaction financièrement alléchante. Le 24 septembre 2008, l'affaire est conclue en quelques heures. L'oracle de la finance investit 5 milliards de dollars – pas moins – dans, selon ses propres termes, « une institution exceptionnelle qui a une présence mondiale inégalée, une équipe de direction fournie et aguerrie, et le capital financier et intellectuel pour délivrer une performance supérieure, comme par le passé ».

Malgré les conditions très avantageuses obtenues par Buffett – qui ne passe pas pour un officier de l'Armée du salut –, il s'agit là d'un signal majeur du retour de la confiance, non seulement vis-à-vis de Goldman Sachs, mais aussi envers les valeurs bancaires en général. Par ailleurs, la banque fait appel au marché pour lever 5 milliards de dollars supplémentaires, aisément souscrits. La Bourse plébiscite cette annonce, comme l'atteste le rebondissement immédiat du titre Goldman à Wall Street. Les milliards investis dans la banque d'affaires ont rapporté plus qu'une vive satisfaction à Buffett qui sera l'un des rares fournisseurs de liquidités pendant la crise.

Après avoir refusé, le 29 septembre 2008, le plan de sauvetage financier présenté par le Trésor via le rachat d'actifs toxiques par l'État, le Congrès en adopte une version amendée. Le législateur ajoute notamment une clause pour limiter les bonus distribués par les banques assistées par l'État. Entre-temps, au Royaume-Uni, les pouvoirs publics entrent dans le capital des banques en difficulté pour y faire le ménage. Sous la pression de la Réserve fédérale, « Hank » Paulson se range à cette solution.

Le 13 octobre, le secrétaire au Trésor convoque les plus importants banquiers américains à Washington. Au menu : la nationalisation partielle. À l'exception des établissements en difficulté (Citigroup, Bank of America), Wall Street ne veut pas de cette mise sous tutelle forcée de l'État. À écouter les opposants au projet, menés par Blankfein, l'appel aux fonds publics doit être volontaire, comme au Royaume-Uni. Mais les financiers n'ont pas le choix. S'ils refusent l'argent de l'État, ce dernier exigera une recapitalisation.

Tous signent donc comme un seul homme, sans se poser de questions sur la couleur du cheval blanc. Washington consacre 125 milliards de dollars à la prise de participation dans le capital de neuf grandes banques et 125 autres au profit de petits établissements de province. Goldman Sachs reçoit 10 milliards de dollars à ce titre. À l'approche de l'élection présidentielle de novembre, qu'il sait perdue par les républicains, Paulson s'assure discrètement du soutien de Barack Obama.

En vérité, les conditions mises par les anciens dirigeants de Goldman qui sont à la tête du Trésor constituent un vrai bradage des deniers publics. Le coût de l'argent prêté est ridiculement bas mais il est vrai qu'il faut à tout prix rassurer les marchés. En outre, les autorités fédérales s'engagent à ne pas intervenir dans la gestion ou dans la nomination des dirigeants des banques aidées. Le gouvernement utilise donc de l'argent public pour sauver un petit groupe de banques au pouvoir politique énorme : le cynisme du plan Paulson fera date dans l'Histoire. Dans ses Mémoires, le secrétaire au Trésor reconnaît d'ailleurs que l'habillage financier lui a été soufflé par Warren Buffett lui-même. Un sauvetage conduit entre amis, en somme.

Il n'empêche : dans les mois qui suivent, mieux vaut ne pas soulever la question de la nationalisation devant Lloyd Blankfein. « C'est ce qu'il ne fallait pas faire », grogne-t-il. En insistant sur la nécessité de sanctionner la mauvaise gestion, le P-DG de Goldman condamne implicitement le sauvetage des canards boiteux.

Quelques mois plus tard, sa compagnie annonce ses résultats : des profits de 5,2 milliards de dollars pour le premier semestre 2009. En juillet 2009, Goldman Sachs rend les 10 milliards que le Trésor lui a prêtés, augmentés de très gros intérêts. Le contribuable n'a pas à se plaindre. Pourquoi ce geste ? Goldman Sachs a peut-être conscience qu'il lui faut donner des signes au Trésor pour calmer toute velléité de sa part d'aller fouiner dans un passé récent. En effet, ses dirigeants ont vendu de gros paquets d'actions de leur propre entreprise – presque 700 millions de dollars –, au moment même où l'établissement, alors en difficulté, recevait une aide massive du gouvernement américain. Toujours cette cupidité digne d'une République bananière !

Ces péripéties ont en tout cas gravement porté atteinte à la réputation de Goldman Sachs. Toutes les études de marketing confirment sa perte de prestige. La crise a porté un rude coup à son image – comme à celle de Morgan Stanley –, en raison de la perte de deux éléments clés : la confiance et la solidité.

« Nous n'aurions jamais dû participer à des transactions clairement condamnables et nous le regrettons » : mentionnant ainsi le rôle de Goldman Sachs dans la chute d'AIG puis dans son sauvetage, Lloyd Blankfein a fait son mea culpa du bout des lèvres. Tous ceux qui attendaient du Big Boss un repentir plus appuyé auront été déçus.

Lors d'un petit déjeuner organisé par le magazine *Fortune*, il a laissé entendre qu'il aurait préféré ne pas accepter le TARP *(Troubled Asset Relief Program)* et la prise de participation de l'État dans le capital de sa banque, pour garder les mains libres en matière de rémunération comme de stratégie. Ce manque d'humilité, frisant l'arrogance, agace. Au même moment, Citigroup évoquait son « énorme dette de gratitude » à l'égard de l'État salvateur.

Car Goldman Sachs a su tirer profit de la manne du contribuable. Primo, le sauvetage d'AIG lui a permis de récupérer 12,9 milliards de dollars qui auraient été perdus en cas de faillite. Secundo, le TALF *(Term Asset-Backed Securities Loan Facility)*, un dispositif de soutien au crédit garanti par des actifs, a ressuscité la titrisation, créneau très porteur pour la société. Tertio, les marchés sont désormais conscients que le gouvernement fédéral ne laissera pas tomber Goldman. « Quelle autre entreprise sait qu'elle ne sera jamais déclarée en faillite, quoi qu'elle fasse ? », s'interroge le *New York Times,* selon lequel Goldman est tout simplement « trop grande pour qu'on puisse envisager sa disparition ». C'est le fameux *too big to fail.*

Face à ces critiques, Blankfein soutient que le gigantisme des banques n'est pas le problème, qu'une constellation de petits établissements présenterait tout autant de risques que quelques géants. Mais ces monstres agissant en oligopole dérèglent le libre jeu de la concurrence et font grimper les tarifs des prestations. Si, en plus, le soutien de l'État est considéré comme acquis d'avance, ces derniers sont encouragés à accroître la voilure en s'endettant davantage pour grossir profits, cours boursiers et donc bonus. C'est gagnant gagnant. Sauf pour le contribuable.

Enfin, de sa dunette de capitaine, Lloyd, tel un officier de marine, peut contempler le nouveau paysage bancaire avec sérénité. Sa compagnie domine totalement Wall Street. Morgan Stanley, l'autre banque

189

d'affaires survivante, est rentrée dans le rang. Merrill Lynch s'est fait avaler par Bank of America, une société à la culture plus conservatrice. Ne reste que JP Morgan comme réel concurrent. C'est peu, très peu.

Recalibrée par Lloyd Blankfein, la banque est devenue l'une des entreprises les plus influentes des États-Unis, l'équivalent d'IBM ou de General Motors au faîte de leur gloire. La crise ? Quelle crise ?

14.

Goldman Sex

Warning ! L'avertissement est écrit en toutes lettres comme sur tout paquet de cigarettes. À Wall Street, on fuit – désormais officiellement – la misogynie, le racisme, l'homophobie. On parle de diversité. On glose sur la fameuse déclaration dans le *Timon d'Athènes* de Shakespeare (IV, 3) : « L'or est un dieu sensible qui unit les contraires et les force au baiser. » Car, derrière l'argent, le sexe n'est jamais très loin.

Yann Samuelides, un Français âgé de 35 ans, cadre de la filiale internationale de Goldman Sachs à Londres, en est l'illustration. Cet homme passionné va offrir l'équivalent d'un demi-million d'euros à sa maîtresse, une ex-escort girl slovaque de 28 ans, pour qu'elle quitte son mari et l'épouse. Amoureux fou, ce petit génie des maths appliquées menace de se suicider en cas de refus de la dame, mariée à un retraité presque septuagénaire. Pour poursuivre sa relation extraconjugale, le jeune financier submerge sa maîtresse de cadeaux plus somptueux les uns que les autres : une bague sertie de diamants blancs, un sac à main Chanel matelassé doté de chaînes dorées et une liasse de billets en grosses coupures.

En 2009, l'intéressée finit par accepter la proposition

de mariage de son chevalier servant. Lorsqu'elle en parle à son époux, ce dernier menace de tuer son jeune rival. Sa jeune femme saisit l'occasion pour réclamer le divorce. « Elle m'a dit qu'elle reste avec lui pour l'argent, mais elle ne l'aura pas tant qu'elle ne sera pas mariée », explique l'époux trompé au juge du tribunal de Clerkenwell & Shoreditch.

L'histoire de « Goldman Sex », comme la presse britannique a baptisé Yann Samuelides, fait le tour du monde. Son scénario n'est pas sans rappeler le film *Proposition indécente* dans lequel Robert Redford est prêt à payer une fortune pour passer une nuit avec Demi Moore.

Jusque-là, cet ingénieur des Mines, passé par BNP Paribas, avait eu une carrière météorique. Il avait été promu directeur en 2007, dernière marche avant celle de la gloire et de la fortune : le statut d'associé-gérant. Pas de chance. Quelques jours avant l'audience, face à la colère de l'opinion et de la classe politique en ces temps de récession, Lloyd Blankfein avait publiquement exhorté ses employés à dépenser avec discrétion leurs confortables rémunérations. L'heure est à la modestie et à la couleur passe-muraille, avait répété l'homme fort de Wall Street.

Un autre banquier de Goldman Sachs, Scott Mead, a connu la même mésaventure. Cette star des fusions-acquisitions, on l'a vu, avait été grugée par sa secrétaire, qui avait volé 3,3 millions de livres[1] sur son compte en banque sans qu'il s'en rende compte. Lors de son procès, la défense de la dame a révélé que Mead était tombé amoureux d'une avocate rencontrée lors d'une opéra-

---

1. Environ 4 millions d'euros.

192

tion de fusions-acquisitions. Il lui avait écrit des lettres d'amour dignes d'un collégien. Son assistante était visiblement au courant de sa liaison extraconjugale, d'où, sans doute, les hésitations de Mead à l'interroger sur les sommes manquantes ou à appeler la police. Après le verdict, Mead avait démissionné.

Très tolérante envers les conflits d'intérêts, Goldman Sachs n'a en revanche, jamais été permissive en matière de mœurs. La banque ne badine pas avec les infidélités ! Une vie personnelle stable est vivement recommandée puisque, c'est bien connu, un banquier heureux en ménage et au mode de vie équilibré travaille mieux. Les affaires doivent passer avant tout. Celui de Goldman bosse jusqu'à dix-huit heures par jour, avec seulement une journée de repos le week-end et encore, pas toujours. La vie de famille est avalée par LA Banque. Avec son lot de conférences vidéo, de déplacements et de week-ends de réunions. Les enfants semblent avoir été conçus entre deux « coups » financiers. Les pères qui ratent la naissance de leur dernier-né sont légion. Et quand ils y assistent, rien n'est simple : l'épouse d'un banquier racontait un jour comment son mari a assisté à l'accouchement de leur troisième enfant pendu à son téléphone, en train de conclure un deal, malgré les protestations des infirmières !

Dîners d'anniversaire et fêtes familiales sont constamment annulés à la dernière minute. Un financier nous a expliqué comment il avait vu son bonus amputé de moitié : pour être présent à son anniversaire de mariage – sa femme craquait et l'avait menacé de divorce –, il avait refusé de s'envoler pour Moscou.

Mais, héritage du puritanisme qui imprègne la culture financière américaine oblige, les conquêtes se mènent en couple. Malgré l'évolution de la société, un dirigeant doit être marié pour avoir de sérieuses chances d'arriver au sommet. Précieux atout, l'épouse, même délaissée, accompagne son époux dans toute son ascension. Et quand les rôles sont inversés, ce qui est très rare, le mari est contraint de rester au foyer, d'organiser la vie de famille, entre les employés de maison, fille au pair, gouvernante, jardinier, femme de ménage... Les conjoints jouent un rôle de soutien soumis à un strict protocole.

Car l'esprit monarchique est présent dans la grande maison. L'entourage du P-DG règne en maître sur son royaume. Bien entendu, son épouse ne saurait travailler – cela ne souffre aucune exception –, même dans le cas de Laura, sa femme, une avocate. Elle n'a pas le temps d'être l'une de ces Américaines au foyer qui dépérissent dans l'ennui et la solitude, les tranquillisants et l'alcool. Laura reçoit fastueusement, ambitieuse pour deux, lors de dîners brillants qui n'ont rien à envier aux banquets royaux. Des soirées préparées avec minutie et force protocole grâce à l'aide d'une armée de serviteurs, grandes toques et maîtres d'hôtel. La First Lady de Goldman n'officie jamais dans ses cuisines aux gigantesques frigidaires et aux énormes plaques chauffantes. Architectes et décorateurs de renom s'occupent de tout dans le manoir néogothique ou la villa palladienne aux dimensions ébouriffantes : les meubles, le linge de maison, les tableaux, les caves, le jardin, la piscine, etc. « *Money is no object* » (l'argent n'est pas un problème), comme disent les Américains.

Il y a aussi les visites régulières chez le coiffeur, l'esthéticienne, le professeur de gym ; les déjeuners entre copines – en majorité, d'autres épouses de cadres de Goldman –, les visites aux galeries d'art ; les virées shopping sur rendez-vous dans les boutiques de Madison Avenue, de Bond Street, du Faubourg Saint-Honoré où l'on peut dépenser sans compter. La famille ne compte pas beaucoup sur l'État. Les Blankfein paient l'école privée des enfants, les médecins, les cliniques, l'enlèvement des poubelles, le chauffeur de limousine ou le pilote d'hélicoptère et, bien sûr, la sécurité. Ils ne se déplacent qu'en limousines aux vitres teintées – on voit New York mais New York ne vous voit pas.

Les épouses des dirigeants baignent dans un réseau dense de sociabilité. Les amis les plus proches du couple sont issus du premier cercle, sorte de chevalerie composée des collaborateurs de longue date de Blankfein et adoubé par lui, les Cohn, les Heller, les Schwartz ou les Frost. Tout ce petit monde habite les mêmes quartiers de Manhattan, l'Upper East Side, Park Avenue et la Cinquième, avec de préférence une vue imprenable sur Central Park, l'oasis de verdure de la « Grande Pomme » – question de standing.

Les étés sont invariablement passés à Long Island, entre les bourgades de Bridgehampton et East Hampton, où toute cette petite coterie possède une résidence. Ils fréquentent les country clubs les plus sélects où l'on se retrouve entre soi, entre multimillionnaires.

Laura Blankfein suscite parfois l'agacement. Jolie, instruite, élégante, cette femme peut se révéler imprudente. Elle ainsi a défrayé la chronique des potins de Manhattan en invoquant son rang pour refuser de faire la queue lors d'une manifestation de philanthropie au profit de la recherche contre le cancer de l'utérus. « Je ne vais pas attendre avec des gens qui dépensent moins que moi », a-t-elle hurlé aux cerbères qui lui interdisaient l'entrée prioritaire aux fastes du circuit caritatif.

Comme une monarchie, l'empire a donc ses rites et ses symboles. Les épouses sont des pièces rapportées. On passe vite du statut de favorite à celui d'exclue (et réciproquement). La moindre observation iconoclaste tombée dans l'oreille de l'épouse du P-DG peut valoir à son auteur une disgrâce immédiate. Si l'époux quitte Goldman ou est licencié, les portes de la Cour se ferment aussitôt.

Les femmes qui travaillent dans le sérail sont apparemment davantage considérées. En réalité, une certaine misogynie persiste : le sexisme est sournois dans l'univers infernal des salles de marchés. Les remarques des collègues masculins sur les attributs physiques fusent, le doigt est vite dressé en cas de désaccord professionnel. Dans les activités de conseil, la brutalité est à peine cachée par le vernis de courtoisie et de bonne éducation. La culture du pub en fin de journée ou des clubs de *lap dancing* – où de superbes créatures nues, entrejambe épilé, se laissent glisser, tête en bas, le long d'une barre chromée – marginalisent un peu les banquières dans les soirées ! La concurrence à couteaux tirés crée un environnement agressif, peu propice à la camaraderie.

Certaines pratiques maison peuvent aussi retarder l'avancement des femmes, notamment la notation annuelle qui dépend de nombreuses personnes, donc en majorité d'hommes. À Londres, le recrutement a longtemps été double : élitiste pour le conseil aux entreprises, comme l'atteste la prééminence de la filière Oxford-Cambridge chère à la vieille Angleterre aristocratique ; populaire dans le négoce : des Essex boys formés sur le tas, agressifs, relaient souvent le machisme de la classe ouvrière dont ils sont originaires. Dans cette structure duale, que l'on connaît dans une moindre mesure à Wall Street, les femmes se trouvent un peu perdues, comme dans une sorte de no man's land.

À lire un rapport publié en septembre 2009 par l'Equality and Human Rights Commission – la Commission de l'égalité et des droits du Royaume-Uni – dans la City, les primes de fin d'année des femmes (élément essentiel de la rémunération des employés du secteur) sont en moyenne de 79 % inférieures à celles de leurs collègues masculins. La permanence de cette discrimination sexuelle peu visible est d'abord le résultat de l'opacité de la distribution de ces bonus. Résultat ? Les femmes restent minoritaires dans les départements générateurs de revenus, à l'instar du trading ou des fusions-acquisitions, bénéficiaires des plus gros bonus. En revanche, le sexe dit faible est mieux représenté dans les départements non créateurs de recettes : juridique, ressources humaines, communication, administration et, bien sûr, secrétariat. Les banques comme Goldman Sachs gèrent mal les congés de maternité. Ainsi, en mars 2010, Charlotte Hanna, ex-employée de la firme à New York, a traîné la banque devant un tribunal de Manhattan. La plaignante accusait la société de l'avoir marginalisée et rétrogradée pour la licencier après la naissance de son deuxième enfant.

Les femmes ne sont pas seules à être confrontées à ces barrières. La mésaventure de Jim Curry souligne les difficultés qu'éprouvent les minorités raciales à trouver leur place dans cet univers blanc. Ce diplômé de psychologie de Harvard, bien élevé, très droit, n'est pas un virtuose de la banque d'affaires mais un bon vendeur d'obligations, apprécié de ses clients. Le colosse à la fine moustache, calme jusqu'à l'effacement, a travaillé chez Chase Manhattan, à New York puis à Londres, où il est engagé, en 1990, chez Goldman Sachs International.

Mais Jim Curry est un Américain... noir, ce qui apparemment déplaît à son supérieur, Toby Young, lequel a rang d'associé. Ce dernier le prend immédiatement en grippe en multipliant les remarques désobligeantes. Quand Curry pose sa candidature à un poste vacant de responsable des institutions financières, l'Anglais lui réplique qu'un collègue blanc est mieux placé, « car il parle et ressemble aux gens dont on couvre les activités ». Toby Young lui précise qu'il n'est là que pour faire de la figuration en raison de la couleur de sa peau, pas pour travailler : « Tu sais très bien pourquoi on te paie... » À ceux qui le mettent en garde contre ces dérapages, le boss réplique qu'il n'est pas raciste puisqu'il est marié à une Japonaise *(sic)*. Le harcèlement fait chuter la prime de fin d'année des deux tiers. En 1995, dans une charrette, Jim Curry est licencié. À ses yeux, pas de doute, cette mise à pied est un acte raciste.

Le 1er juillet 1997, Goldman Sachs est reconnue coupable de discrimination raciale par les prud'hommes de Londres. « J'espère que cette victoire va promouvoir des conditions de travail plus équitables au sein de Goldman Sachs », déclare Jim Curry qui, entre-temps, a été engagé par Merrill Lynch.

« Goldman Sachs est une firme à l'échelle planétaire [...]. Elle doit rester pluriculturelle et multi-ethnique. Notre diversité est un facteur essentiel à notre force » : à l'issue du verdict accablant, le président de Goldman Sachs International, Peter Sutherland, utilise la langue de bois pour souligner que 53 nationalités sont représentées au sein de la division internationale. Sous-entendu : racistes, nous ? Jamais.

Heureusement, depuis l'affaire Curry, les choses ont évolué, sous la pression de l'importance croissante des marchés émergents, du caractère planétaire des activités financières et de la concurrence exacerbée que les banques se livrent sur tous les fronts pour attirer les meilleurs éléments.

Le sort des homosexuels montre aussi le chemin parcouru. La City comme Wall Street ont été longtemps en retard sur l'évolution de la société envers les gays, lesbiennes et transsexuels. Plus une culture d'entreprise est « masculine », moins elle tolère les comportements ouvertement déviants. Exacerbée par l'âpreté au gain et la course aux bonus, l'atmosphère des temples de la finance crée un climat peu propice à la tolérance. S'y ajoute le sentiment diffus que l'idée du pouvoir est associée à la virilité, ce qui ne se marie pas vraiment avec le stéréotype de l'homosexualité.

Les rapports professionnels se prolongent souvent dans la sphère privée. Les cadres « hors normes » sont souvent exclus des retrouvailles avec les conjoints au restaurant, ou lors des week-ends de golf et de chasse entre collègues, ou encore des barbecues en famille. Or, le réseau de relations créé à cette occasion joue un rôle évident dans les promotions.

Enfin, nombre d'opérateurs gays de multinationales sont souvent écartés des pays du tiers-monde hostiles à l'homosexualité comme ceux du Proche-Orient ou d'Afrique subsaharienne. Un tel ostracisme joue contre eux par la suite.

À compétences égales, un homosexuel a beaucoup moins de chances d'accéder à un poste de direction. Cela s'appelle le *pink plateau*, le plafond de verre version rose.

Les mentalités sont cependant en train d'évoluer, là aussi, et l'homosexualité commence à sortir du placard.

Les grandes banques internationales, surtout américaines, se sont mises à courtiser les jeunes banquiers gays. À l'instar de JP Morgan et de Morgan Stanley, Goldman Sachs a créé un réseau interne, le GALN (Gay and Lesbian Network).

La diversité au travail est devenue un facteur déterminant de l'image de l'employeur. Des cas de sexisme, de racisme ou d'homophobie, même isolés, peuvent maintenant coûter cher aux sociétés en termes de réputation. Les entreprises craignent d'être poursuivies ou de voir leur nom s'étaler dans les journaux pour une affaire de discrimination – une très mauvaise publicité. Les caisses de retraites et les fonds de pension qui contrôlent les entreprises cotées en Bourse regimbent à investir dans des entreprises sectaires. Le monde change, la haute banque aussi.

15.

La Terre promise

S'il est une entreprise qui a prouvé, au fil du temps, sa capacité à s'adapter à son époque, c'est bien l'empire du 85 Broad Street.

La photographie en noir et blanc nous montre un vieillard à la barbe blanche fournie, d'une taille imposante, vêtu d'une redingote de la meilleure coupe. Il tient dans la main gauche un livre tandis que sa main droite s'appuie négligemment sur une table ronde où sont posés deux autres livres, probablement de comptes. Le portrait en plein dans son époque révèle un homme d'ordre, distant, comme beaucoup de ses compatriotes d'Allemagne du Sud. Il est serein. Nous sommes en 1900, quatre ans avant sa mort.

Né le 9 décembre 1821, il s'appelle Marcus Goldman et a traversé gaillardement le XIXe siècle. Il n'a pas oublié le petit village pauvre de Bavière d'où il vient, les vicissitudes des juifs d'Europe centrale fuyant par dizaines de milliers les persécutions et la misère, dans une première vague d'émigration massive en Amérique – conséquence de la contre-révolution conservatrice qui déferle sur la Bavière et la Prusse –, ni l'horrible périple dans les soutes du navire dans l'espoir d'être accueillis par la terre d'asile. Là, bien plus tard, la statue de la Liberté proclamera : « Donnez-moi vos pauvres, vos surmenés. »

Fils d'un bouvier, instituteur de formation, Marcus Goldman émigre à 27 ans aux États-Unis. Encombré de valises en carton bosselées, bredouillant quelques mots d'anglais, l'immigré foule avec émotion la terre de la deuxième chance. Ne possédant ni famille, ni relations, le nouveau venu survit comme colporteur dans le New Jersey. Son salut vient de sa rencontre avec Bertha, fille d'un joaillier originaire de Bavière, qui a émigré lui aussi en 1848. Il l'épouse. Le couple s'installe à Philadelphie. Marcus Goldman parcourt les cités minières de Pennsylvanie avec sa carriole de représentant de commerce, sa femme tient le magasin de fripes. Puis la famille – cinq enfants déjà – déménage à New York. En 1869, Marcus Goldman se lance dans la finance, un mot bien fort pour désigner une petite société d'escompte destinée aux bijoutiers, aux confectionneurs et aux maroquiniers.

L'apprenti courtier entend tirer profit du vaste marché de l'escompte créé par les taux d'intérêt élevés qui ont suivi la guerre de Sécession entre le Nord et le Sud de 1861 à 1865. L'émission de ces billets de trésorerie doit permettre aux artisans juifs installés à la pointe de Manhattan d'emprunter directement sans passer par les banques. Marcus Goldman porte le haut-de-forme dans lequel sont placées les reconnaissances de dettes, ensuite revendues aux banques avec un petit bénéfice.

À l'époque, si l'Amérique connaît un boom économique prodigieux, le quartier de Wall Street dans lequel l'entreprise est installée ne paie pas de mine. Trinity Church, l'église locale, est le bâtiment le plus élevé. L'unique gratte-ciel n'a que six étages. Les rues sont mal pavées et mal éclairées. Très vite, les tours sortent de terre comme des champignons après la pluie, écrasant les vieilles maisons. Dans la foulée du boom économique provoqué par l'industrialisation à marche forcée, ses affaires prospèrent. Au point que Marcus Goldman doit embaucher un comptable et un coursier.

Les meilleurs amis des Goldman sont les Sachs, encore des Bavarois arrivés en 1848. Louise Goldman, la plus jeune fille de Marcus Goldman, épouse Samuel Sachs. En 1882, le courtier s'associe avec son gendre, comptable de formation, pour former la compagnie M. Goldman and Sachs. En 1885, Henry Goldman, l'un des trois fils de Marcus, rejoint l'entreprise, rebaptisée par la suite Goldman Sachs & Co., son appellation actuelle. La rapide expansion de la firme la pousse à traverser l'Atlantique pour établir une coentreprise à Londres avec une dynastie financière juive allemande, les Kleinwort (à l'origine de la célèbre banque Kleinwort-Benson, aujourd'hui disparue). Elle crée également une autre société en partenariat (50-50) avec Lehman Brothers, fondée en 1844 à Montgomery (Alabama), elle aussi spécialisée dans l'escompte des billets à ordre.

En 1896, Marcus Goldman prend sa retraite, laissant les commandes à son fils Henry et à son gendre Samuel. Petite entreprise, Goldman Sachs n'appartient pas, à l'époque, au cercle magique des grandes banques juives, une nébuleuse fondée par des immigrés européens, essentiellement allemands. Kuhn Loeb voit le jour en 1867 et Salomon Brothers en 1910. J. Aron est établie à La Nouvelle-Orléans en 1898. Au départ, toutes se spécialisent dans le négoce des denrées – coton, café, tissus, cacao, fruits secs –, avant de bifurquer vers la finance. Tout le monde se connaît dans ce milieu fermé où l'on pénètre seulement par liens familiaux ou par mariage et où les décisions se prennent par consensus.

En cette fin du XIXe siècle, face aux établissements juifs dispersés qui se battent entre eux, se dresse l'omnipotente maison Morgan, et ses acolytes protestants bon chic bon genre. J. Pierpont Morgan (1837-1913) a fondé ce qui fut sans doute le plus grand conglomérat de l'histoire financière mondiale. « Ce nom a représenté au XXe siècle pour les États-Unis ce que la famille Rothschild avait symbolisé au XIXe siècle pour l'Europe », écrit le journaliste Ron Chernow dans *The House of Morgan.* À coup d'audace, de poigne et avec l'aide de quelques amis puissants, entrepreneurs, financiers et hommes politiques, ce boucanier rusé parraine la création d'énormes trusts industriels. General Electric, US Steel, ou American Telephone & Telegraph représentent alors l'Amérique des Mille et une Nuits, mais aussi ses excès, ses abus, ses *robber barons* (barons voleurs) honnis dont J. Pierpont est le prototype par excellence. Sa puissance repose sur trois banques : JP Morgan à New York, Morgan Grenfell à Londres et Morgan & Compagnie à Paris. Cet univers huppé américano-européen mêle grandes familles Wasp (White Anglo-Saxon Protestant, c'est-à-dire Blancs, Anglo-Saxons et protestants) de la côte Est des États-Unis, Lords passés par Eton puis Oxford ou Cambridge et continentaux au sang bleu.

J. Pierpont Morgan est aussi un antisémite... mondain. Il dit haut et fort son malaise en présence de ses confrères juifs. Le magnat s'enorgueillit de faire partie des dix-neuf clubs de gentlemen les plus fermés des États-Unis. Aucun n'accepte de juifs. Sa devise est directe : « On peut faire des affaires éventuellement avec n'importe qui, mais il faut être gentleman pour faire de la voile. » Cet aristocrate à l'américaine évoque « ces étrangers » en parlant de ses concurrents juifs. Les catholiques ne sont guère mieux lotis. Confrontés au même ostracisme, ils se réfugient dans la banque commerciale. La seule banque d'affaires « papiste » est Merrill Lynch, fondée par un Irlandais catholique.

Rien n'illustre mieux cette animosité religieuse que la bataille du chemin de fer, entre 1865 et 1895 et le contrôle de la ligne Northern Pacific en 1901. Avec l'aide du financier Kuhn Loeb, le raider Edward Harriman (un protestant) rachète et fusionne les deux principales compagnies desservant le Sud-Ouest. Avec l'appui d'un autre croisé du capitalisme protestant, William Rockefeller, il veut mettre la main sur la Northern Pacific desservant le nord de la Californie. J. Pierpont Morgan ne l'entend pas de cette oreille et la bataille boursière fait rage. Morgan recueille l'argent anglais tandis qu'en face, Kuhn Loeb lève des fonds surtout en Allemagne et en France. La partie se termine sur un match nul – les deux clans se partagent la Northern –, mais, pour la première fois, la primauté de Morgan a été écornée par une banque juive.

Ces fleurons du protestantisme – Morgan, mais aussi Kidder, Peabody & Co. ou George F. Baker, fondateur de ce qui deviendra le Citigroup – refusent de traiter avec ces nouveaux venus. Sujets alors à une véritable ségrégation, ceux-ci sont systématiquement exclus des grands financements industriels – l'automobile, l'acier, ou le pétrole – et doivent se contenter des secteurs moins nobles de la distribution, du textile, ou de l'agroalimentaire. Ce sera la chance de Goldman Sachs. L'institution compte parmi ses gros clients des entrepreneurs fabricants de cigares ou les groupes de distribution bas de gamme Sears Roebuck et F. W. Woolworth pour qui elle émet des actions. Snobés, les établissements juifs se montrent particulièrement novateurs en matière de montages financiers, à l'exemple du négoce des obligations ou des matières premières. Ils se créent une clientèle fidèle et loyale parmi les nouveaux acteurs économiques, en particulier dans le secteur des services en pleine gestation. Ils s'introduisent auprès des investisseurs institutionnels comme les caisses de retraite, les fonds de pension ou les organisations caritatives, dont les capitaux, considérables, doivent être investis.

En 1890, Goldman Sachs est numéro un de l'escompte et, six ans plus tard, est affiliée au New York Stock Exchange (sans y être cotée puisqu'elle est alors une société privée) : la consécration, à l'époque. Marcus Goldman meurt en 1904. La firme compte à cette date trois associés principaux et trois juniors. Elle détient un beau portefeuille de clients mais reste dotée d'un maigre bilan, ses capacités de financement dépendant de l'associé Lehman Brothers.

Lors de la Première Guerre mondiale, les clans Goldman et Sachs se déchirent. Les premiers soutiennent l'Allemagne et l'Autriche-Hongrie, les seconds les Alliés. Admirateur de la discipline prussienne et de Nietzsche, Henry Goldman, l'expert du financement industriel, refuse, en 1915, de participer à la souscription d'un emprunt franco-britannique orchestré par l'anglophile maison Morgan. Quand l'Amérique entre en guerre en avril 1917, la City de Londres boycotte Goldman Sachs « la boche ». La Banque d'Angleterre interdit à ses associés Kleinwort toute transaction en devises avec « l'ennemie ».

Le jour même où Goldman Sachs participe – par peur de représailles – à l'émission des *Liberty Bonds* pour financer l'effort de guerre américain, Henry Goldman démissionne, emportant sa part du capital. Cette saignée est compensée par un apport de la famille Sachs. Les deux clans historiques ne se réconcilieront pas.

Henry Goldman et Sam Sachs ne s'adresseront plus jamais la parole.

Après l'armistice, faute de capital, la firme se languit à l'ombre des grands. L'Amérique connaît un essor économique et industriel sans précédent. Cette prospérité qui paraît éternelle va pourtant amener la banque au bord du gouffre. Parmi les dirigeants de Goldman Sachs se trouve le dénommé Waddil Catchings, le golden boy de l'époque. Grand, charismatique, natif du sud des États-Unis, sûr de lui et de son étoile : celui qui est l'un des principaux associés en impose. Quelle culture, quelle classe, quel personnage exquis ! L'homme est un dandy : le pantalon rayé, un gilet à doublure de satin d'où émerge une montre de gousset, une chemise blanche à col cassé, une large lavallière, un haut-de-forme. En clair c'est un banquier raffiné qui brille en société et se pique de littérature, sachant passer au gré de la conversation des règlements du New York Stock Exchange à Tocqueville. Ce diplômé de la Harvard Law School, associé de l'un des plus grands cabinets d'avocats new-yorkais avant de rejoindre la banque, en devient aussi le principal actionnaire.

Mû par un optimisme illimité en cette fin des années folles, Waddil Catchings est aussi l'auteur de plusieurs essais sur la fin des cycles économiques. Il y exprime sa foi dans une croissance continue, l'opulence illimitée, les fruits généreux de l'expansion, du crédit, de la Bourse... Alors qu'à coups de fusions et d'acquisitions se créent des géants industriels, les placements en actions font fureur auprès des épargnants. Or, Waddil Catchings est un as de l'émission d'actions, la catégorie d'actifs moteurs de l'euphorie boursière.

Ce financier aux nombreuses relations ne jure que par le trust d'investissement. C'est, *grosso modo*, l'équivalent d'un fonds spéculatif style hedge fund, qui investit en Bourse l'argent de ses clients. Sous sa houlette, la banque d'affaires, alors spécialisée dans le papier commercial, crée une structure d'investissement, la Goldman Sachs Trading Corporation (GSTC). Au départ, le capital est entièrement souscrit par la maison mère, dont les associés prennent 10 % à titre personnel. Les 90 % restants sont ensuite revendus au public. En outre, Goldman perçoit 20 % des profits nets du trust pour les frais de gestion.

Le lancement en Bourse, le 4 décembre 1928, de la GSTC est un triomphe : initialement cotée à 104 dollars, l'action monte à 136,50 dollars le 2 février 1929 avant de grimper à 222,50 dollars le 7 février. Le seul savoir-faire de l'émetteur, une petite banque à l'époque, ne peut expliquer cette envolée. En fait, la compagnie rachetait une grande partie de ses propres titres en utilisant les fonds propres de la banque pour faire monter sa valeur avant de les revendre. Le 26 juillet, Catchings crée une société financière, la Shenandoah Corporation, dont les titres s'arrachent. L'avocat John Foster Dulles (1888-1959), qui deviendra le secrétaire d'État du Président Eisenhower, fait partie des administrateurs. Le premier jour, l'action double de valeur. Dans la foulée, une seconde société, Blue Ridge Corporation, est fondée le 20 août. Le capital est détenu en majorité par la Shenandoah. Blue Ridge rachète deux jours plus tard une autre compagnie d'investissement de la côte Ouest. Celle-ci chapeaute une kyrielle de sociétés financières et une banque de détail californiennes. Chaque entité sert de façade à une pyramide infinie d'investissements derrière laquelle se cache l'ombre tutélaire de GS. Le public, qui ignore tout de ce mécanisme basé sur l'endettement (le fameux effet de levier), en redemande et continue à délier les cordons de sa bourse.

Le château de cartes s'écroule brutalement lorsque Wall Street est frappé par un séisme financier inégalé, le 24 octobre 1929. L'action de la société, qui ne dégage plus assez de ressources pour rembourser ses créditeurs, dégringole à 1,75 dollar. Il lui est impossible de stopper la réaction en chaîne qui s'est déclenchée après le Jeudi noir. C'est la fin. La chute de la GSTC manque de peu d'emporter Goldman qui ne doit sa survie qu'à une injection de fonds de dernière minute de la famille Sachs. Ruiné, Catchings est limogé comme un malpropre.

Sur cette période, John Kenneth Galbraith (1908-2006) a écrit l'ouvrage de référence intitulé *La Crise économique de 1929*. Un chapitre entier, « Nous faisons confiance à Goldman Sachs », est consacré à ce naufrage. À lire l'un des économistes les plus doués de sa génération, ces trusts d'investissement hasardeux sur fond d'euphorie boursière et de spéculation effrénée ont joué un rôle central dans le krach : « Il est difficile de ne pas s'émerveiller de l'imagination qui avait provoqué cette gigantesque folie. S'il doit y avoir folie, il vaut mieux lui donner des dimensions quasi héroïques. »

Au sein de la firme, Waddil Catchings avait un protégé, Sidney Weinberg. Ce gamin de Brooklyn est entré chez Goldman en 1907, au bas de l'échelle, comme assistant du concierge. Paul Sachs, l'un des fils du cofondateur, remarque son assiduité, son flair, sa débrouillardise et sa maîtrise des chiffres. Il le prend sous sa protection, le propulsant responsable du courrier et lui payant des cours du soir pour parfaire son anglais et perdre son affreux accent prolétaire de Brooklyn. Après avoir été mobilisé dans la Navy, Sidney Weinberg réintègre la firme comme trader en obligations. À force de travail, de *chutzpah* – expression yiddish signifiant « le culot » – et de pistons, le voilà nommé associé en 1927 et bras droit du président, Waddil Catchings, peu avant le Jeudi noir et l'effondrement de la Goldman Sachs Trading Company.

Après la déroute, la famille Sachs laisse la place à cet autodidacte au moral d'acier qui a fait tous les métiers. L'employé courageux s'est forgé une vision pas forcément rose de l'âme humaine et de la société mais a accumulé des trésors d'anecdotes précieuses. La finance, ce vendeur-né l'a apprise au ras des guichets. Sa nouvelle devise va guider la firme pendant des lustres : « La tortue qui se hâte lentement. » Surtout, le nouveau patron impose la « règle de Weinberg » : la priorité au client, l'interdiction de parler aux médias, la primauté de l'éthique et de la morale en affaires. Une nouvelle vertu après le scandale financier de 1929, que viendront renier certains de ses successeurs indignes.

Lors de la Grande Dépression, le Boss éprouve à son tour l'antisémitisme de l'establishment protestant qui ne recule devant rien. Dans les cercles bancaires patriciens, on l'appelle délibérément « Weinstein », art coutumier des antisémites pur sucre consistant, pour l'abaisser, à déformer le nom. Vieux procédé d'hier comme d'aujourd'hui.

À l'inverse de son père, un antisémite mondain, auquel il a succédé en 1913, Jack Morgan (1867-1943) distille sa haine. Le 11 décembre 1930, la Bank of the United States fait faillite. La clientèle de la quatrième banque de dépôts new-yorkaise est essentiellement juive. Malgré les appels à l'aide de la Réserve fédérale et des autorités de l'État de New York, Jack Morgan, dont la banque tient alors les ficelles du marché de détail aux

États-Unis, refuse de secourir son concurrent. Cette banqueroute provoque la panique chez les déposants. « Les clients en question sont de petites gens, des boutiquiers peu éduqués de condition modeste. Et les dirigeants sont issus du même milieu », écrit Jack Morgan dans une lettre adressée au patron de Morgan Grenfell à Londres pour justifier son inaction. En revanche, quelques semaines auparavant, sous la houlette de Jack Morgan, le noble agent de change Kidder Peabody, bastion protestant s'il en est, a été sauvé *in extremis* du naufrage.

Et quand Goldman Sachs, en pleine crise après l'effondrement de la GSTC, veut adhérer en 1932 au New York Clearing House par souci de protection, les dirigeants de cette chambre de compensation exigent et obtiennent la nomination d'un protestant à la tête de la société faillie.

En public, Jack Morgan critique la persécution des juifs dans l'Allemagne nazie. Mais en privé, il s'accommode très bien d'un régime qui, à l'écouter, combat le même ennemi que l'Amérique : le communisme. C'est un partisan inconditionnel de la politique d'apaisement envers Hitler. L'entreprise Morgan, en particulier à Londres, espère que ce soutien discret au IIIe Reich lui permettra de se faire rembourser l'énorme paquet de dette allemande liée aux réparations de la Première Guerre mondiale qu'elle détient.

Mais surtout, ce républicain de droite déteste le Président démocrate Franklin Roosevelt élu en 1932. Jack Morgan ne lui pardonne pas d'avoir promulgué le Glass-Steagall Act de 1934 séparant les fonctions de banque commerciale et de banque d'investissement. L'empire Morgan doit alors être partagé en trois parties distinctes : une banque de détail, JP Morgan, et deux banques d'affaires, Morgan Stanley à New York et Morgan Grenfell à Londres. Jack Morgan vomit donc « la bande de juifs » à l'origine du New Deal (baptisé au demeurant « Jew Deal » par ses critiques conservateurs).

Weinberg, lui, est un fidèle. Hier, il y avait Paul Sachs et Waddil Catchings ; aujourd'hui, il y a Roosevelt. Sidney est l'un des rares supporters du locataire de la Maison Blanche au sein de la communauté financière. Il devient son conseiller économique de l'ombre.

L'élite protestante n'était pas uniformément antisémite, comme on l'a vu avec Harriman et Rockefeller. Le meilleur ami de Sidney Weinberg, Paul Cabot, appartient à l'une des plus grandes familles Wasp de Boston. Quand le secrétaire général du club privé Brook prend Cabot à partie pour avoir invité à dîner son ami Weinberg, la veille – « Vous savez très bien qu'on n'accepte pas de juifs dans la salle à manger » –, le Bostonien démissionne sur-le-champ du club. Trois décennies plus tard, apprenant que son club d'Omaha refusait les juifs, Warren Buffett, futur partenaire de Goldman Sachs, fera de même en le quittant pour adhérer à un country club de la communauté israélite.

Après l'attaque japonaise contre Pearl Harbor en 1941 et la déclaration de guerre, Roosevelt charge Weinberg de former le Comité des conseillers industriels. Cette position permet au patron de Goldman Sachs d'établir au passage des liens solides avec la génération montante des industriels. Weinberg fait notamment la connaissance de Henry Ford II, dont le grand-père, tribun antisémite, avait inspiré les écrits d'Adolf Hitler. Par amitié ou mauvaise conscience – voire les deux –, Henry Ford II confiera par la suite au patron de Goldman Sachs la plus grosse offre publique d'échange (OPE) de l'histoire des États-Unis. L'opération au profit de la Ford Motor Company propulse la banque d'affaires, qui peinait jusque-là face à ses rivaux, aux premières places du hit-parade du métier de conseil aux entreprises.

Fidèle, Sidney Weinberg a aussi la mémoire longue. Quand l'amiral Darlan, ancien président du Conseil de Pétain, fervent partisan des lois antijuives rallié en 1942 aux Alliés, est reçu à la Maison Blanche, il tend la main à Weinberg. Celui-ci lui remet sa carte de visite et lui lance : « Tiens mon garçon, va me chercher un taxi. » D'ailleurs, il sabrera le champagne en apprenant l'assassinat de Darlan en décembre de la même année.

Mais cet homme qui a la dent dure ne pardonnera jamais à Roosevelt son inaction face au martyre des juifs dans l'Europe occupée. Bien que démocrate de toujours, il soutient en 1952 et en 1956 le candidat républicain à la présidence, Dwight Eisenhower, le libérateur de l'Europe, qui le nomme trésorier de sa campagne. Après la victoire de « Ike », Sidney le convainc de nommer des businessmen dont il est proche aux deux postes les plus importants du gouvernement : le Trésor et la Défense. Revenant dans le giron démocrate en 1960 et 1964, il place également des hommes à lui dans les administrations Kennedy et Johnson. Comme Monsieur Jourdain faisait de la prose sans le savoir, le patriarche est l'inventeur du « gouvernement Sachs » qui défrayera la chronique des décennies plus tard.

Jusqu'à la fin de sa vie, en 1969, Sidney Weinberg mènera une existence simple. Il prend tous les jours le métro pour se rendre au travail. « Vous apprenez des tas de choses en regardant les passagers de la rame et les publicités, disait-il. Bien plus qu'en fixant la nuque du chauffeur d'une limousine. »

16.

Les affaires sont les affaires

Il fut une époque où, étrangement, la religion dominait la vie des affaires, aux États-Unis comme en Europe. Richard Sylla, professeur d'histoire financière à la New York Business School, est catégorique : « Aujourd'hui, à l'heure de la société multiculturelle, ces critères ne sont heureusement plus de saison. » Sous les coups de la déréglementation et de la mondialisation, ce facteur a perdu sa place de valeur dominante. Seule reste la compétence. Une salle des marchés est une tour de Babel (... mais où tout le monde parle anglais !). Tout se ramène au triptyque-roi : *buy, sell, hold* (acheter, vendre, conserver). C'est un village « global », cosmopolite, transfrontalier. La Bourse de New York a fusionné avec la grande Bourse européenne Euronext, un Français est à la tête de celle de Londres, un Indien dirige Citigroup...

Depuis longtemps, il n'est plus nécessaire d'être protestant pour faire carrière chez JP Morgan ou juif chez Goldman Sachs. L'hostilité entre les deux confessions concurrentes qui se partageaient la haute banque anglo-saxonne jusqu'aux années 60, en raison notamment de la pudeur du catholicisme à l'égard de l'argent ou de l'hostilité de l'islam aux prêts à intérêt, a presque complètement disparu.

La dernière citadelle des préjugés antisémites, le New York Stock Exchange, est tombée au début des années 70 quand le P-DG de Goldman Sachs, Gus Levy, devint le premier juif à présider le Conseil des gouverneurs de la Bourse new-yorkaise. Si parmi les vingt-quatre agents de change de New York qui signèrent, le 17 mai 1792, « l'accord de Buttonwood » – il s'agit du platane sous lequel ils avaient l'habitude de se réunir à Wall Street – figuraient plusieurs opérateurs juifs, les postes hiérarchiques de la célèbre institution leur demeurèrent par la suite longtemps inaccessibles.

En apparence, le professeur Sylla a raison. Les traces de l'antagonisme d'antan sont aujourd'hui superficielles. S'il reste des signes du passé religieux, ils sont plutôt culturels. Chez Goldman Sachs, tout aspirant au statut d'associé-gérant, de partner, doit avoir un « rabbin », selon l'expression consacrée, en l'occurrence un associé qui vous forme, vous aide dans votre progression et vous protège. Les Quatorze *Business Principles*[1] qui guident les transactions semblent venir tout droit des Dix Commandements. Et la méritocratie en vigueur plonge ses racines dans le parcours des immigrants juifs, allemands d'abord, est-européens et russes ensuite.

Autre signe de recul de ce facteur religieux, la firme se veut au-dessus de la mêlée au Proche-Orient comme le montre la présence de Goldman Sachs à la fois en Israël et dans les pétromonarchies du Golfe. Dès le premier choc pétrolier de 1974, l'établissement new-yorkais a aidé les pays du Golfe à recycler leurs pétrodollars ou à investir dans l'immobilier commercial américain. Plus

---

1. Voir annexe 1, p. 279.

tard, l'actuel P-DG Lloyd Blankfein sera un pionnier de la finance islamique au sein de la banque.

Il en va apparemment de même chez JP Morgan, où seuls subsistent quelques signes d'appartenance à une tradition. Au siège de Park Avenue, à l'étage des salles à manger est exposée la mémoire de la maison : un scriban antique, des portraits du Commandeur, J. Pierpont, des livres rares et des titres anciens d'émissions d'actions de compagnie ferroviaires commémorent l'âge d'or de la compagnie.

Cette tendance à l'antisémitisme dans les milieux d'affaires se retrouve aussi en Europe. En France, la participation d'une partie des banquiers (Société Générale, Banque de l'Indochine, banque Worms...) à la politique antisémite du régime de Vichy et à l'« aryanisation » des établissements juifs en 1941 a profondément marqué les esprits. Aujourd'hui, cette intolérance n'est plus de saison dans les cercles de pouvoir. À la City, les préjugés qui avaient accueilli l'arrivée d'un Siegmund Warburg fuyant le nazisme, issu d'une très ancienne famille de banquiers juifs allemands, ont bel et bien disparu. Parfois ressortent cependant de vieux réflexes. Par exemple, dans les années 80, les scandales (Guinness, Morgan Grenfell) dans lesquels des personnalités juives ont été impliquées ont vu la réapparition de clichés colportés par la presse de droite. Finalement, il n'y aurait qu'à Genève où la distinction banques juives/banques protestantes serait toujours clairement présente. Est-ce la conséquence des sympathies d'une partie des banquiers du cru, protégés par la neutralité, pour l'Allemagne nazie ? En 1997, la controverse opposant les banques suisses, héritières des huguenots, au Congrès juif mondial à propos des comptes en déshérence avait rouvert

les plaies de l'antisémitisme d'une partie de l'establishment financier suisse.

Aujourd'hui, plusieurs événements survenus dans la
foulée de la crise financière et des déboires de Goldman
Sachs apparaissent suffisamment significatifs pour que
l'on puisse émettre l'hypothèse d'un retour en force de
certains préjugés sur les places boursières.

On a du mal à imaginer un banquier « faire le travail
de Dieu », comme Lloyd Blankfein l'a déclaré dans une
interview au *Sunday Times* – pour s'en repentir à jamais.
Une belle gaffe, cette remarque, qui permet à la presse
de ranimer le vieux fantasme d'un axe Dieu-Mammon,
terme utilisé par Jésus pour indiquer la fortune mal
acquise. Par la suite, il jurera ses grands dieux qu'il n'y
avait dans sa remarque rien d'important, qu'il ne s'agissait que d'une « blague ».

Le rapport entre religion et argent reste un cocktail
détonant. « Pourquoi dit-on de Goldman Sachs que
c'est une banque juive alors qu'on ne le dit plus de
Rothschild ou de Lazard ? », glisse un banquier. Les
blogs anti-Goldman qui fleurissent servent un discours
fortement teinté d'antisémitisme.

Le problème est que ces critiques ne viennent pas seulement de la blogosphère. Référence en matière de
musique et de phénomènes de société, le magazine *Rolling Stone* a publié, en juillet 2009, un article au vitriol
exposant le rôle de Goldman Sachs dans presque toutes
les crises financières depuis plus de quatre-vingts ans.
L'auteur, Matt Taibbi, un journaliste d'investigation,
décrit la banque comme « une formidable pieuvre vam-
pire enroulée autour de l'humanité, enfonçant implaca-
blement son suçoir partout où il y a de l'argent ». Cette
description pourrait sortir d'un pamphlet antisémite
même si le mot juif n'apparaît jamais. Le texte circule

218

d'ailleurs sur tous les sites Web montant en épingle un pseudo-réseau judéo-sioniste qui dirigerait l'établissement financier américain.

Le *New York Times* lui-même n'échappe pas tout à fait à cette hystérie. « Les banquiers qui ont pris de l'argent de l'État et se sont accordé ensuite des bonus obscènes sont les mêmes qui, uniquement intéressés par leur petit intérêt, ont été expulsés du Temple par Jésus » : cette malheureuse image publiée dans le quotidien de référence de la plus grande ville juive au monde a valu à son éditorialiste star, Maureen Dowd, d'être accusée de relent d'antisémisme. Le moindre paradoxe de cette controverse qui en compte tant est que la banque-conseil du groupe *New York Times* n'est autre que Goldman !

Enfin, les attaques de certains hauts responsables politiques européens contre les spéculateurs internationaux provoquent un certain malaise quand elles évoquent, par métaphores et sous-entendus, les accusations des années noires contre les financiers apatrides et cosmopolites.

Ma propre expérience m'a montré combien la question des liens entre finance et religion reste un sujet sensible à Wall Street comme dans la City. Dans un article sur la faillite de Lehman Brothers publié dans *Le Monde* du 8 octobre 2008, j'avais évoqué les accusations du *Sunday Times* selon lesquelles JP Morgan avait précipité la chute de Lehman. Dans un encadré intitulé « Une vieille rivalité entre banque protestante et banque juive », j'avais rappelé l'antisémitisme affiché de la maison Morgan au XIXe siècle, et ses attaques, jusqu'à la Seconde Guerre mondiale, contre les banques juives comme Lehman, Goldman Sachs ou Salomon Brothers. JP Morgan avait réagi comme tous ceux qui refusent de revenir objectivement sur leur passé trouble : « Pourquoi remuer ces vieilles histoires, monsieur ? » Depuis, je suis devenu persona non grata auprès de JP Morgan. La mémoire flanche.

Pourtant, il y a beaucoup à dire. En 1948, JP Morgan participe au boycott arabe d'Israël, afin de profiter de la manne des pétrodollars. Sa première opération dans l'État hébreu ne se fera qu'en 1996. Il faudra attendre 1984 pour qu'un dirigeant juif accède à la vice-présidence de la société, comme numéro deux. À Londres, Morgan Grenfell (aujourd'hui intégrée à la Deutsche Bank), qui tirait 70 % de ses revenus des pétromonarchies du Golfe, n'employait pas de juifs à l'international.

Quand finalement Morgan Stanley – autre excroissance de l'enseigne – nomme son premier associé juif, Lewis Bernard, en 1973, l'un de ses collègues se précipite chez le plus gros client de la société, Standard Oil, pour lui demander si une telle promotion lui pose des problèmes. « Pas du tout. Je croyais que vous étiez au courant que notre P-DG lui-même est juif », lui rétorque-t-on sèchement. Le patron de Goldman Sachs, Sidney Weinberg, a beau jeu d'ironiser : « Ah bon ? Chez Goldman, on en a toujours eu, des juifs ! »

Les vieux réflexes reviennent parfois à la surface. Après sa tentative avortée d'unir son groupe Travelers à JP Morgan, Sandy Weill s'exclame : « Morgan ne se vendra jamais à un juif. » Il n'a jamais oublié sa mésaventure de 1982, quand il avait pris la tête de Shearson American Express, l'une des forteresses de l'establishment Wasp. Il avait été la cible d'attaques antisémites de la vieille garde qui l'avait rapidement poussé vers la sortie. Plus récemment, Larry Fink, le fondateur de la société américaine de gestion d'actifs BlackRock, l'a affirmé : lorsqu'il est entré chez First Boston, une « boîte » protestante, les traders juifs et catholiques étaient cantonnés au marché obligataire immobilier, le bas de gamme. Même si les faits sont sans doute plus compliqués que cela, ces remarques soulignent la persistance de vieux réflexes.

En affaires, les intérêts de Goldman Sachs ont toujours transcendé ses racines. Dans les années 80 les liens étroits entre la banque et Robert Maxwell l'attestent. Toute sa vie, ce magnat de la presse a dû affronter l'hostilité à peine déguisée de l'establishment britannique à son encontre. La soif de reconnaissance de l'immigré parvenu aux sommets du pouvoir ne lui avait jamais ouvert les portes de la gentry. Aux yeux des aristocrates, le nouveau riche n'a ni le pedigree, ni les manières, ni la réputation maison. Milliardaire juif et travailliste, sujet britannique venu d'ailleurs mais citoyen du monde, l'insatiable colosse, jovial et secret, avait édifié un puissant empire de presse.

À la fin des années 80, « Citizen Bob » est à la tête d'un conglomérat, la Maxwell Communication Corporation (MCC), coté en Bourse, dont la perle est le groupe de journaux britanniques *Mirror*. La City se méfie de cet ensemble hétéroclite aux montages et comptes byzantins qui tourne autour d'un seul homme.

Arrive alors Eric Sheinberg, l'associé principal de Goldman Sachs responsable de l'ensemble des opérations de marché à Londres. Entre le banquier américain expatrié et ce P-DG hors normes, le courant passe. Après avoir acquis la maison d'édition américaine MacMillan en 1989, Robert Maxwell accepte l'offre de Goldman Sachs de lancer l'école de langues Berlitz outre-Atlantique, opération à l'occasion de laquelle le papivore devient l'intime de Sheinberg.

Ces deux fortes personnalités partagent le goût du jeu, la rouerie et s'accommodent mal du snobisme arrogant de la City. Sheinberg, juif lui aussi, est fasciné par le passé tourmenté de Maxwell, survivant de la Shoah, et par son appartenance supposée aux services secrets israéliens. Dans sa biographie autorisée de Goldman Sachs, *The Partnership*, Charles Ellis écrit : « Sheinberg partageait l'intérêt de Maxwell pour tout ce qui concernait Israël. » Aussi, les liens étroits de Maxwell, dans le passé, avec les dinosaures communistes des pays de l'Est – Honecker, Ceausescu, Brejnev – intriguent-ils le financier new-yorkais.

À l'ombre de la cathédrale Saint-Paul, Sheinberg est l'outsider par excellence. Ce personnage venu d'ailleurs est parti à l'assaut du sanctuaire du capitalisme européen. Dans la foulée du big bang – la déréglementation totale de la City en 1986 –, il y a urgence à frapper, à étonner, à décontenancer. Pour établir son leadership, Sheinberg brûle de zèle et fonce sans retenue dans la brèche. Goldman Sachs, l'une des institutions les plus vénérables de la finance mondiale, réputée pour sa prudence, devient le principal bailleur de fonds de la galaxie Maxwell. Subjugué, Sheinberg s'affranchit des contrôles en tenant ses supérieurs dans l'ignorance de l'ampleur des prêts avancés à son ami. Tant que la boulimie du *tycoon* remplit les caisses, la banque ferme les yeux sur les signes annonciateurs de la crise financière qui menace le groupe. MCC est l'un de ces titres volatils qui permet aux banquiers spéculateurs de gagner beaucoup d'argent. Dans son best-seller, *Maxwell : The Outsider*, Tom Bower juge que « l'hyperactivisme de son principal client enchantait Sheinberg. Maxwell, bien sûr, exigeait d'obtenir quelque chose en échange pour les affaires qu'il donnait à Sheinberg, en clair : un soutien au titre MCC ».

Mais à l'automne 1991, le titre plonge et la dette enfle. Maxwell n'a même pas remboursé des prêts à sept jours consentis en mars 1991. Début octobre, Goldman Sachs dessaisit Sheinberg du dossier et serre la vis en coupant le crédit petit à petit. Fin octobre, sans avertir son client, elle procède à un délestage des titres MCC, accélérant la dégringolade du cours, et le harcèle. Le 5 novembre 1991, pour échapper à ses créanciers, Goldman Sachs en tête, le magnat de la presse se jette à la mer alors que son yacht, le *Lady Ghislaine*, croise au large des Canaries.

À ce moment-là, Robert Maxwell était encore un patron de presse respecté. Un mois plus tard, il est devenu un homme haï : après sa mort, on apprend en effet qu'il avait dilapidé les fonds de pension des salariés du Mirror Group. Détournements de fonds, manipulations boursières : la découverte de la vraie nature de l'escroc Maxwell est catastrophique pour la réputation de la banque qui avait offert à l'entrepreneur déchu toute la palette de ses services. Comme à son habitude, la firme avait réclamé son dû à Bob le menteur, faute de quoi elle précipiterait la banqueroute de son empire. Le suicide est l'explication la plus crédible et la plus réaliste de sa mort. Maxwell savait qu'il était engagé dans une bataille perdue d'avance avec Goldman Sachs à qui il devait énormément d'argent et qui insistait pour obtenir un remboursement immédiat.

Goldman Sachs International a fait l'objet d'une enquête sur d'éventuelles manipulations de cours en faveur de l'industriel défunt. Sheinberg avait vendu des titres MCC à des sociétés off-shore basées au Liechtenstein et en Suisse – en fait des coquilles vides créées par Maxwell uniquement pour soutenir les cours de ses actions. L'enquête n'aura finalement pas de suites.

En avril 1992, Eugene Fife, P-DG de Goldman Sachs International, me déclarait à propos de l'affaire Maxwell : « Contrairement à ce qu'affirme une certaine presse, nous n'avons jamais été un conseiller stratégique de Robert Maxwell. Nos relations étaient purement commerciales... cette affaire n'affecte qu'une partie infime de nos activités, mais c'est pénible. » Voilà tout, en effet. Pour éviter un déballage public et être accusé de complicité de fraude, Goldman acceptera de payer 254 millions de dollars – une belle somme – au liquidateur des six fonds de pensions des retraités de Mirror Group Newspapers.

Comme on le voit aujourd'hui avec les scandales qui nourrissent les critiques, la redoutable maison prouve qu'elle a en réalité toujours aimé jouer avec le feu.

17.

Au casino

Ce goût du risque est, de longue date, associé à un phénomène désormais bien connu des marchés. Il porte le nom barbare de *hedge funds,* ce sont les fonds d'investissement qui animent la spéculation internationale.

Embarquons dans un petit train fantôme, un peu à la manière des circuits des studios d'Hollywood, pour parcourir cet univers. L'excursion débute à St. James Square, au cœur de Londres. Ses portillons s'ouvrent, au choix, sur Pall Mall et ses clubs de gentlemen, King Street et ses marchands d'art, Jermyn Street, le temple des chemisiers, Regent Street et ses grands magasins chics. La marée de badauds qui déambulent à Piccadilly Circus ignorent que c'est ici, dans cette enclave luxueuse et discrète, que bat le cœur de l'industrie européenne de la gestion alternative du patrimoine. Les grosses fortunes comme les caisses de retraite préfèrent le style feutré des quartiers sélects du centre de Londres – Mayfair, Belgravia, Knightsbridge – ou de St. James Square au clinquant des gratte-ciel de la City ou de Canary Wharf.

Que sont les hedge funds, ces fonds désignés systématiquement à la vindicte publique à chaque crise financière ? Un hedge fund est une structure qui investit les capitaux de clients en leur offrant une véritable alternative à la gestion traditionnelle des banques. Ces clients sont essentiellement des investisseurs institutionnels – fonds de pension, compagnies d'assurances, fondations philanthropiques, universités… –, mais aussi des particuliers aisés. Par le truchement de stratégies, ces sociétés en majorité privées visent à obtenir une performance déconnectée de l'évolution globale des marchés. Les hedge funds recherchent des investisseurs à long terme et imposent en général une durée minimale de placement. Ils brassent des milliards, mais représentent à peine 2 % de la capitalisation totale mondiale. Ils ont donc beau jeu de rappeler qu'ils ne peuvent en aucun cas être responsables de la crise actuelle.

Retour à St. James Square. Le choc est assuré pour celui qui s'imagine retrouver l'atmosphère électrique des salles des marchés. Le hedge fund type est un havre de paix dans lequel les traders sont sagement assis devant des écrans affichant les cours boursiers. Aucune tension n'est perceptible. Les opérateurs se parlent normalement, sans jamais hausser le ton ni utiliser un langage codé. On a peine à le croire : la face cachée de la lune abrite un monde de murmures.

Pour attirer les fonds des particuliers comme des investisseurs institutionnels, on fait appel au bouche à oreille, aux conférences d'investisseurs et aux intermédiaires comme les banques et les avocats. Fort Knox ? Pas du tout : une simple hôtesse vous accueille à l'entrée. Le soleil printanier, débité en lamelles par les stores métalliques qui barrent les fenêtres, frappe les murs blancs. Ni objets souvenirs, ni mélo du rétro : l'univers chaotique de la gestion alternative est celui d'une clinique suisse. Même si personne ne porte de cravate, c'est clean et neutre comme une page blanche.

Terminus, tout le monde descend. Le siège Arts-Déco de Goldman Sachs, à Fleet Street, pourrait être la dernière halte de cette expédition au cœur du royaume de la spéculation. En effet, pour beaucoup, LA Banque, qui a ses propres fonds, est devenue un vaste casino de l'argent vite gagné où le croupier distribue les cartes tout en maniant les dés et en jouant contre les parieurs. Lors des auditions parlementaires de Goldman Sachs, le 27 avril 2010, un sénateur s'est écrié : « Ce n'était pas Wall Street mais Las Vegas ! », à quoi un édile de la capitale du jeu a répliqué : « Au moins, chez nous il y a des règles ! » L'un et l'autre ont tout faux : les joueurs de casino aiment les jeux de hasard, les hedge funds, eux, détestent la chance. Pour Goldman, par exemple, cette activité est même tout le contraire du hasard. Fondées sur la lecture des marchés, les stratégies d'investissement au profit de ses clients ou en nom propre sont mûrement réfléchies. C'est son savoir-faire, sa valeur ajoutée. L'image est forcée, mais, dans ce domaine, la banque d'investissement est à la fois l'œil et la serre d'un aigle.

D'un côté, Goldman Sachs agit comme conseiller de ses clients spéculateurs, par le truchement de son activité de courtage, appelée *primary brokerage* dans le jargon. De l'autre, la même firme les concurrence en investissant directement dans des hedge funds.

Premier volet donc, le courtage. Moyennant commissions, la banque « prête » son infrastructure administrative aux hedge funds qui en sont dépourvus faute de taille. Elle organise, finance et exécute les transactions de ces investisseurs très sophistiqués qui cherchent à tirer parti des anomalies des marchés. Accessoirement, le courtier peut aussi leur prêter des actions et des obligations. Les clients ont également accès aux travaux de recherche et aux analystes de la maison. Et le *prime broker* peut jouer un rôle d'intermédiaire entre ses clients et des investisseurs, privés comme institutionnels. De surcroît, les hedge funds peuvent déposer leurs avoirs – liquide et actions – dans les coffres de la banque. « Goldman est tout simplement incontournable. Ses cadres sont efficaces, intelligents, ayant réponse à tout pour satisfaire nos besoins » : c'est un leitmotiv du secteur, quel que soit l'interlocuteur. C'est une tâche de plombier zingueur, de tuyauteries, de robinets, pas très glorieuse mais très rémunératrice. Les hedge funds fourniraient jusqu'à la moitié des revenus des opérations de trading et des profits des banques d'affaires de la City comme de Wall Street.

Joli métier, surtout quand ledit plombier zingueur se transforme en artiste plombier. C'est le deuxième volet : un formidable réseau de fonds spéculatifs dans lesquels Goldman est partie prenante, la plupart du temps en tant qu'actionnaire minoritaire. Cette activité est attachée à la gestion de patrimoine, totalement séparée, donc, du courtage qui dépend, lui, de la division actions.

Grâce à sa formidable expertise, la banque offre aux fonds – les siens comme ceux de tiers – toute la gamme des stratégies, depuis l'approche dite « systématique » – le prêt-à-porter –, qui laisse aux ordinateurs la tâche de sélectionner les placements, jusqu'aux formules sur mesure.

Chez GS, on adore cette activité de hedge fund, intellectuellement tonifiante et qui rapporte gros. La spéculation est dans l'ADN des gens du siège. Même pour ses activités philanthropiques : aides aux hôpitaux, universités, jeunes en difficultés, enfants séropositifs en Afrique... Pour accroître les rendements des placements de sa Fondation Goldman Sachs, elle a recours en grande partie à ses fonds spéculatifs !

Son savoir-faire, dans ce secteur, est édifiant. La preuve : nombreux sont les fondateurs de hedge funds qui en viennent. C'est une véritable confrérie des deux côtés de l'Atlantique. Après avoir fait fortune, ils ont quitté la compagnie pour se mettre à leur propre compte dans un métier où l'absence d'entraves bureau-cratiques ou de comptes à rendre chaque trimestre aux actionnaires débride la créativité financière. Le succès appelle le succès. Cette carte de visite aide à lever des capitaux. Les investisseurs potentiels savent qu'ils ont affaire aux meilleurs de la place qui savent gérer les risques tout en assurant le rendement.

David Tepper incarne corps et âme cette « Goldman Connection ». Un visage avenant un peu gras, un regard froid de passionné de mathématiques, un crâne chauve, une bouche charnue prompte à la raillerie, le P-DG du hedge fund américain Appaloosa est le numéro un au hit-parade des gagnants de la crise. « Je n'ai jamais perdu en suivant mon instinct » : tout ce que touche le nouveau Crésus se transforme en or, à commencer par la statue en bronze représentant des testicules trônant sur son bureau. C'est le talisman du natif de Pittsburgh, qui caresse longuement cet éternel symbole de la virilité avant d'investir. Tepper a fait ses premières armes chez Goldman Sachs dans le négoce impitoyable des « junk bonds », les obligations pourries. Cette école sans pareille qui forme le jugement sur la solidité et la solva-bilité des entreprises comme des États ainsi que la com-préhension des rapports de force est la meilleure qui soit. Grâce à ces parents pauvres des instruments finan-ciers dont il s'était fait une spécialité, Tepper a gagné beaucoup d'argent pour la banque comme pour lui-même, avant de se mettre à son compte.

Un autre exemple est Eric Mindich, as de la finance, au flair inégalé sur les sociétés susceptibles d'être la cible d'OPA. Il lance son propre hedge fund en 2004 sans stratégie d'investissement bien définie. Pour devenir client, il faut lui confier 5 millions de dollars minimum pendant au moins cinq ans. En quelques mois, l'ancien trader lève 3 milliards de dollars et refuse du monde. Comment expliquer cet engouement ? La carte de visite, encore : en 1994, l'intéressé était devenu, à 27 ans, le plus jeune associé de l'histoire de Goldman Sachs. Quel meilleur gage pour la suite que cette réussite précoce ?

Le problème est que Goldman Sachs le courtier s'oppose à Goldman Sachs le hedge fund. D'un côté, il agit comme courtier pour ses clients des hedge funds... De l'autre, en ayant ses propres hedge funds, il concurrence de manière impitoyable ces mêmes clients dans la recherche d'investisseurs très sollicités. La firme réplique que ses opérations de courtage et celles de ses propres hedge funds sont totalement séparées, qu'en aucun cas les informations détenues d'un côté de ce mur invisible ne doivent être portées à la connaissance des professionnels situés de l'autre. Transgresser cette séparation serait un suicide en termes de réputation. Une telle violation de frontière finirait inévitablement par se savoir. La législation encourage désormais la dénonciation des manquements aux règles de bonne conduite financière. Par ailleurs, si dans le secteur des hedge funds, le principe de libre concurrence était violé, les autorités de régulation n'hésiteraient pas à punir les fautifs. Or, les enquêtes de Bruxelles comme de Washington pour abus de position dominante peuvent entraîner des sanctions très préjudiciables à l'image d'une entreprise. Microsoft en sait quelque chose. Mais où sont ces terribles enquêtes qui sont censées faire trembler les banquiers ?

Jusqu'au début des années 90, Goldman Sachs s'était voulue vertueuse. On parlait de morale, on prétendait garder les mains propres en toutes circonstances. La banque se montrait fière de préserver avant tout les intérêts de ses clients. Les investissements dans les hedge funds étaient par exemple prohibés. Contre vents et marées, en dépit des pressions de jeunes associés impatients, John Weinberg – qui avait dirigé l'établissement entre 1976 et 1990 – était parvenu à limiter les activités de la banque à ses deux métiers historiques, le conseil aux entreprises et l'arbitrage des actions. Lorsque le vieil homme part à la retraite, ses successeurs foncent dans la brèche du trading. La tentation est trop grande. La finance américaine vit à l'heure de la dérégulation en tous sens. On vend, on achète, on échange les instruments sans contrainte ou presque. L'argent n'a jamais tourné aussi vite. Pas question d'ignorer ces bouleversements, d'autant que la banque dispose de l'outil nécessaire pour se lancer dans les hedge funds, à savoir les salles des marchés, la capacité de distribution, le savoir-faire mathématique et la technologie qu'on peut ainsi rentabiliser. Alors, l'établissement se diversifie loin de sa base de départ, se répandant tous azimuts dans la sphère spéculative.

Ainsi le secteur de la gestion alternative au Royaume-Uni (hedge funds et capital-investissement) vit-il une révolution en 2006. Goldman Sachs lance alors son premier hedge fund, Art (Absolute Return Tracker). Sa puissance financière permet de diminuer les commissions payées par le client de ce fonds spéculatif basé sur un modèle mathématique permettant de pondérer les indices des grands marchés. De plus, Art combine une meilleure liquidité, la possibilité de retirer ses billes quotidiennement et non plus chaque semestre. Goldman n'hésite pas à empiéter sur le domaine réservé de ses clients. C'est le premier acte de trahison. Il y en aura d'autres.

Le cas de John Paulson est exemplaire des conflits d'intérêts. Comme en témoigne le scandale Abacus, le fondateur du hedge fund new-yorkais Paulson & Co. est l'un des plus gros clients de Goldman Sachs. Dans les mois qui précèdent la crise de 2008, le spéculateur a fait fortune grâce aux ventes massives à découvert contre les banques. Ces opérations consistent à vendre à terme et à un prix déterminé un titre ou une marchandise qu'on ne possède pas dans l'espoir de pouvoir les acheter à un prix inférieur avant d'avoir à les livrer au prix fixé. Paulson a simplement anticipé la chute du marché immobilier résidentiel aux États-Unis. Ce coup de poker gagnant a été comparé à l'attaque du patricien des fonds spéculatifs, George Soros, son modèle, contre la livre sterling lors du Mercredi noir de 1992.

Cibles de Paulson, les banques britanniques ont obtenu de leur régulateur, le 18 septembre 2008, la Financial Services Authority, l'interdiction, jusqu'au 16 janvier 2009, de cette pratique déstabilisatrice de vente à découvert, mesure touchant les titres des 32 sociétés financières cotées à Londres. À Washington, Goldman Sachs a d'abord tenté de s'opposer à une mesure similaire : le gigantesque hedge fund qu'est devenue la banque d'affaires tire à l'époque grand profit de cette spéculation effrénée, soit comme acteur, soit comme intermédiaire. Ce n'est que lorsque son propre cours en Bourse se met à dégringoler que Goldman réclame le bannissement des ventes à découvert ! C'est chose faite le 19 septembre 2008 par la Securities and Exchange Commission. Cette décision, qui concerne 799 établissements financiers, a été abrogée dès le 8 octobre suivant, quand le pire du cyclone financier est passé. Goldman, dont le cours s'est entre-temps redressé, n'a plus besoin de cette protection fédérale.

Le mélange des genres ne se limite pas aux hedge funds mais concerne l'ensemble de la gestion alternative. C'est également le cas dans le capital-investissement, une activité dans laquelle la maison a beaucoup progressé ces dernières années sous la bannière de Goldman Sachs Private Equity, une division à part. Ce secteur collecte l'argent auprès des investisseurs institutionnels pour prendre part au capital des entreprises afin de les revendre avec une plus-value quelques années plus tard. Avec le temps, le groupe a constitué un portefeuille diversifié de marques – prestigieuses ou inconnues – en bonne santé, mais sous-évaluées. Elle agit comme actionnaire minoritaire aux côtés d'investisseurs extérieurs. Le conflit d'intérêts est patent. D'un côté, moyennant de plantureuses commissions, les analystes aident les structures de capital-investissement à repérer les cibles les plus intéressantes. Mais, d'un autre côté, la banque est impliquée dans cette même activité, en concurrence directe avec ses clients.

En 2006 par exemple, Goldman Sachs se lie à Carlyle, le plus grand fonds d'investissement mondial, et à sa filiale Riverstone, pour retirer de la Bourse – et faire revenir à la sphère privée – une firme énergétique américaine, Kinder Morgan. Les autres compagnies de capital-investissement pourtant clientes de Goldman Sachs sont écartées de l'opération sans ménagement. Dans l'esprit de Goldman, cette transaction doit, au passage, lui permettre de se rapprocher du géant Carlyle, bien implanté dans les métaux et qui, lui aussi, cultive les accointances avec les hommes politiques les plus influents. À bien des égards proche de la Banque, Carlyle, puissance de la politique, du pétrole et de l'armement, combine à la fois système d'influence et machine de spéculation financière avec un goût consommé du secret. Se voir si laide dans le miroir Carlyle ne semble guère tracasser Goldman Sachs, au contraire !

En dépit de ces trahisons, la plupart des exclus de cette transaction ont gardé Goldman Sachs en tant que courtier. « Malgré son arrogance et ces multiples conflits d'intérêts, j'utilise toujours ses services non pas de mon propre gré mais parce que je n'ai pas le choix si je veux les meilleurs », souligne un protagoniste de cette aventure qui, pourtant, digère mal l'ostracisme dont il a fait l'objet dans le dossier Kinder Morgan.

L'OPA ratée sur la chaîne britannique de pubs Mitchells & Butlers offre un deuxième exemple de ces conflits d'intérêts. En 2006, Goldman Sachs pilote l'offre d'un consortium, dans lequel la banque est actionnaire, mené par le promoteur immobilier britannique Robert Tchenguiz. Roger Carr, le président de la cible, s'étrangle devant cette action « hostile et inappropriée ». Cette colère est compréhensible. Goldman est également… le courtier du gazier Centrica dont Carr est président, et du chocolatier Cadbury dont il est administrateur. Menacée de perdre ces mandats, Goldman jette l'éponge, laissant Tchenguiz au milieu du gué.

Aujourd'hui, grâce à sa formidable force de frappe, en particulier aux États-Unis, le département capital-investissement de Goldman Sachs est aussi bien armé que ses concurrents pour rafler les bonnes affaires en capturant des actifs bradés par des investisseurs croulant sous les dettes. Outre l'effet direct qu'elle a sur les bénéfices d'un métier très rémunérateur, cette activité permet de renforcer le bilan, de participer au Monopoly des fusions-acquisitions ou de collecter des renseignements sur des milliers de compagnies de par le monde pour alimenter en informations les plus diverses ses autres activités.

S'ils collectent de l'argent auprès des mêmes investisseurs, les entreprises de capital-investissement et les hedge funds ont longtemps travaillé très différemment. Sous la pression de l'empire, la frontière entre les deux métiers devient de plus en plus ténue. Les premiers revendent désormais leurs sociétés de plus en plus vite tandis que les seconds tentent parfois de prendre position au capital d'entreprises cotées. Et Goldman Sachs, un de ces « trous noirs » de l'économie mondiale, gagne sur tous les tableaux. La compagnie se déplace avec la mobilité d'un hors-bord qui laisse un sillon mais jamais d'écume.

18.

Un monde de brut

De bien mauvais souvenirs... Lorsque, le 11 juillet 2008, juste avant que la crise financière n'éclate, le baril de brent de la mer du Nord atteint 147 dollars, Arjun Murti, expert pétrolier chevronné de Goldman Sachs, explique que le cours s'emballe comme le cadran des pompes en raison de la demande croissante de pétrole d'Asie. Cette poussée menace de provoquer une pénurie. En réalité, le marché subit alors la puissance des énormes volumes de liquidités déversés par des fonds spéculatifs sur les matières premières. À commencer par l'un des acteurs les plus actifs du marché que cet expert connaît bien, et pour cause.

La parole d'Arjun Murti est d'or (noir), si l'on peut dire. Il suffit que l'analyste vedette hausse un sourcil, esquisse une moue ou anticipe un événement géopolitique pour que le prix du baril s'enflamme. À peine l'intéressé a-t-il prévu le 7 mars 2008, une fantastique hausse du prix du baril à 200 dollars, et voilà que le cours est pris de la danse de Saint-Guy ! Les angoisses des professionnels de l'énergie se soignent avec cet économiste à qui l'on déroule partout le tapis rouge. Le tsunami de septembre 2008 et le ressac économique qui s'ensuit mettent toutefois à mal les prévisions apocalyptiques de l'oracle : le brent chute à 33 dollars en décembre 2008 pour remonter à 70-80 dollars au cours de l'année 2009.

Le spécialiste anticipe régulièrement des alertes de manque de production à l'échelle mondiale. Les prix à la pompe sont trop élevés ? La faute en incombe, selon lui, à l'automobiliste américain, trop gros consommateur. Pour appuyer son propos, Arjun Murti possède non pas une mais deux voitures électriques. Quel symbole !

Jeffrey Currie ne partage pas cette coquetterie. Après avoir disséqué et scruté les entrailles de la terre toute sa vie, l'autre gourou pétrolier de renom de l'établissement est arrivé à la conclusion inverse que le « pic du pétrole », le maximum de la production mondiale d'or noir, n'est pas pour demain. « Il existe des réserves inexplorées, certes limitées, mais indisponibles en raison de barrières fiscales, nationalistes ou de protection de l'environnement. La quantité de pétrole produit continue d'être remplacée. »

Cette confrontation à fleurets mouchetés entre deux des experts les plus réputés de la matière première la plus échangée au monde illustre l'énorme business de matière grise – à but lucratif – qu'est Goldman Sachs. Les travaux ne sont pas accessibles au public, comme marqués du sceau « secret Défense ». Les analyses, dont les recommandations mettent en jeu des milliards de dollars, sont réservées aux clients : multinationales du pétrole, gestionnaires de patrimoine, caisses de retraite ou hedge funds. La qualité des recherches n'a rien à envier à une grande université. Outre les analystes, l'informatique, les banques de données et les télécommunications sont également la clé de voûte de cette énorme usine à idées.

Parallèlement à cette activité de recherche, un autre département fait du conseil aux entreprises énergétiques : augmentation de capital, fusions-acquisitions, introduction en Bourse, privatisations. Son savoir-faire dans cette activité est reconnu. Quand le géant franco-américain de services pétroliers Schlumberger jette son dévolu sur son concurrent Smith International, c'est vers Goldman qu'il se tourne pour mener à bien ce rachat conclu en février 2010. La banque aide ainsi le numéro un mondial du secteur à conforter sa position de leader, avec un chiffre d'affaires deux fois supérieur à celui de son rival historique, Halliburton.

Enfin, la banque d'affaires agit comme investisseur direct, soit seule, soit en association, dans le domaine des hydrocarbures. Une activité non négligeable. Le Goldman Sachs Commodities Index, qui suit les prix de vingt-quatre principales matières premières mais dans lequel le pétrole est surpondéré, reste une référence. Elle possède ici et là des parts minoritaires dans des juniors pétrolières et dans des raffineries.

L'éthique ? À ce stade, rien à dire. Goldman Sachs agit comme simple intermédiaire pour le compte de ses clients en leur offrant recherche, conseils en vue de grossir et prospérer ou les aide à investir. Ces activités respectent toutes les règles de bonne gouvernance.

Là où les choses se compliquent, c'est que, parallèlement, la maison est l'établissement financier le plus puissant au monde dans le trading énergétique. Que ce soit pour le compte d'un client ou pour le compte de son employeur, l'opérateur achète et vend du pétrole comme il le ferait d'actions, de devises, d'obligations. Ce métier réclame du flair, des nerfs solides et un tempérament d'acier. La gestion des positions, qui doivent être conservées ou vendues rapidement, est très dynamique.

La maîtrise du risque est essentielle. Les montants en jeu sont en effet énormes.

Le trader en or noir commence donc sa journée à l'aube en vérifiant ses positions de la veille à la clôture sur ses multiples écrans, jette un coup d'œil rapide aux prix du marché électronique de Singapour et feuillette le *Financial Times*, le *Wall Street Journal* et les sites spécialisés Platt's et Energy Compass. Il passe toute sa journée et parfois sa soirée au téléphone. Acheter et vendre des barils de brent, c'est tout un art. Le professionnel doit avoir la bosse des maths, cela va de soi. Il doit aussi savoir jongler avec des produits financiers plus complexes comme les options et autre instruments de protection. Contrairement à l'idée reçue, son activité ne se limite pas à spéculer sur les prix futurs. L'opérateur doit aussi prendre des positions « spread » entre les différentes qualités de brut, entre le prix du pétrole et des autres produits d'hydrocarbures. Il peut parier sur le fioul aérien (pour les avions), tout en se protégeant avec du diesel et ainsi de suite. Acheté, vendu, adjugé, vive la différence... C'est la règle du jeu et les traders la connaissent.

Goldman Sachs s'est lancée dans cette activité du négoce énergétique via l'acquisition du courtier en matières premières J. Aron en 1981. À la suite de gros investissements en hommes, le trading d'hydrocarbures se développe pour concurrencer directement les sociétés de négoce indépendantes dont la plus célèbre appartient à l'entrepreneur américain Marc Rich. Les années 80-90 sont l'âge d'or de la spéculation pétrolière, marquées par des cours en dents de scie, une grande volatilité, comme les affectionnent les opérateurs en tous genres.

À écouter ses détracteurs, ce négoce symbolise les conflits d'intérêt de Goldman Sachs, à la fois juge et partie. Elle utilise ses propres ressources pour spéculer sur le cours des hydrocarbures. Or cette activité peut aller à l'encontre de l'intérêt de ses clients.

Toujours selon ses critiques, l'établissement est l'un des principaux responsables de la « bulle » du pétrole-placement de 2008. Sa vision du marché est, disent-ils, omnisciente et amorale. En affirmant que le pétrole franchira la barre des 200 dollars, elle crée une surchauffe des cours qui lui permet de liquider des positions en encaissant la différence. Bref, les commentaires vont toujours dans le même sens que la stratégie de trading. « Si les spéculateurs avaient pris des positions à la baisse comme à la hausse, vous auriez vu les prix monter et descendre », dit Michael Masters, gérant de hedge funds et pourfendeur des banques d'affaires impliquées dans le négoce pétrolier. « Mais ils poussent les prix dans une seule direction, vers le sommet. » En d'autres termes, le bonheur de Goldman Sachs, accessoirement des *roughnecks* – les « nuques » de cuir des compagnies pétrolières – et des membres de l'OPEP – l'Organisation des pays exportateurs de pétrole –, fait le malheur des autres, les automobilistes et les industriels.

Certes, il n'est pas question d'utiliser les informations obtenues de ses clients pour nourrir ses activités spéculatives à compte propre. Ce serait une faute disciplinaire aux yeux des régulateurs. S'estimant lésés, des clients seraient en droit de lui réclamer de gros dommages et intérêts. Des poursuites au pénal ne seraient pas à exclure si cette transgression s'apparentait à un délit d'initiés. C'est pourquoi une armée de déontologues passent au peigne fin vingt-quatre heures sur vingt-quatre les opérations de trading sur les matières premières, un marché qui, compte tenu des fuseaux horaires, ne ferme jamais. Ils s'assurent que les traders ne parlent pas aux analystes et vice versa. Mais qu'en est-il de leurs patrons qui sont membres du comité de management, où se prennent les grandes décisions stratégiques ? L'ordre du jour de ce cénacle est obligatoirement administratif – bâtiment, personnel, filiales – et stratégique, à savoir la distribution d'actifs ou les grandes affaires en cours ou à venir. L'évaluation dans le détail des positions de marché n'est pas officiellement au menu. De plus, le centre d'intérêt des analystes et des traders est différent. L'économiste a une vision macroéconomique du marché, basé sur les fondamentaux de l'offre et la demande. Les traders quant à eux s'intéressent également à la microéconomie : inventaires, stocks, capacités de production, transport, demande d'une catégorie de produit, etc.

Le problème est que les accusations des uns comme les dénégations des autres sont impossibles à prouver sans l'examen des bordereaux de transactions, une tâche matériellement impossible. Il faut donc renvoyer les deux camps dos à dos.

Quelques chiffres s'imposent pour mesurer l'ampleur du négoce pétrolier. Ces transactions représenteraient plus d'un tiers des ordres passés sur le Nymex (New York Mercantile Exchange) des matières premières à terme, contre 15 % en 2002. Les volumes en question défient l'imagination. Au cours de certaines séances de l'été 2008, il s'est échangé sur les marchés plus de 150 millions de barils, c'est-à-dire le double de la demande mondiale quotidienne de pétrole de l'époque. En chute lors du deuxième semestre de 2008 en raison de la récession, la spéculation sur l'or noir, anticipant la reprise, a redémarré de plus belle en 2009. Rien n'illustre mieux la rentabilité du trading que les colossales primes de fin d'année que touchent les traders spécialisés dans le négoce d'hydrocarbures à terme. Ce sont les rois des bonus !

Les traders de Goldman Sachs opèrent donc sur les deux principaux marchés pétroliers. Sur le marché physique, le spot, s'échangent le brut et les produits pétroliers. Les transactions, elles, correspondent à des opérations commerciales (impliquant compagnies pétrolières, transporteurs aériens, sociétés d'électricité, de gaz, gros consommateurs industriels...), c'est-à-dire à des achats ou à des ventes de pétrole couvrant les besoins. L'exemple type d'acteur de ces marchés est la compagnie pétrolière telle que Exxon, Total ou BP. Elle s'adonne au négoce physique par souci de bonne gestion de ses ressources ou pour les besoins de ses clients, en brut comme en essence, gazole, fioul ou naphte. Plutôt que de faire raffiner la totalité de sa production, la compagnie peut se procurer le pétrole brut sur le marché international pour des raisons de qualité ou de proximité géographique. Elle doit neutraliser les fluctuations de prix entre l'ordre d'achat ou de vente et la livraison. Goldman Sachs fait de même en achetant de la production physique à son propre usage en vue de la faire fructifier. Ces hydrocarbures sont stockés en attendant des jours meilleurs.

Sur le marché financier, celui du « baril-papier », les opérateurs de Goldman Sachs manipulent des productions ou des cargaisons virtuelles. Il s'agit aussi de contrats à terme standardisés qui permettent aux intervenants de s'entendre aujourd'hui sur un prix de livraison à plus ou moins long terme. La banque concentre son activité dans les deux plus grandes places financières au monde, New York et Londres, où sont installées des Bourses spécialisées. Aux États-Unis, premier consommateur d'hydrocarbures de la planète, le Nymex est le marché de référence. Première place bancaire européenne, centre de négoce sur le Proche-Orient et QG du transport maritime international, la City possède, avec l'International Petroleum Exchange, l'autre grande Bourse à terme de l'énergie. En Asie, Singapour règne désormais en maître, éclipsant Hong Kong et Tokyo.

Fort de son trésor de guerre, Goldman Sachs peut prendre des positions hyperspéculatives sur tous les secteurs du marché dans la seule perspective d'un gain rapide mais en prenant des risques. C'est le B.A.BA du métier de trader.

La spéculation tant décriée est-elle oui ou non responsable de la volatilité des cours ? De l'avis général, les paris augmentent l'instabilité naturelle des cours de l'or noir en créant un énorme climat d'incertitude pour tous les secteurs de l'industrie pétrolière, brouillant l'horizon des entreprises, des États producteurs, du consommateur. Si, individuellement, les opérations des institutions financières se perdent dans la masse des pétrodollars, ensemble, elles pèsent lourd. Attaquant en meute, les traders ont souvent la même façon de raisonner, la même expérience, les mêmes réflexes. C'est pourquoi les critiques appellent de leurs vœux une réglementation du marché du baril-papier. À l'heure de la globalisation des mouvements de capitaux dans l'espace et dans le temps et au vu de la puissance de Goldman Sachs, une pareille tentative de régulation s'est toutefois révélée illusoire.

En décembre 2009, après bien des tergiversations, la Commodities Futures Trading Commission (CFTC), la Commission américaine sur les marchés à terme des matières premières, a annoncé la mise en place de plafonds sur le nombre de contrats d'option portant sur les produits énergétiques – pétrole, essence, fioul domestique et gaz naturel. Aux yeux de l'administration démocrate, le système en vigueur d'autoréglementation par les Bourses de matières premières a montré ses limites. Invoquant « la protection du public américain », de nouvelles restrictions ont été mises en place. Elles sont cependant peu contraignantes.

La CFTC a justifié cet arsenal minimaliste par le manque de soutien international, en particulier du Royaume-Uni et du Fonds monétaire international, en faveur d'une approche plus musclée. Ce dernier avait d'ailleurs exonéré les spéculateurs de toute responsabilité dans l'envolée des prix de l'été 2008. En outre, le Trésor américain redoutait un exode des opérateurs pétroliers sous des cieux plus cléments et moins réglementés comme la Suisse, Dubaï ou Singapour. Quant au principal croisé de la régulation, le financier américain Michael Masters – coauteur d'un rapport au vitriol sur le rôle de la spéculation dans la hausse des prix de l'essence –, il a dû en rabattre. La presse a découvert que son fonds d'investissement était essentiellement composé de valeurs de compagnies aériennes, constructeurs automobiles et transport routier dont l'essor est lié à un prix bas du pétrole.

Si les banquiers s'accordent à reconnaître à Gary Gensler, le patron de la CFTC, autorité, sérieux et compétence, beaucoup l'accusent de complaisance envers Goldman Sachs. Dans les faits, il a accepté sans ciller les arguments de la firme : les spéculateurs apportent de la liquidité et donc de la transparence à un marché planétaire. Les rigidités du secteur des hydrocarbures (investissements insuffisants, main-d'œuvre vieillissante et monopoles d'exploration-production étatiques) seraient bien plus préjudiciables que leurs activités.

Les détracteurs de Gensler pointent du doigt son appartenance au gouvernement Goldman. Le patron de la CFTC y a en effet travaillé dix-huit ans, notamment comme trader élevé au rang d'associé. C'est un protégé de Robert Rubin qui l'a appelé à ses côtés au ministère des Finances, entre 1994 et 2000. Une réputation de croisé de la déréglementation le poursuit. Ainsi, aux côtés de Rubin, Gensler a-t-il étrillé avec fougue un projet de régulation des produits dérivés de crédit générateurs de dangereuses bulles spéculatives. Il a favorisé la libéralisation du trading électronique de l'énergie, responsable, entre autres, de la chute, en 2001, d'Enron, le plus gros courtier du secteur. Présentant les *swaps* de crédit comme « un symbole puissant du type d'innovation et de technologie qui a transformé la finance américaine en une superpuissance », il les a exemptés de tout contrôle ce qui a conduit à l'effondrement, en 2008, de plusieurs mastodontes de la finance. Pas étonnant, dans ces conditions, que son plan de limitation de la spéculation pétrolière soit un robinet d'eau tiède. L'impétrant se considère comme un arbitre, pas un réformateur. Son prédécesseur républicain à la CFTC, Reuben Jeffery – encore un ancien de Goldman ! – fut le bras droit de Paul Bremer, le premier envoyé spécial de George W. Bush en Irak – une éponge imbibée d'or noir – chargé de la reconstruction manquée, entre 2003 et 2004.

Mais, pour les matières premières, l'événement majeur ces dernières années est le marché des échanges de quotas de gaz carbonique, l'un des outils mis en place dans le cadre du Protocole de Kyoto visant à endiguer les émissions de CO_2, l'un des principaux gaz à effet de serre. Son principe ? Chaque entreprise se voit attribuer un quota d'émissions. Si elle le dépasse, il lui faut acheter des crédits d'émission auprès d'une autre entreprise qui, elle, ayant émis moins que son quota, dispose d'un excédent à vendre sur le marché. Celui-ci se décline sous plusieurs formes : spot (au jour le jour), à terme ou par transactions de gré à gré. La majorité des sociétés passent par des intermédiaires, banques et courtiers spécialisés. C'est un marché normal de matières premières qui existe déjà à l'état embryonnaire en Europe et qui doit voir le jour aux États-Unis sous l'appellation *cap and trade*.

L'enjeu est énorme. Selon l'administration Obama, rien qu'outre-Atlantique, 646 milliards de dollars de crédits de carbone seront mis aux enchères dans les sept prochaines années, un chiffre qui pourrait être deux ou trois fois plus élevé. Le volume en valeur de cette nouvelle Bourse du carbone pourrait dépasser mille milliards de dollars par an.

Bien sûr, Goldman Sachs ne pouvait pas laisser passer un tel pactole potentiel ! Elle joue et mobilise ses meilleurs experts pour inventer de nouveaux produits. Pour l'épargnant, le marché des carbones cumule tous les avantages : liquidité, sécurité, rendement et éthique. Les investisseurs institutionnels en redemandent.

En 2005, Henry Paulson, qui se veut militant de l'environnement, déclare que « l'action volontaire ne peut résoudre seule le problème du changement climatique » et en appelle à des investissements publics en recherche et développement. Horreur ! Depuis, la banque défend bec et ongles le *cap and trade*. Et pour cause, la formidable machine à spéculer s'est placée très tôt sur le terrain du combat contre l'effet de serre. Goldman a investi massivement dans l'éolien, le bio-diesel et l'énergie solaire. La firme a pris une participation minoritaire dans la Bourse d'échange de Chicago où sont aujourd'hui négociés les crédits de carbone, ainsi que dans une entreprise spécialisée dans leur vente. Et on ne compte plus les fonds d'investissement lancés par des anciens de Goldman qui placent leurs avoirs dans les technologies propres.

Pour les esprits mal tournés, adeptes des théories du complot, il y a quelque chose de pernicieux derrière cette success story. Au lieu d'imposer simplement une taxe gouvernementale fixe sur la pollution par le carbone et obliger les pollueurs à payer, le *cap and trade* revient à transformer un marché de matières premières en un système de collecte privée de l'impôt.

Ironie du sort ou folie des hommes ? Après un travail acharné pour rendre à la lumière le précieux or noir, voilà que les barils sont devenus des produits financiers et renvoyés au royaume des ombres. Les crédits carbone les y rejoignent. Des « placements », dit-on. La Fontaine aurait pu en faire une fable.

19.

Trois hommes et un trône

Désormais, elles ne sont plus que trois : Goldman Sachs, JP Morgan et Barclays. Trois machines colossales, sorties renforcées de la crise, qui dominent la finance mondiale. Malgré le marasme économique, elles affichent aujourd'hui une santé insolente. Présents dans tous les métiers, ces groupes règnent. Les seigneurs qui les dirigent, Lloyd Blankfein, Jamie Dimon et Bob Diamond, passionnent désormais la presse.

Rempli de certitudes, ce triumvirat entretient une concurrence farouche qu'alimente tout naturellement la mondialisation. La course à la première place sur le podium est lancée, une foire d'empoigne à couteaux tirés, où tous les coups sont permis, dans tous les pays, dans tous les métiers. Une lutte qui tient de l'hypnose : fixer l'ennemi juré jusqu'à ce que ses yeux clignent : « *The other guy blinked* », l'autre a baissé le regard, comme disait le héros de western.

Lloyd, Jamie et Bob sont d'abord américains. Pour le reste, les trois membres du club le plus exclusif de Wall Street et de la City ne pourraient être plus différents. Au gré des chapitres, le parcours de Lloyd Blankfein, le « p'tit gars de Brooklyn », est maintenant bien fléché.

Tournons-nous donc vers ses deux valeureux challengers.

Voulant diminuer les mérites de Jamie Dimon, le patron de JP Morgan, un concurrent jaloux l'a qualifié un jour d'« homme de petite dimension ». Wall Street était plié de rire : l'homme est grand et élancé. De face, ce fils et petit-fils de banquier offre un visage affable, un peu las. Si le sourcil gauche se lève souvent, tout est dans l'œil vif, pétillant, amusé ou glacial. De profil, le financier ressemble à l'un de ces gentilshommes du XVIᵉ siècle peints par Holbein et pendus aux cimaises du château de Windsor.

Il est pourtant issu de la haute bourgeoisie grecque de Smyrne, l'actuelle Izmir, en Turquie, qui a longtemps dominé la ville marchande de ses richesses et de sa culture raffinée. Paradoxalement, l'homme n'a pas hérité, de cette ascendance orientale, de manières policées. Au contraire.

Né à Long Island le 13 mars 1956, ce fort en thème cherche à frapper plus qu'à séduire. Il compte sur son punch pour s'imposer. Jamie Dimon a bénéficié d'une éducation parfaite. Venu à la finance par atavisme, il pose sa candidature chez Goldman Sachs, qui le prend comme stagiaire. Mais Dimon préfère travailler aux côtés de Sandy Weill, ami de la famille et légende de la finance américaine qui préside Shearson Lehman Brothers. Quand Weill est remercié, Dimon le suit dans sa traversée du désert. Ensemble, ils rebondissent à la tête de la Commercial Credit Corporation – devenu Primerica puis Travelers. Mais en 1998, après la fusion avec Citigroup dont il est un des architectes, Dimon, victime d'une révolution de palais, est brutalement limogé par Weill, jaloux de l'ascendant qu'il prend. En mars 2000, en quête de revanche, le financier au chômage accepte d'en rabattre en prenant la direction de Bank One, une banque de détail régionale en pleine déconfiture basée à Chicago. Sur le papier rien d'exaltant. Ce sabreur de coûts, fin et acéré comme une lame, redresse le canard boiteux. En janvier 2004, le « sauveur » vend l'établissement à JP Morgan dont il prend la direction générale… un an plus tard.

Ce manager à l'intelligence racée hérite d'une maison sclérosée qui dort sur ses lauriers et sa morgue. Le scandale Enron et l'éclatement de la bulle technologique ont d'ailleurs fortement déstabilisé une enseigne qui a perdu du terrain.

Passer de la très prolétaire Bank One aux sphères de la haute finance de Wall Street : le défi est énorme pour Jamie Dimon. Son parcours chez JP Morgan est alors spectaculaire. Sous sa direction, les cadres disent au revoir au train de vie professionnel et aux notes de frais trop généreuses. En lui assignant un plan de travail précis et méthodique – le renforcement du bilan, le refus du risque, la réduction de l'exposition au marché hypothécaire –, le nouveau venu « muscle » la firme. En cette période de boom, les analystes critiquent sévèrement son manque d'audace. En Bourse, le titre ronronne, et les actionnaires ronchonnent. Jamie Dimon n'en a cure. Pas d'étincelles. La gestion bling-bling, il laisse ça aux autres.

Le P-DG sait motiver ses cadres. Ce n'est pas un homme de réseaux – pas de coteries ni de dîners en ville – mais d'équipes. Il prend les dossiers cruciaux à bras-le-corps. Rapide dans ses décisions, ce matheux hors pair n'a pas son pareil pour décortiquer les comptes des sociétés. De formation, Dimon est un banquier commercial à l'ancienne et non pas un trader. Prudent, l'intéressé se méfie des produits financiers miracles inventés par les petits génies des salles des marchés. Sa philosophie est simple : donner aux clients les conseils que l'on appliquerait soi-même. En vertu de ce principe, il liquide le portefeuille de crédits à risque subprimes dès le début 2007 – concurrent en lucidité, sur ce plan, du rival Goldman – et réduit la voilure du trading en compte propre, et l'utilisation à des fins spéculatives des fonds de l'établissement – ce qu'on appelle la gestion pour compte propre.

Ce décideur ne doute jamais de lui-même. Tout au plus accepte-t-il quelques conseils. Pour compenser son absence d'expérience internationale, Dimon copréside le fameux forum de Davos. Il va aussi s'attacher – à prix d'or ! – les services de l'ancien Premier ministre britannique, Tony Blair, après le départ de ce dernier du 10 Downing Street, en 2007.

Ce n'est pas un tendre. Son équipe avoue filer doux devant ses colères. Ce fils de bonne famille passé par une école privée et l'université huppée de Harvard peut parler un langage de charretier digne des bas-fonds de Brooklyn. N'a-t-il pas lancé en public à Vikram Pandit, patron de Citigroup : « Arrête de jouer au con ! », sans jamais s'excuser ? Classé démocrate, il se lie d'amitié à Chicago avec l'un des deux sénateurs de l'Illinois, un certain Barack Obama, qui reçoit son soutien dès le lancement de sa candidature à la présidence.

Quand la tourmente s'abat sur la planète financière en 2008, JP Morgan est bien sûr en position de force grâce à la prudence de Dimon et... à son intuition politique. Dotée d'un formidable bilan, l'institution surfe sur la crise. Inconnu du public américain, le P-DG qui semblait programmé pour jouer les éternels seconds se retrouve propulsé au rang de star.

Dès mars 2008 – en quarante-huit heures ! –, JP Morgan rachète pour une croûte de pain le courtier Bear Stearns en banqueroute. Obtenue avec l'aide du gouvernement fédéral, cette acquisition lui permet d'ajouter à son portefeuille le *prime brokerage* (courtage de base), activité très rémunératrice de service aux fonds spéculatifs, et de développer le négoce de matières premières.

Par la suite, cet animal à sang froid n'hésite pas à précipiter la faillite de Lehman Brothers. Car c'est lui, en fait, et non Goldman, qui assène le premier coup mortel à Dick Fuld en gelant 17 milliards de dollars d'actifs en liquidité et titres appartenant à l'entreprise en quasi-faillite, le 12 septembre 2008 au soir, et en exigeant de rigoureuses garanties supplémentaires juste avant le dépôt de bilan.

Exorbitantes, ont dit certains. Avec le recul, elles ne l'étaient pas tant que cela. « Il s'agit de préserver l'intérêt de mes actionnaires », répond invariablement celui qui reste de marbre face aux critiques.

Alors que la plupart de ses concurrents luttent pour leur survie, le 25 septembre 2008, Jamie le conquérant reprend les restes d'une autre maison, la banque commerciale Washington Mutual, en faillite après des pertes colossales dans les crédits immobiliers. Cet achat le conforte dans sa réputation de pompier du plus grand incendie du siècle.

Certes, il n'a pas que des amis. Certains lui reprochent ses emportements, son côté imprévisible, sa vanité et sa susceptibilité. D'autres ne s'émerveillent pas de son intelligence, montrant du doigt ce qu'ils jugent être son inculture. Sa brutalité dans la défense des bonus lui aurait barré la route d'un poste au gouvernement, comme l'avait envisagé, semble-t-il, un temps, le Président Obama. Jamie Dimon n'en a cure puisqu'il est sur « le toit du monde », comme disent les Américains.

Bob Diamond, le P-DG de Barclays Capital, est lui aussi sur un nuage. Né en 1951, cet ancien professeur de business à l'Université du Connecticut a fait toute sa carrière de banquier dans le secteur obligataire, chez Morgan Stanley, Crédit Suisse et BZW – l'éphémère banque d'affaires de la Barclays. En 1997, personne n'aurait parié un penny sur la réussite de Barclays Capital lancée sur les décombres de BZW. Au départ, BarCap est une maison moyenne, spécialisée dans le marché de la dette. Diamond sait saisir les occasions : en 2002, après sa faillite, il recrute les meilleurs traders londoniens du géant américain de l'énergie Enron afin de se lancer dans le négoce de matières premières. Reste que jusqu'à la crise financière de l'automne 2008, la banque d'affaires de la Barclays vivote.

L'acquisition des activités américaines de la défunte Lehman Brothers bouleverse définitivement la donne. Durant le week-end noir des 14 et 15 septembre 2008, Barclays Capital est à deux doigts de reprendre les activités « saines » de Lehman-États-Unis. Mais le veto du gouvernement de Londres conduit à l'échec de cette première manœuvre et à la banqueroute de Lehman Brothers.

Juste après, lors de la liquidation, Barclays se retrouve en pole position pour rafler les restes de Lehman Brothers, à moindre prix, auprès du liquidateur. Au cours des premières négociations de sauvetage avortées, elle avait pu longuement examiner les comptes… La grande banque britannique fait une affaire en or en déboursant

1,75 milliard de dollars. Le seul siège de Lehman, en plein cœur de Manhattan, se révèle le placement immobilier du siècle !

La reprise de Lehman-USA combine les points forts de cette dernière – le négoce d'actions et de fusions-acquisitions aux États-Unis – avec ceux de Barclays Capital, à savoir : les marchés d'obligations, de devises et de matières premières. Trop heureux de conserver son emploi, l'ancien personnel de Lehman plébiscite son sauveur. La structure de direction est mise en place en un tournemain. Dès janvier 2009, l'intégration est bouclée.

Teigneuse contre la concurrence, JP Morgan s'efforce de son côté de torpiller le projet de reprise de Lehman par Barclays. Le plan de rachat britannique est sauvé in extremis grâce aux bons offices de la Réserve fédérale, le 22 septembre 2008, malgré la campagne menée en coulisse par Jamie Dimon. Cet épisode ne fait qu'entretenir l'inimitié entre les deux hommes, deux crocodiles qui nagent, aux aguets, dans le même marigot.

Grâce au sens du timing et à la ténacité de Bob Diamond, Barclays est ainsi redevenue l'un des établissements financiers les plus importants au monde. Juste retour des choses pour cette héritière d'une tradition vieille de plus de deux siècles. L'enseigne à l'aigle blanc joue à nouveau dans la cour des grands à l'échelle planétaire.

Si Bob Diamond a réussi un fantastique rétablissement, Jamie Dimon a aussi, parfois, commis des erreurs. Le 18 septembre 2008, trois jours après la chute de Lehman Brothers, le téléphone du P-DG de JP Morgan sonne. Au bout du fil, catastrophé, le secrétaire au Trésor, Henry Paulson : « Jamie, je t'en prie, fais quelque chose… Achète Morgan Stanley… Elle est au bord du précipice. »

Petit rappel historique. La Grande Dépression des années 30 et le Glass-Steagall Act de 1934, qui impose la séparation des activités de banque commerciale et de banque d'investissement, font alors éclater la maison Morgan. Un groupe de directeurs dissidents, mené par le propre fils de J. Pierpont Morgan, lance une banque d'affaires au nom de Morgan Stanley. La filiale anglaise, Morgan Grenfell, fait sécession. Rabaissée à un rang ordinaire, JP Morgan vivote pendant des décennies en milieu de classement au hit-parade bancaire. En rachetant Morgan Stanley, comme le lui demande Henry Paulson, Jamie Dimon rendrait son rayonnement passé à l'enseigne mythique. Un tel acte souderait à nouveau les maillons de la chaîne financière à travers les âges. « The House of Morgan » renaîtrait de ses cendres.

Pourtant, après quelques heures de réflexion, Dimon décline l'offre du ministre des Finances. Il estime qu'une telle fusion ne peut qu'aboutir à une épouvantable usine à gaz : trop de doublons. C'est donc une injection de capitaux japonais qui va finalement sauver Morgan Stanley de la faillite.

Au final, Henry Paulson s'est lourdement trompé sur la véritable personnalité de son ami. Le grand argentier américain pense que Dimon se voit en digne successeur de J. Pierpont Morgan. Peut-être a-t-il manqué à ce surdoué le désir d'un destin historique ? À écouter le journaliste Duff McDonald, auteur de la biographie autorisée de Jamie Dimon, *The Last Man Standing* (Le Dernier Homme debout), l'intéressé n'a jamais été habité d'un tel dessein : « Ce n'est pas un affectif. C'est un animal à sang froid dépourvu d'émotions quand il prend une décision. Il n'a pas d'ego surdimensionné et n'a rien d'un visionnaire. » Il œuvre en praticien, tout simplement. Ce qui témoigne, aussi, d'un solide bon sens.

Un Européen – même Britannique – ne peut mettre les pieds à Wall Street sans être la cible de perfidies : c'est le prix à payer pour son audace. « Ah ! Barclays... Des dépeceurs qui ont fait main basse sur Lehman pour une bouchée de pain » : la pique est d'Henry Paulson en personne, qui étripe l'intrus. Celui qui a été ministre des Finances du Président Bush entre 2006 et 2009 lève les bras au ciel, horrifié lorsque le nom de l'enseigne anglaise revient sur le tapis : « Une bande d'arrivistes... »

JP Morgan voit aussi d'un mauvais œil l'irruption sur son propre territoire d'un concurrent doté des mêmes atours : une banque d'affaires soutenue par une banque de détail, une direction musclée, un formidable bilan, et un savoir-faire historique. Jamie Dimon aime se présenter comme un « patriote ». Le défi lancé par l'ex-puissance impériale à son ancienne colonie est dès lors une agression patente. La tentative de repousser cette attaque frontale contre un monument historique de la bannière étoilée va au-delà du ressentiment personnel.

Jamie Dimon a également très mal vécu la nationalisation forcée de sa maison par l'État américain. L'obligation faite d'accepter l'aide publique alors que son établissement en excellente santé n'en avait nullement besoin a été perçue comme une vraie humiliation par ce personnage si imbu de sa légitimité. Même s'il n'en avait pas vraiment besoin, il a dû faire comme si cette décision lui convenait. Quitte à fulminer en privé !

En revanche, Barclays a échappé à « l'ignominie » de la nationalisation partielle décrétée par le Premier ministre britannique Gordon Brown. Au lieu de passer dans le giron de la puissance publique – comme la Royal

Bank of Scotland, RBS, ou le Lloyds Banking Group, LBG –, Barclays a fait appel à deux fonds souverains du Proche-Orient pour se recapitaliser. Dans des circonstances proprement incroyables...

Pour séduire les capitaux des pétromonarchies d'Abou Dhabi et du Qatar (a priori plutôt enclines à la phallocratie...), Barclays a fait appel à... deux femmes de choc : Amanda Staveley et Diana Jenkins, qui ont des contacts au plus haut niveau au sein des familles princières des émirats. Volontiers misogynes et austères, les riches fortunes du Golfe se sont entichées de ces deux femmes d'affaires anglaises au look longiligne et à la voix suave comme un bonbon Quality Street.

Malgré son jeune âge, Amanda Staveley a une longue expérience des affaires au Proche-Orient. Après des études bâclées de langues modernes à Cambridge, elle ouvre un restaurant huppé à Newmarket, haut lieu de l'élevage anglais de pur-sang. Sa clientèle compte la fine fleur des propriétaires de chevaux de course, à commencer par la dynastie Maktoum de Dubaï. Ce clan introduit aussi la femme d'affaires auprès du roi de Jordanie, soucieux d'attirer les investisseurs étrangers.

Amanda est ensuite chargée du rachat – avorté – du club de football de Liverpool par Dubaï. En septembre 2008, c'est elle qui organise, avec succès cette fois, la reprise par le cheikh Mansour d'Abou Dhabi de Manchester City, autre club phare de la *Premier League*. Sa liaison, en 2003, avec le prince Andrew, fils cadet de la reine Elizabeth II, et VRP honorifique du commerce extérieur britannique, lui a permis, au passage, d'étoffer son carnet d'adresses des têtes couronnées proche-orientales.

Les relations de Diana Jenkins avec le Qatar passent, elles, par son époux, Roger Jenkins, chargé de la zone auprès de Barclays Capital. Cet Écossais s'est enrichi grâce à son expertise de l'évasion fiscale qui permet aux grosses fortunes de payer moins d'impôts en toute légalité. Surnommée « l'impératrice du bikini » en raison de sa participation majoritaire dans une firme de maillots de bain, Diana s'est liée d'amitié avec l'épouse de cheikh Hamad, président du fonds souverain de l'émirat gazier.

Au-delà du « coup » de la recapitalisation in extremis de Barclays par les pétro-émirats, les deux femmes ont connu un parcours très différent. Amanda Staveley incarne le vieil argent britannique, les milieux équestres, la discrétion alliée à la tradition. Diana Jenkins, elle, symbolise la persévérance de l'outsider. Cette immigrée est une réfugiée bosniaque, arrivée démunie, en 1993, au Royaume-Uni. Une self-made woman.

Les liaisons sentimentales se sont donc glissées dans les affaires au plus haut niveau. Ce qui est amusant, dans ce contexte riche en pièges et en manœuvres en tous genres, c'est que Barclays entend s'inspirer de l'éthique de ses fondateurs au XVIIIe siècle, des quakers ! Cette dissidence du protestantisme à la morale rigoureuse s'en différencie par l'absence de doctrine, l'importance de l'Esprit saint et le goût de l'entreprise citoyenne. Parallèlement, la banque d'affaires entend promouvoir un esprit de partenariat ressemblant étrangement à celui prévalant chez Goldman Sachs avant l'introduction en Bourse de 1999 et qui repose sur la primauté du collectif sur l'individualisme, une hiérarchie plate et l'assiduité à la tâche.

La guerre entre les trois puissances de la mondialisation qui viennent de surgir promet d'être acharnée.

20.

Casser Goldman ?

« Un chef doit toujours être un poète. Il doit parler au nom des dieux, des génies et des esprits des morts », philosophait le sergent Learoyd, héros de *L'Adieu au roi*, de Pierre Schoendoerffer. Dans la jungle de Bornéo, le mercenaire fou aux yeux gris s'était taillé un royaume à sa mesure. Lloyd Blankfein n'a probablement pas une telle ambition. À la tête d'une sorte de pieuvre aux multiples tentacules, il poursuit son grand dessein : être le roi de la haute finance. Mais ce passionné d'histoire sait aussi que les rêves d'empire finissent toujours mal.

Depuis la chute de Lehman Brothers, le 15 septembre 2008, le sien est justement dans l'œil du cyclone. Jamais l'orgueilleuse banque d'affaires n'a pris autant de coups. L'année 2009 est à marquer d'une pierre noire malgré les excellents résultats de la firme. Le millésime 2010, semé d'écueils, n'est pas meilleur. Le Président Obama a annoncé la réforme financière la plus ambitieuse depuis la Grande Dépression, avec l'intention de limiter la taille des établissements et leurs activités spéculatives. Les régulateurs se mobilisent pour réduire la marge de manœuvre de ces P-DG trop puissants. Les hommes politiques – toutes tendances confondues – relaient l'exaspération de l'opinion publique en dénonçant dans la plus grande tradition populiste les *fat cats* (les gros matous) jugés responsables de la pire récession depuis les années 30. À l'échelle internationale, le G 20 – le groupe représentant les pays les plus industrialisés et les grandes nations émergentes – annonce, après le krach de septembre 2008, qu'il va instaurer des mécanismes de régulation pérennes pour empêcher que les marchés ne reprennent le dessus avec leur loi sauvage.

Parmi les initiatives visant à améliorer la transparence du système et à mettre fin aux dérives du passé figurent, pêle-mêle, la taxation des marchés de gré à gré, l'encadrement de la titrisation, l'amélioration de la législation sur l'attribution des crédits, la réglementation des fonds spéculatifs et du capital-investissement, le resserrement des contrôles internes ou le renforcement du Fonds monétaire international…

Plus jamais ça ! crie-t-on de partout. Car si le bain de sang bancaire que prédisaient quelques esprits chagrins ne s'est pas produit, le paysage a été profondément bouleversé. Les banques ont allégé leur endettement – le moteur des opérations à risques. Les bonus en liquide – autre incitation à la spéculation – se rabougrissent. Les produits financiers proposés aux clients sont simplifiés. Le négoce pour compte propre permettant aux banquiers d'affaires de spéculer sur les marchés avec leur propre argent est restreint. L'accent est à nouveau placé sur le service au client, le grand absent lors de ces années folles du boom financier. Une nouvelle génération de dirigeants est en train de redessiner la carte d'état-major de la finance, en assurant la relève des « éléphants » de Wall Street et de la City, tombés en disgrâce. Chacun a trouvé sa place. Du moins provisoirement.

Le traumatisme du tsunami financier de septembre 2008 paraît exorcisé même s'il y a des « répliques », comme on le dit des tremblements de terre. L'histoire de Wall Street continue à se dérouler à la vitesse du *ticker*, le serpentin des cotations boursières. Sis dans la « Rue du Mur », le musée de la finance américaine expose la photo d'une maison au milieu d'une pelouse devant laquelle a été planté un énorme panneau : « Saisie ». La manchette du *Wall Street Journal* du 16 septembre 2008, au lendemain de l'effondrement de Lehman Brothers, a rejoint en vitrine les unes de 1929 et de 1987. Les subprimes et autres *credit crunch* (contraction brutale du crédit) sont entrées dans la bible, le *Concise Oxford English Dictionary*.

Une secousse de l'histoire financière comme le monde en a tant connues ? Les dictionnaires, comme chacun sait, sont facétieux. Le rideau tendu est trompeur. Quand il s'entrouvre, ce qui ne faisait que filtrer prend de l'éclat. Dans l'ancien décor partiellement debout, un autre s'est levé, révélant un paysage financier en pleine mutation, plus complexe, plus compliqué à saisir, donc, aussi, potentiellement plus dangereux.

Première constatation : un nouvel ordre mondial de la finance s'est mis progressivement en place. De la crise est sortie une superligue, plus musclée que jamais. Un club de caïds plus que coriaces : Goldman Sachs, JP Morgan, Barclays, Crédit Suisse et Deutsche Bank. De véritables supermarchés de l'argent, offrant toute la gamme des services vingt-quatre heures sur vingt-quatre sur les cinq continents. Une deuxième division garde, elle, les survivants du ressac. Y figurent quelques banques françaises, espagnoles, allemandes, canadiennes, australiennes ou scandinaves auxquelles il faut ajouter un groupe de nouveaux venus des pays émergents. Quant

263

aux autres, les éclopés de la troisième division, ils ont été condamnés à réduire considérablement leur voilure, en abandonnant souvent le développement international pour se concentrer sur le marché domestique. La fameuse coupure « en deux nations » évoquée au XIX\ :sup siècle par l'ancien Premier ministre britannique Benjamin Disraeli dans son roman *Sybil* s'applique parfaitement à cette nouvelle donne financière : « Deux nations entre lesquelles il n'y a ni relation, ni sympathie, et qui ne sont pas gouvernées par les mêmes lois [...]. Ces deux nations sont les riches et les pauvres. »

De cette redistribution des cartes est né, dans certains secteurs d'activité, un oligopole, une véritable rente de situation truffée de conflits d'intérêts dont profitent les seuls clubs de cette première ligue. Le jeu de la concurrence s'émousse, le tarif des prestations augmente, le choix des clients diminue.

Encouragés à emprunter de l'argent bon marché, les membres de cet oligopole peuvent prendre à nouveau de gros risques en toute quiétude pour faire monter les bénéfices, les cours en Bourse et... les fameux bonus. Ils savent qu'en cas de nouvelle catastrophe, le contribuable sera toujours là pour les sortir de l'ornière. Ou ils l'espèrent. L'incroyable rebond de ces établissements est aussi, il est vrai, le résultat de l'essor du négoce, en particulier de la spéculation sur les matières premières, la vache à lait par excellence de l'activité de trading. De leur côté, les transactions de produits dérivés sur des marchés organisés de gré à gré ont repris leur progression dans une totale opacité. Elles restent à réguler afin de limiter les risques potentiels pour le système financier. C'est le cas, par exemple, des *credit default swaps* (CDS) qui permettent aux banques et à d'autres acteurs de couvrir les risques potentiels auxquels ils sont exposés en étant engagés sur certains marchés. Au cœur de la débâcle des subprimes, les CDS restent, aujourd'hui encore, extrêmement dangereux.

Quant à la dette, elle a été transférée du secteur privé... aux États. Les voilà donc confrontés un peu partout au trou béant des finances publiques provoqué par le sauvetage du système. Jauger la capacité des entreprises – donc des banques – et des pays à rembourser leurs dettes reste, en dépit de leurs graves lacunes, l'affaire des agences de notation.

Chaque enquête apporte son lot de révélations sur la facilité avec laquelle certains banquiers peu scrupuleux ont manipulé les marchés. C'est le cas du rapport publié le 11 mars 2010 par Anton Valukas, l'expert chargé par la justice américaine d'étudier les causes de l'effondrement de la banque d'affaires Lehman Brothers. Le document dénonce son recours au marché Repo (Repurchasing Market) pour cacher son endettement abyssal. Le détournement du Repo – une opération qui permet aux intervenants de mieux gérer leurs liquidités quotidiennes – apparaît comme un jeu d'enfant. Pour l'instant, aucune réforme d'ampleur de ce système n'a été lancée.

Autre paradoxe, parmi tant d'autres, dans la récente crise : les banques ont aidé les gouvernements... à sauver les banques. En effet, le tsunami financier a démontré à la fois leur vulnérabilité et le rôle crucial qu'elles jouent pour aider les pouvoirs publics à sauver les établissements en crise. Les exemples de ce cordon ombilical entre l'État et le saint des saints de la haute banque internationale abondent. Morgan Stanley, Merrill Lynch et Goldman Sachs ont été sauvées, à l'automne 2008, grâce à l'intervention du Trésor des États-Unis. Simultanément, ces mêmes enseignes ont été omniprésentes dans les opérations de renflouement de leurs confrères.

Goldman a conseillé le Trésor britannique pour la nationalisation de la caisse hypothécaire Northern Rock, en faillite. Elle a aussi piloté – via le secrétaire au Trésor, Hank Paulson, son ex-président, et à son plus proche collaborateur, Neel Kashkari, autre ancien de la maison – le plan de sauvetage bancaire le plus important de l'histoire des États-Unis.

Morgan Stanley, pour sa part, a sauvé les prêteurs immobiliers américains Freddie Mac et Fannie Mae tout en secourant le premier assureur au monde, AIG. Elle a joué un rôle clé dans les nationalisations de la caisse hypothécaire anglaise Bradford & Bingley et de la Glitnir Bank islandaise, et a bouclé la fusion entre les britanniques Lloyds et HBOS.

Agissant au côté de BNP Paribas, Merrill Lynch a conseillé le gouvernement français dans le dossier Dexia.

Cette symbiose entre la puissance publique et les spécialistes du conseil aux entreprises s'explique notamment par le manque de savoir-faire des hauts fonctionnaires et des hommes politiques en matière d'ingénierie financière. Les grands commis de l'État ont bien des affinités avec les banquiers d'affaires : même goût du travail en équipe, même méfiance envers la presse, même obsession du secret. Pour les prestataires de services financiers, pareille association avec la puissance publique permet de tisser des liens pouvant se révéler utiles au cœur de la machine étatique. Un peu partout dans le monde, les gouvernements comme les grandes entreprises aiment s'entourer des meilleurs banquiers d'affaires à qui l'on prête un entregent exceptionnel.

C'est le moment dangereux : celui où les comportements à risque se réveillent, comme la course à la démesure. Alors, des voix s'élèvent depuis quelques mois pour isoler les activités de banque d'affaires – jugées spéculatives et risquées – de celles – plus traditionnelles et socialement utiles – de banque de détail. Dix ans après son abolition, l'idée d'un nouveau Glass-Steagall Act renaît de ses cendres. Les nostalgiques de cette législation qui séparait les deux métiers se font entendre.

Au Royaume-Uni, la même interdiction a été longtemps en vigueur. Mais la déréglementation totale de la City lors du big bang de 1986 a permis aux grands établissements, locaux comme étrangers, de racheter des firmes de courtage afin d'offrir la gamme la plus large de services financiers. Aux États-Unis, la libéralisation s'est faite par étapes, menant, en 1999, à l'abrogation de la loi par Bill Clinton.

Pour leurs détracteurs, la taille des banques dites universelles est un grand facteur de risque systémique en cas de défaillance. Qui plus est, ces monstres disposent, en raison de la diversité de leurs activités, d'un avantage en matière d'information qui vaut de l'or. Il n'est pas question bien sûr de franchir la « muraille de Chine » séparant d'un côté les fusions-acquisitions et de l'autre l'émission de titres, mais, dans la pratique, le mur reste perméable. En effet, les institutions attrape-tout sont percluses de conflits d'intérêts. Dernière critique et non des moindres : l'oligarchie bancaire opère en meute quand il s'agit de défendre ses intérêts.

Une nouvelle loi serait tout simplement irréalisable aujourd'hui, répliquent les défenseurs du statu quo. L'ingénierie financière a brouillé les pistes, ajoutent-ils, en liant des activités de détail à des produits structurés complexes. Les entreprises doivent faire appel au département négoce de leur banque pour se protéger des fluctuations des cours des matières premières comme des devises. Par ailleurs, en s'adressant à un seul établissement, les clients peuvent obtenir des rabais de commissions. À l'heure de la mondialisation, ces géants seraient mieux armés en capitaux pour résister à un éventuel ressac. De fait, la chute de deux victimes totémiques de la crise, Northern Rock et Lehman Brothers, n'avait rien à voir avec la banque universelle. La première était une banque de détail spécialisée dans le marché hypothécaire, la seconde une pure banque d'affaires.

Le retour à un Glass-Steagall Act nouvelle mouture est donc d'actualité, même si personne n'a semblé vouloir s'y atteler... jusqu'à la réapparition du principal partisan de la loi, le vétéran Paul Volcker. Ancien président de la Réserve fédérale américaine de 1979 à 1987, nommé chef du Conseil de la reprise économique du Président Barack Obama, il est l'instigateur du plan de réforme bancaire annoncé le 22 janvier 2010 qui s'inspire indirectement de cette mesure jugée surannée à Wall Street. Mais un tir de barrage s'est élevé pour discréditer ce plan.

Paul Volcker, octogénaire alerte, imposant personnage de 2 mètres, déplaçant en souplesse ses 110 kilos, a les épaules assez solides pour supporter avec philosophie le rôle d'ennemi public numéro un que le lobby bancaire lui attribue. Le parcours de cet ancien banquier de la Chase Manhattan, spécialisé dans les problèmes monétaires, et qui a occupé de hautes fonctions au Trésor sous plusieurs administrations, en impose. À ses yeux, l'existence de banques « *too big to fail* » (trop grosses pour faire faillite) est le maillon faible du capitalisme moderne. Selon lui, les banques américaines bénéficient désormais d'une véritable rente de situation injustifiée : elles sont certaines de pouvoir compter sur le soutien de l'État, quoi qu'il advienne.

Ses amis vantent le désintéressement de Volcker. N'a-t-il pas déclaré le plus sérieusement du monde que la seule invention utile de l'industrie bancaire au cours des trente dernières années est le distributeur automatique de billets ? Les paillettes de Wall Street n'ont jamais ébloui cet homme sans prétention qui s'est imposé un train de vie modeste. Les cigares qui ne quittent pas ses lèvres sont des grenadiers très bon marché. Et Volcker est le contraire d'un Tartuffe. De sa voix de basse profonde, il dit haut et fort ce qu'il pense, avec la conviction d'un saint Georges prêt à terrasser le dragon bancaire.

Lors de la première année de gouvernement de Barack Obama, son étoile avait pâli. Proches du lobby bancaire, le ministre des Finances, Timothy Geithner, et le principal conseiller économique de la Maison Blanche, Lawrence Summers – ancien secrétaire au Trésor de Bill Clinton, et, à ce titre, fossoyeur du Glass-Steagall Act en 1999 –, avaient tenu le haut du pavé. Pour reprendre la main après une série de revers politiques, Obama s'est rangé aux idées de Volcker : frapper durement les méchants ou les imprudents au portefeuille.

Son projet de réglementation ? Draconien, il entend limiter la taille des établissements et leurs activités spéculatives. Les banques de dépôts se verraient interdire de posséder, d'investir ou de soutenir financièrement des hedge funds ou des fonds de capital-investissement. Les opérations pour compte propre seraient limitées.

Dans un tel schéma, Goldman Sachs serait prise entre le marteau et l'enclume. Aujourd'hui banque holding, elle dispose du filet de sécurité de l'État. Elle a dû créer en échange de cette aide une petite banque commerciale basée dans l'Utah qui collecte les dépôts, gère des comptes et fait des crédits. Du fait de ce statut, la « règle de Volcker » l'obligerait à renoncer à des activités très rémunératrices qui lui permettent de renforcer son bilan, d'obtenir des mandats de conseils aux entreprises ou d'alimenter ses activités de marché. Ses opérations de trading pour compte propre représentent à l'heure actuelle 10 % des revenus de la banque, l'une des plus grosses proportions de Wall Street. Se séparer du parapluie de la Fed, abandonner le statut de banque holding et reprendre sa liberté de manœuvre serait tout aussi risqué. Sur le plan politique d'abord, un retour au régime d'avant septembre 2008 serait perçu comme un camouflet infligé à Barack Obama et, au-delà, à l'opinion publique. Cela aurait aussi un impact sur le coût de financement de la banque : la « couverture » du système fédéral de réserve rassure tout naturellement les marchés.

Dans l'attente de la future réforme, les appels au démantèlement de Goldman Sachs se multiplient. L'économiste Nouriel Roubini – l'un des rares à avoir prédit la crise financière – s'est joint au chœur grandissant de ceux qui veulent en finir une fois pour toutes avec l'omnipotence du mastodonte. Conscient du danger, Lloyd Blankfein répète à l'envi qu'une constellation de petits établissements, résultat d'une scission d'activités, ne présenterait pas moins de risques qu'une petite poignée de gros établissements. L'argument n'est guère convaincant : la faillite des caisses d'épargne américaines, au début des années 90, n'a-t-elle pas montré que l'implosion de centaines de petites banques peut purger le système ? En revanche, plus les établissements sont grands, plus ils présentent de dangers.

Pourtant, malgré ces aléas, Goldman Sachs se sent assez cuirassée pour passer au milieu du chemin de ronces. Elle s'est adaptée au nouveau paysage financier. Les primes sont versées essentiellement en actions, une partie est prélevée au profit de la fondation philanthropique maison. Le bonus du président a été délibérément minoré par rapport à celui de ses homologues, pour ne pas prêter le flanc à la critique. Enfin, une commission interne, le Business Standards Committee, a été mise en place au sein même de la firme pour remettre à plat tous les métiers financiers dans laquelle elle intervient.

Plus que jamais, Lloyd Blankfein est conscient de la nécessité pour Goldman Sachs de tirer les leçons de la crise économique mondiale la plus violente depuis 1929. Il n'a pas le choix. Il sait qu'on doit s'adapter aux changements perpétuels ou devenir la « triste mère d'un empire mort », comme disait Lord Byron de l'Italie. Dans le bureau de poste du quartier où le père de Blankfein était employé, un distributeur a pris la place du guichet de vente de timbres. Le lycée de sa jeunesse a été fermé en 2007. Le cabinet juridique dans lequel il a commencé sa carrière a fait faillite en 1998. Nombre d'enseignes bancaires prestigieuses qui régnaient sur Wall Street quand il est entré chez Goldman Sachs ont disparu corps et biens : Lehman, Salomon Brothers, Drexel Burnham Lambert, pour ne citer que les plus connues...

Le temps invente. Entre l'ancien équilibre déjà rompu et le monde nouveau qui apparaît, les plus grandes maisons vont devoir s'adapter. Or Goldman Sachs, même blessée, reste un lion.

Conclusion

Ils sont banquiers d'affaires et traders, mais aussi avocats, experts en technologie ou en communication, secrétaires ou chercheurs. Ils ne se découvrent que très rarement, ces fils et filles de la Lumière. Ils poursuivent le même rêve : s'enrichir certes, mais aussi édifier la cité financière idéale.

C'est à la fois un groupe de pression politique, un réseau d'aide mutuelle, une microsociété très familiale. Le cheminement vers le sommet est long et lent, par paliers. Ils règlent leurs différends discrètement, à l'abri des regards, mais avec brutalité quand il le faut. Le choix des adeptes est tatillon. Après avoir quitté le Temple, ils s'engagent dans de nobles causes : fonction publique, œuvres humanitaires, organisations internationales, ou, souvent, l'université.

Ses détracteurs accusent Goldman Sachs de fonctionner comme une franc-maçonnerie. Ses banquiers seraient ces compagnons, maîtres et grands maîtres, amenés à « répandre dans l'univers la vérité acquise en loge ».

C'est sans doute pourquoi, dans le subconscient de beaucoup, l'empire – qui est à la fois un système d'influence et une machine à produire des bonus – est associé à une légende fantasmatique. *Wanted !* Le mot pourrait s'étaler en gros caractères au-dessus du ciel de Washington.

Le mea culpa du président de la banque, Lloyd Blankfein, les millions de dollars offerts à des fins philanthropiques, la remise à plat de tous les métiers ou la limitation des primes : rien ne parvient à atténuer cette détestation généralisée. Feu à volonté contre l'affreuse, la vilaine, l'âme damnée de la finance ! Son image est à ce point partie en vrille qu'elle a intégré dans son rapport annuel ces « attaques » qui constituent désormais pour elle « un nouveau facteur de risque » dans les affaires. Pourquoi tant de haine ? Pourquoi, finalement, cette hostilité qui a fait de la banque d'affaires la plus puissante et la plus admirée du monde une sorte de paria ?

Tout d'abord, avec ce brin de provocation, de distance et d'arrogance qui fait grincer les dents, cette banque est sortie plus forte que jamais d'une terrible crise. On imagine l'effet produit par cette spectaculaire réussite, surtout si l'on sait à quel point la banque a su tirer profit de la faillite de ses concurrents ou de la nationalisation d'autres. Et son P-DG n'a jamais su trouver les mots pour remercier l'État et les contribuables d'outre-Atlantique de l'avoir secourue.

Ensuite, pour ses détracteurs, la machine new-yorkaise est la « face inacceptable du capitalisme ». Célèbre définition, naguère appliquée par le Premier ministre britannique Edward Heath au requin des OPA, Tiny Rowlands. Les traders sans foi ni loi ont pris le pouvoir. Et les conflits d'intérêts sont consanguins à ce système.

Par ailleurs, ce symbole de la banque d'investissement ne dispose ni d'agences ni de guichets avec lesquels le public puisse s'identifier. Pour l'homme de la rue, l'activité de Goldman Sachs reste une énigme qui sculpte envies, fantasmes et craintes alors que la réalité est bien sûr beaucoup plus nuancée.

Par ailleurs, LA Banque n'a pas joué le jeu après son introduction en Bourse de 1999. Elle a refusé les impératifs qui en découlent : transparence et communication aux actionnaires, analystes et médias. L'institution a continué d'agir dans le plus grand secret, comme dans le partenariat privé d'autrefois, entre associés-gérants. La direction s'est comportée en propriétaire – pas en employée des actionnaires – avec toutes les dérives que cela a comporté.

Autre déclencheur de haine – et le plus délicat de tous – contre cet établissement, fondé en 1869 par un instituteur juif bavarois, ressuscite parfois un certain antisémitisme. Jusqu'en 1945, il existait une forme de ségrégation à Wall Street entre banques juives et protestantes. De nos jours, Goldman Sachs n'est plus vraiment une banque juive au même titre que JP Morgan ne cultive pas ses racines protestantes. Mais, dans l'opinion, les fantasmes ont la vie dure.

Au-delà de ces controverses, quatre évidences s'imposent. D'abord, un constat dont personne ne parle : pendant la crise, l'empire a continué à injecter des liquidités dans la grande machine financière mondiale, ce qui a permis d'empêcher son implosion. Et donc d'aggraver la crise.

Deuxième leçon : la Grèce a orchestré des trucages comptables responsables de la crise de l'euro. Goldman n'était qu'un exécutant – ô combien consentant, certes, mais un exécutant. Actif ? Créatif ? Certainement. Mais c'est tout de même l'État grec qui in fine décidait. De même, les clients qui lui ont acheté ses produits immobiliers « pourris » baptisés Abacus n'étaient pas des enfants de chœur, mais des investisseurs sophistiqués, disposant d'équipes de spécialistes pour évaluer ce qu'on leur proposait.

Tertio : le culte de la méritocratie, la formidable capacité de travail des équipes et la culture collective qui permet de contrôler des ego surdimensionnés constituent autant d'atouts qui expliquent l'incroyable succès de Goldman Sachs.

Enfin, quatrième et dernier constat, les accusations excessives peuvent être parfois salutaires. Elles renvoient aux réalités. Comment expliquer, sinon, que malgré les scandales, les dérives, les conflits d'intérêts et cette morgue insupportable, la majorité de ses clients lui soient restés fidèles ? Les goldmaniens sont peut-être en ce moment détestés, ils n'en figurent pas moins toujours parmi les meilleurs et les plus intelligents. Voilà pourquoi, sans doute, dans cette période incertaine de l'après-crise, la plus influente banque du monde conserve son aura.

Dans toute dramaturgie hollywoodienne, il faut qu'un comédien se dévoue pour le rôle du petit génie du mal. À son corps défendant, Goldman Sachs fait aujourd'hui un assez joli Dark Vador, le méchant de *La Guerre des étoiles*. Si Goldman Sachs n'existait pas, il aurait fallu l'inventer.

ANNEXES

1.

Goldman Sachs : Nos Principes

1. L'intérêt de nos clients est primordial. L'expérience montre que si nos clients sont satisfaits, notre propre succès s'ensuivra.

2. Nos atouts sont notre clientèle, notre capital et notre réputation. Si l'un d'entre eux vient à être perdu, le dernier est le plus difficile à regagner.

3. Nous sommes fiers de la qualité professionnelle de notre travail. Nous avons une farouche détermination à atteindre l'excellence dans tout ce que nous entreprenons. Bien que nous puissions être impliqués dans un vaste et lourd volume d'activités, nous préférerions, s'il fallait choisir, être meilleurs que gros.

4. Nous mettons l'accent sur la créativité et l'imagination dans tout ce que nous faisons. Même si nous reconnaissons que l'ancienne méthode peut parfois être la meilleure, nous essayons toujours de trouver une solution adaptée aux problèmes de nos clients et nous nous flattons d'avoir su initier de nombreuses pratiques et techniques qui sont aujourd'hui devenues des standards dans notre domaine.

5. Nous faisons des efforts particuliers afin d'identifier et de recruter la meilleure personne pour chaque emploi. Bien que nos activités se mesurent en milliards de dollars, nous

choisissons nos employés un par un. Dans une entreprise de services, nous savons que sans les meilleures personnes, nous ne pourrions pas être la meilleure compagnie.

6. Nous offrons à nos employés la possibilité d'être promus plus rapidement que n'importe où ailleurs. Nous devons simplement trouver dans quelle mesure nos meilleurs employés peuvent assumer leur responsabilité. L'avancement dépend seulement de la capacité, de la performance et de la contribution au succès de la compagnie, sans considération de race, couleur, croyance, sexe, ou origine.

7. Nous mettons l'accent sur le travail d'équipe dans tout ce que nous faisons. Même si la créativité industrielle est toujours encouragée, nous savons que les résultats obtenus par une équipe sont souvent meilleurs que la somme de ses parties. Nous n'avons pas de place pour ceux qui font passer leurs intérêts propres devant les intérêts de la firme et des clients.

8. Nos profits sont une des clés du succès. Ils maintiennent nos capitaux et attirent [...] nos meilleurs employés. Il est dans notre habitude de partager les profits généreusement avec tous ceux qui ont aidé à les créer. La profitabilité est importante pour notre avenir.

9. L'implication de nos employés dans la compagnie et l'intensité de leurs efforts professionnels sont plus importantes que celles habituellement rencontrées au sein d'autres organisations. Nous pensons que c'est l'une des composantes principales de notre succès.

10. Nous considérons que notre taille est un avantage que nous essayons de préserver envers et contre tout. Nous voulons être suffisamment importants pour être capables d'entreprendre les plus gros projets de n'importe lequel de nos clients, mais suffisamment petits pour maintenir une loyauté, une intimité et un esprit de corps que nous chérissons et qui est l'une des composantes de notre succès.

11. Nous essayons constamment d'anticiper les besoins changeants de nos clients et de développer de nouveaux services répondant à ces besoins. Nous savons que le monde de la finance n'est pas paisible et que l'inaction mène à l'extinction.

12. Nous recevons régulièrement des informations confidentielles dans nos relations avec la clientèle. Briser une confidence ou utiliser des informations confidentielles de manière inappropriée ou insouciante est impensable.

13. Notre domaine est extrêmement compétitif, et nous cherchons à élargir les relations avec nos clients. Toutefois, nous sommes des compétiteurs loyaux et nous ne dénigrons jamais d'autres compagnies.

14. L'intégrité et l'honnêteté sont au cœur de notre entreprise. Nous espérons de nos employés qu'ils maintiennent une éthique irréprochable dans tout ce qu'ils font, que ce soit dans le monde professionnel ou dans leur vie personnelle.

2.

Chronologie de la crise financière

2007

8 février   Premier signal de la crise des subprimes, la banque britannique HSBC annonce que la hausse des impayés sur ses crédits immobiliers américains amputera son bénéfice de 10,5 milliards de dollars.

2 avril   New Century, numéro deux du crédit à l'habitat aux États-Unis, se déclare en faillite.

17 juillet   L'indice Dow Jones de la Bourse de New York franchit les 14 000 points, au plus haut de son histoire. Le surlendemain, l'agence de notation Standard & Poor's abaisse la note de près de 500 émissions obligataires fondées sur des crédits subprimes.

18 juillet   Bear Stearns, une des plus vieilles banques de Wall Street, annonce la faillite de deux de ses fonds spéculatifs.

31 juillet   La banque allemande KfW doit secourir d'urgence IKB Deutsche Industriebank. Le lendemain, l'État allemand annonce qu'il injecte 3,5 milliards d'euros dans le sauve-tage.

6 août   La banque belge Fortis se joint à Royal Bank of Scotland et Banco Santander pour une OPA sur la néerlandaise ABN Amro. D'un montant de 71,1 milliards d'euros, c'est la plus grosse fusion de l'histoire financière. Barclays renonce.

9 août   BNP Paribas annonce le gel de trois fonds contenant des crédits subprimes. Il s'ensuit une panique mondiale. Le marché monétaire se bloque. La Banque centrale européenne réagit très vite et déverse 94,8 milliards d'euros de liquidités.

17 août   La Réserve fédérale abaisse son taux de 6,25 % à 5,75 %, pour la première fois depuis juin 2006. C'est le début d'une série de baisses.

22 août   Action concertée des Banques centrales américaine, européenne et britannique qui apportent 330 milliards de liquidités au système monétaire.

23 août   Bank of America investit 2 milliards de dollars dans Countrywide Financial, le numéro un américain du crédit hypothécaire.

14 septembre   Ruée aux guichets de Northern Rock, une banque importante du nord de l'Angleterre, fragilisée par l'assèchement du marché interbancaire. Les autorités ont décidé de lui apporter des financements en urgence, mais les dépôts ne sont garantis que jusqu'à 2 000 livres sterling, et les clients prennent peur. L'intervention publique ne parvient pas à stopper l'hémorragie des dépôts.

29 octobre	Démission de Stanley O'Neal, P-DG de la banque d'affaires américaine Merrill Lynch après l'annonce d'une perte de 2,24 milliards de dollars.
4 novembre	Démission de Charles Prince, P-DG de Citigroup.

2008

8 janvier	Démission de James Cayne, P-DG de Bear Stearns.
24 janvier	La Société Générale révèle qu'un trader indélicat, Jérôme Kerviel, lui a fait perdre 4,9 milliards d'euros, et la crise des subprimes 2 milliards.
11 février	La Fed annonce que les pertes liées aux subprimes atteindront 400 milliards de dollars, au lieu des 50 milliards prévus un an plus tôt.
17 février	Le gouvernement britannique nationalise Northern Rock.
12 mars	Les pertes liées aux subprimes sont évaluées à 2 000 milliards de dollars.
14 mars	Bear Stearns est à court de liquidités. La Fed organise le sauvetage. JP Morgan reçoit un prêt de 30 milliards et une garantie publique pour racheter Bear Stearns.
1er avril	Marcel Ospel, qui avait fait de la banque suisse UBS l'un des grands de Wall Street, doit démissionner. UBS a perdu quelque

8 milliards d'euros à chacun des deux trimestres écoulés.

2 avril · Lehman Brothers lance une augmentation de capital de 4 milliards de dollars.

9 juin · Lehman Brothers annonce 2,8 milliards de dollars de pertes au 2e trimestre. Richard Fuld, le président, demande à son directeur général, Joe Gregory, de démissionner.

1er juillet · Bank of America rachète Countrywide Financial pour 2,5 milliards de dollars.

30 juillet · Le Président George W. Bush promulgue un plan de sauvetage de l'immobilier de 300 milliards de dollars.

26 août · La FDIC (Federal Deposit Insurance Corporation), qui garantit les dépôts de 8 600 banques américaines, publie une « liste noire » de 117 établissements en grande difficulté.

31 août · En Allemagne, l'assureur Allianz vend Dresdner Bank à Commerzbank.

4 septembre · Lancement de l'augmentation de capital de Natixis, la filiale commune aux Caisses d'épargne et aux Banques populaires, très touchée par la crise des subprimes.

7 septembre · La Réserve fédérale doit garantir la dette de Fannie Mae et Freddie Mac à hauteur de 100 milliards de dollars chacune. C'est pratiquement une nationalisation.

9 septembre · JP Morgan réclame plus de garanties à Lehman Brothers pour lui prêter au jour le jour.

10 septembre · Lehman Brothers annonce 3,9 milliards de pertes pour le 3e trimestre et cède sa division

gestion d'actifs. La quatrième banque de Wall Street ne trouve plus de financements sur le marché.

14 septembre La banque britannique Barclays est à deux doigts de racheter Lehman Brothers. Elle demande une garantie publique, comme JP Morgan dans le cas de Bear Stearns. La Fed et le Trésor refusent. En conséquence, ce dimanche soir, Lehman Brothers est contraint de se déclarer en faillite.

15 septembre Lehman Brothers lâché par la Fed ! Cette nouvelle stupéfiante déclenche une panique mondiale qui dépasse en ampleur celle du 9 août 2007. Les Banques centrales injectent des liquidités sans parvenir à calmer les marchés. Plus personne ne veut acheter ni prêter. Les indices boursiers dégringolent, le marché interbancaire se bloque. La Banque centrale européenne injecte 100 milliards d'euros en deux jours sur les marchés européens.

16 septembre L'assureur américain AIG, qui couvre les risques de défaut sur les crédits de centaines d'établissements à travers le monde, est à court de liquidités. Considérant que c'est un acteur vital pour le système financier, la Fed lui apporte 85 milliards de dollars contre 79,9 % de son capital.

18 septembre Action concertée Fed, BCE, Banque d'Angleterre et Banques centrales du Canada et de Suisse. La « vente à découvert » est interdite provisoirement à la Bourse de Londres puis à Wall Street pour enrayer la baisse des cours.

19 septembre Le secrétaire au Trésor Henry Paulson annonce un plan de 700 milliards de dollars

pour racheter aux banques leurs créances toxiques.

21 septembre La Fed accorde le statut de banque de dépôts à Goldman Sachs et Morgan Stanley pour leur donner accès aux aides publiques.

24 septembre Goldman Sachs obtient 5 milliards de dollars du mythique investisseur Warren Buffett, ce qui lui permet d'en lever 5 autres.

25 septembre Washington Mutual, la plus grosse des caisses d'épargne américaines, fait faillite. Ses actifs sont repris par JP Morgan, qui devient la première banque de dépôts des États-Unis.

28 septembre Belgique, Pays-Bas et Luxembourg se répartissent les actifs de Fortis, au bord de la faillite, et apportent 11,2 milliards d'euros.

29 septembre Le Congrès américain rejette le plan Paulson. L'indice Dow Jones plonge de 7 %.

2 octobre Le Royaume-Uni nationalise la caisse hypothécaire Bradford & Bingley et cède certains actifs à Banco Santander. En Allemagne, Hypo Real Estate obtient 35 milliards d'euros d'un consortium bancaire. Wells Fargo rachète Wachovia, la quatrième banque américaine. La banque franco-belge Dexia dévisse en Bourse : Paris, Bruxelles et Luxembourg lui apportent une aide de 6,4 milliards d'euros. Le président, Pierre Richard, et le directeur général, Axel Miller, démissionnent.

3 octobre Le plan Paulson remanié en plan anticrise est adopté par le Congrès et promulgué par George W. Bush.

5 octobre La banque allemande Hypo Real Estate est sauvée in extremis par l'État.

6 octobre	Les Bourses connaissent une chute historique qui se poursuivra pendant des jours. À Paris, le Cac 40 perd 9 % en cette journée de lundi.
8 octobre	Baisse concertée des taux d'intérêt en Europe et en Amérique du Nord. Gordon Brown annonce un plan de soutien aux banques britanniques qui sera imité ailleurs dans le monde. Le gouvernement français crée une structure pour gérer des participations d'État dans les banques.
9 octobre	Le taux interbancaire Euribor à trois mois atteint un sommet, 5,39 %, ce qui traduit la méfiance réciproque des banques. L'Islande achève de nationaliser ses trois banques et demande l'aide financière de la Russie. Au Japon, l'assureur Yamato Life Insurance fait faillite.
10 octobre	Nouvelle chute historique des indices boursiers.
11 octobre	Le G 7 prend des mesures pour rassurer les déposants et débloquer le crédit.
12 octobre	Sommet réussi de la zone euro, qui adopte enfin une approche coordonnée.
13 octobre	Le Royaume-Uni recapitalise Royal Bank of Scotland, HBOS et Lloyds Banking Group pour 37 milliards de livres, soit 46 milliards d'euros. L'Allemagne adopte un plan de 500 milliards d'euros (dont 400 en garanties). L'Italie autorise la conversion de 40 milliards de dettes en obligations d'État. Les Bourses mondiales, rassurées, rebondissent de 10 % et plus.
15 octobre	Rechute des indices boursiers.

16 octobre	La BCE assouplit ses règles de refinancement pour les banques. La Suisse autorise UBS à créer une structure de défaisance pour y loger ses actifs toxiques.
19 octobre	Les Caisses d'épargne découvrent une perte de 690 millions d'euros sur des opérations de marché. Le président, Charles Milhaud, et le directeur général, Nicolas Mérindol, démissionnent.
20 octobre	Le gouvernement français injecte 10,5 milliards de capital dans 6 grandes banques en contrepartie d'une progression de 3 % à 4 % de leur offre de crédits.
22 octobre	Les pétromonarchies du Golfe soutiennent leur système bancaire.
23 octobre	En France, René Ricol est nommé médiateur du crédit. Nicolas Sarkozy annonce la création d'un Fonds stratégique d'investissement pour recapitaliser les entreprises.
24 octobre	Le FMI accorde des prêts d'urgence à l'Islande. Suivront l'Ukraine, le Pakistan, l'Argentine, la Hongrie. Treize pays d'Extrême-Orient décident de créer un fonds commun d'échanges de devises pour faire face à la crise.
28 octobre	La Belgique apporte 3,5 milliards d'euros au banquier assureur KBC.
3 novembre	Barclays refuse de faire appel à l'État britannique, préférant les concours de fonds souverains du Golfe.
4 novembre	Barack Obama est élu président des États-Unis.

9 novembre	La Chine adopte un énorme plan de relance de 461 milliards d'euros. Les BRICs (Brésil, Russie, Inde, Chine) adoptent une position commune en vue du G 20 du 15 novembre à Washington.
10 novembre	L'aide publique à AIG passe de 85 à 152 milliards de dollars.
15 novembre	Au G 20, à Washington, participent des nations de tous les continents qui représentent ensemble 85 % du PIB mondial. Les bases d'une réforme de la régulation financière sont jetées.
23 novembre	Le Trésor américain apporte 20 milliards de dollars en capital à Citigroup.
26 novembre	José Manuel Barroso présente un plan de relance européen de 200 milliards d'euros.
28 novembre	Nationalisation à 58 % de Royal Bank of Scotland.
11 décembre	Bernard Madoff, ancien président du Nasdaq, est arrêté à New York. Il a escroqué 50 milliards de dollars (65 milliards avec les intérêts) à des milliers d'investisseurs en Amérique et dans le monde. C'est la plus grosse fraude pyramidale de l'histoire.
16 décembre	La Fed ramène son taux directeur dans une fourchette entre 0 % et 0,25 %. Un plus bas historique.
19 décembre	General Motors et Chrysler reçoivent un prêt public d'urgence de 17,5 milliards de dollars.
31 décembre	À la fin de l'année terrible, le Dow Jones a plongé de 33,8 %.

3.

Lexique

Banques centrales. Les Banques centrales exercent toutes la même mission : préserver la stabilité de la monnaie. Elles opèrent sur les marchés pour influencer les cours de change en intervenant directement (achat ou vente de devises), ou indirectement en jouant sur les niveaux de taux d'intérêt, c'est-à-dire de rémunération des placements à court terme effectués dans leur monnaie nationale. Les interventions sur le marché monétaire, par le biais des taux d'intérêt, ont notamment un effet direct sur la trésorerie des banques.

Collateralized debt obligations (CDO). L'acheteur du CDS paie une prime d'assurance au vendeur sans que celui qui assure ait l'obligation de mettre de côté des fonds pour garantir la transaction.

Credit default swaps (CDS). Contrats d'assurance sur une dette, qui garantissent au créancier qu'il sera remboursé même si son débiteur se défausse. Principalement contractés entre institutions financières, ils offrent aux investisseurs la possibilité de limiter les risques associés à des obligations d'où qu'elles viennent – État ou entreprise. Théoriquement destinés à protéger un défaut de paiement, ils sont devenus des instruments de spéculation – la probable mise en défaut de l'entreprise ou de l'État aux yeux des marchés financiers créant une plus-value. Des situations extrêmes en résultent, le montant couvert par les CDS dépassant souvent, à l'instar des obligations grecques, le montant de la dette. Cela provoque des mouvements de panique sur les marchés financiers qui obligent l'État ou l'entreprise à emprunter à des conditions plus onéreuses.

Fonds de capital-investissement *(private equity)*. Ils prennent des parts au capital des entreprises, en espérant les revendre quelques années plus tard avec une plus-value correspondant à deux ou trois fois la mise.

Fonds de pension. Ils placent et collectent l'épargne de salariés pour financer les retraites, améliorant ou remplaçant le système par répartition. Une partie est parfois investie dans des fonds spéculatifs afin de doper les rendements.

Fonds souverains. Fonds d'État créés pour placer la trésorerie excédentaire du pays, généralement producteur de matières premières. Issues de Russie, Chine, Norvège ou des pays du Golfe, leurs ressources proviennent essentiellement de la manne des hydrocarbures.

Fonds vautours. Fonds spéculatifs spécialisés sur le marché de la dette, ils rachètent les obligations ou produits dérivés de créance de sociétés en difficulté ou en faillite. Ils se remboursent *via* la liquidation des actions ou la restructuration de la société.

Hedge fund. C'est une structure qui investit les fonds de clients – essentiellement investisseurs institutionnels (fonds de pension, compagnies d'assurances, fondations philanthropiques, universités…), ainsi que des particuliers aisés – en leur offrant une alternative à la gestion traditionnelle. Par le truchement de stratégies de placement très complexes, ces sociétés visent à obtenir une performance déconnectée de l'évolution globale des marchés. Les hedge funds recherchent des investisseurs à long terme et imposent en général une durée minimale de placement.

294

Hors bilan. Le bilan des banques n'est plus la photographie de leur patrimoine. La déréglementation et le progrès technologique ont donné aux institutions financières de multiples possibilités d'innover en matière de crédit et d'assurance financière, tout en échappant aux règles de prudence classiques en matière de fonds propres. Cela a fini par créer une bulle financière échappant à tout contrôle.

Injection de liquidités. Lorsque les banques ne peuvent – ou ne veulent plus – se prêter entre elles, elles se tournent vers la Banque centrale. Celle-ci prête alors à court terme (de un jour à trois mois) en échange de titres.

Marché des changes. Le marché des changes est le lieu où se négocient l'offre et la demande de devises provenant de transactions commerciales et financières. À l'origine, les opérations d'achat et de vente des devises servaient avant tout à régler les importations et les exportations. Aujourd'hui, elles s'appliquent, pour l'essentiel, à des mouvements de portefeuilles, des investissements directs et des arbitrages.

Marché interbancaire. Chaque fois qu'une banque prête 1 000 euros, elle met en réserve, sur un compte de la Banque centrale, 2 % du crédit, soit 20 euros. Si une banque n'a pas assez de réserves pour prêter, elle peut emprunter les réserves à d'autres banques. Ces prêts entre banques ont lieu sur le marché interbancaire.

Marché monétaire. Le marché monétaire est le lieu de rencontre de l'offre ou de la demande de fonds à court terme. Il permet de placer des excédents de liquidités ou de gérer des besoins de trésorerie. Les fonds sont placés ou empruntés sur des durées allant de un jour à douze mois maximum.

Marchés à terme. Ils fournissent des instruments de couverture ou de protection contre les variations de cours de matières premières, de monnaies, de taux d'intérêt... Le principe d'une opération à terme est le suivant : il s'agit d'un contrat d'achat ou de vente ou d'une option d'achat ou de vente qui stipule que la livraison et le paiement auront lieu à une date ultérieure, mais dans des conditions convenues aujourd'hui. La quantité de marchandise, la date et le lieu d'exécution ainsi que les prix sont fixés lors de la conclusion de l'affaire.

Subprime. Aux États-Unis : crédit hypothécaire accordé aux ménages modestes par des établissements financiers sans considération de leur capacité à rembourser.

Titrisation. Montage permettant à un établissement financier de transformer un lot de créances (immobilier, consommation...) en titres commercialisables dans le but de transférer à un tiers le risque de non-remboursement du crédit initial.

4.

Que sont-ils devenus ?

Joshua Bolten. L'ancien directeur des affaires juridiques de Goldman Sachs à Londres en 1994-1999, puis chef de cabinet du Président George W. Bush de 2006 à 2009, est aujourd'hui professeur à l'université de Princeton, où il enseigne la régulation financière, le budget fédéral et le commerce international. Il copréside la fondation Clinton-Bush pour Haïti.

Lord Browne. L'ancien directeur général de BP, associé-gérant du fonds de capital-investissement américain Riverstone, est président du conseil d'administration de la Tate Gallery.

Petros Christodoulos. L'ex-trader de Goldman Sachs à Londres, numéro deux de la National Bank of Greece, est responsable de l'Agence de la dette en Grèce.

Abby Cohen. Elle préside le Global Markets Institute de Goldman Sachs, l'institut d'observation des marchés de la banque d'affaires.

Jon Corzine. Battu en 2010 pour un second mandat de gouverneur du New Jersey, l'ex-patron de Goldman Sachs dirige le courtier MF Global.

Alistair Darling. Plusieurs fois ministre sous Tony Blair et chancelier de l'Échiquier sous Gordon Brown, il a été remplacé par le conservateur George Osborne après la défaite du Labour aux élections législatives du 6 mai 2010.

Stephen Friedman. Coprésident de Goldman Sachs en 1990-1994 et président de la Réserve fédérale de New York en 2008-2009, il est directeur du Conseil sur le renseignement étranger de la Maison Blanche.

Richard Fuld. Ancien P-DG de Lehman Brothers, il œuvre dans le capital-risque.

Reuben Jeffery. Le directeur du bureau parisien de Goldman Sachs de 1997 à 2001, puis président de la Commodity Futures Trading Commission en 2005-2007, est professeur au Centre des études internationales et stratégiques de l'université de Georgetown (États-Unis).

Neel Kashkari. Ancien de Goldman Sachs en 2002-2009, nommé directeur du TARP, le plan de sauvetage bancaire de l'administration Bush, il a rejoint la compagnie obligataire PIMCO en 2008.

Jacques Mayoux. Ancien conseiller international de Goldman Sachs, il se consacre désormais à la ville dont il est maire, Yvrac, en Gironde.

Stanley O'Neal. Ancien président de Merrill Lynch, il est administrateur dans la production d'aluminium et continue à s'intéresser de plus ou moins loin à l'industrie bancaire.

Henry Paulson. Après avoir quitté son poste de secrétaire au Trésor, il a écrit ses Mémoires tout en donnant des cours à l'université Johns Hopkins (États-Unis).

Chuck Prince. Après son départ de Citigroup, il a rejoint la société de conseil Albright Stonebridge.

Romano Prodi. Retiré de la politique, il enseigne les affaires internationales à l'université Brown (État-Unis) et fait partie du panel des Nations unies chargé du maintien de la paix en Afrique.

Robert Rubin. Coprésident de Goldman Sachs en 1990-1992, secrétaire au Trésor du président Bill Clinton en 1995-1999, il a finalement quitté Citigroup dont il avait été l'un des responsables du naufrage.

Alan Schwarz. L'ex-patron de Bear Stearns est P-DG de Guggenheim Partners.

John Thain. Ancien patron de Merrill Lynch et du New York Stock Exchange, ancien directeur financier de Goldman Sachs, il a pris la tête de CIT, banque spécialisée dans les PME en redressement judiciaire.

John Thornton. Fondateur de Goldman Sachs International, président de GS Asie en 1996-1998, il est membre du conseil international du fonds souverain chinois China Investment Corporation.

John Weinberg. Décédé en 2006.

Sidney Weinberg. Décédé en 1969.

Bibliographie

Ouvrages en anglais

Augar, Philip, *Chasing Alpha: How Reckless Growth and Unchecked Ambition Ruined the City's Golden Decade*, Bodley Head, 2009.

Bootle, Roger, *The Trouble With Markets: Saving Capitalism from Itself*, Nicholas Brealey Publishing, 2009.

Bouquet, Tim et Ousey, Bryon, *Cold Steel, Britain's Richest Man and the Multi-Billion Dollar Battle for a Global Empire*, Key Porter Books, 2009.

Chernow, Ron, *The House of Morgan: An American Banking Dynasty and the Rise of Modern Finance*, Simon and Schuster, 1991.

Chernow, Ron, *The Death of the Banker: The Decline and Fall of the Great Financial Dynasties and the Triumph of the Small Investor*, Vintage, 1997.

Cohan, William D., *House of Cards: A Tale of Hubris and Wretched Excess on Wall Street*, Doubleday, 2009.

Crisafulli, Patricia, *The House of Dimon: How J.P. Morgan's Jamie Dimon Rose to the Top of the Financial World*, Wiley, 2009.

Ellis, Charles D., *The Partnership. The Making of Goldman Sachs*, Penguin Books, 2008.

Endlich, Lisa, *Goldman Sachs: The Culture of Success*, Knopf, 1999.

Ferguson, Niall, *The Ascent of Money: A Financial History of the World*, Penguin, 2008.

Galbraith, John Kenneth, *The Great Crash: 1929*, Houghton Mifflin, 1997 (réédition).

Ishikawa, Tetsuya, *How I Caused the Credit Crunch, An Insider's Story of the Financial Meltdown*, Icon Books Ltd, 2009.

Johnson, Simon et Kwak, James, *Thirteen Bankers: The Wall Street Takeover and the Next Financial Meltdown*, Pantheon, 2010.

Lewis, Michael, *Liar's Poker: Rising Through the Wreckage on Wall Street*, Penguin, 1990.

Lewis, Michael, *The Big Short: Inside the Doomsday Machine*, Allen Lane, 2010.

Lowenstein, Roger, *The End of Wall Street*, The Penguin Press, 2010.

McDonald, Duff, *Last Man Standing: The Ascent of Jamie Dimon and JPMorgan Chase*, Simon and Schuster, 2009.

McDonald, Lawrence G., et Robinson, Patrick, *A Colossal Failure of Common Sense: The Inside Story of the Collapse of Lehman Brothers*, Crown Business, 2009.

Morris, Charles R., *The Tycoons: How Andrew Carnegie, John D. Rockefeller, Jay Gould and J.P. Morgan Invented the American Supereconomy*, Times Books, 2005.

Paulson Jr., Henry M., *On the Brink: Inside the Race to Stop the Collapse of the Global Financial System*, Business Plus, 2010.

Peston, Robert, *Who Runs Britain? How Britain's New Elite are Changing our Lives*, Hodder & Stoughton, 2008.

Sorkin, Andrew Ross, *Too Big to Fail: The Inside Story of How Wall Street and Washington Fought to Save the Financial System – and Themselves*, Viking, 2009.

Spencer, Andrew, *AIG: Tower of Thieves*, Brick Tower Books, 2009.

Tett, Gillian, *Fool's Gold: How the Bold Dream of a Small Tribe at JP Morgan Was Corrupted by Wall Street Greed and Unleashed a Catastrophe*, Free Press, 2009.

Zuckerman, Gregory, *The Greatest Trade Ever: The Behind-the-Scenes Story of How John Paulson Defied Wall Street and Made Financial History*, Broadway Business, 2009.

Ouvrages en français

Aglietta, Michel, *La Crise. Pourquoi on en est arrivé là ? Comment en sortir ?*, Michalon, 2008.

Attali, Jacques, *Sir Siegmund G. Warburg (1902-1982), un homme d'influence*, Fayard, 1986.

Attali, Jacques, *La Crise, et après ?*, Fayard, 2008.

Attali, Jacques, *Survivre aux crises*, Fayard, 2009.

Betbèze, Jean-Paul, *Crise : une chance pour la France*, PUF, 2009.

Brender, Anton et Pisani, Florence, *La Crise de la finance globalisée*, La Découverte, 2009.

Cohen, Daniel, *La Prospérité du vice, une introduction (inquiète) à l'économie*, Albin Michel, 2009.

Delhommais, Pierre-Antoine, *Cinq milliards en fumée. Les dessous du scandale de la Société Générale*, Le Seuil, 2008.

Dockès, Pierre et Lorenzi, Jean-Hervé (dir.), *Fin de monde ou sortie de crise ?*, Librairie académique Perrin, 2009.

Filippi, Charles-Henri, *L'Argent sans maître*, Descartes et Cie, 2009.

Jorion, Paul, *La Crise. Des subprimes au séisme financier planétaire*, Fayard, 2008.

Kaprielian-Barthet, Laurianne, *La Crise vue de l'intérieur*, Books on Demand, 2009.

Kerviel, Jérôme, *L'Engrenage. Mémoires d'un trader*, Flammarion, 2010.

Lacoste, Olivier, *Comprendre les crises financières*, Eyrolles, 2009.

Lordon, Frédéric. *La Crise de trop. Reconstruction d'un monde failli*, Fayard, 2009.

303

Missen, François, *Le Réseau Carlyle, banquier des guerres américaines*, Flammarion, 2004.

Montel-Dumont, Olivia et Couderc, Nicolas, *Des subprimes à la récession. Comprendre la crise*, La Documentation française, 2009.

Nora, Dominique, *Les Possédés de Wall Street*, Gallimard, coll. « Folio Actuel », 1989.

Orléan, André, *De l'euphorie à la panique. Penser la crise financière*, Rue d'Ulm, 2009.

Pastré, Olivier et Sylvestre, Jean-Marc, *Le Roman vrai de la crise financière*, Librairie académique Perrin, 2008.

Pigasse, Matthieu et Finchelstein, Gilles, *Le Monde d'après, une crise sans précédent*, Plon, 2009.

Ramonet, Ignacio, *Le Krach parfait. Crise du siècle et refondation de l'avenir*, Éditions Galilée, 2009.

Tarlé, Alex, *Petit Manuel éconoclaste pour comprendre et survivre à la crise*, J.-C. Lattès, 2009.

Blogs

The Balance Sheet (James Surowiecki)
    http://www.newyorker.com/online/blogs/jamessurowiecki
Beat the Press (Dean Baker)
    http://www.prospect.org/csnc/blogs/beat_the_press
Calculated Risk
    http://www.calculatedriskblog.com/
The Conscience of a Liberal (Paul Krugman)
    http://krugman.blogs.nytimes.com/
Grasping Reality with Both Hands (J. Bradford DeLong)
    http://delong.typepad.com
Econbrowser (Menzie Chinn and James Hamilton)
    http://www.econbrowser.com/

Econlog (Anorld Kling, Bryan Caplan, and David Henderson)

http://econlog.econlib.org/

Economists' Forum (Martin Wolf and guests)

http://blogs.ft.com/economistsforum/

Economists' View (Mark Thoma)

http://economistsview.typepad.com/

Economix (*New York Times* reporters and guest economists)

http://economix.blogs.nytimes.com/

Executive Suite (Joe Nocera)

http://executivesuite.blogs.nytimes.com/

Free Exchange *(The Economist)*

http://www.economist.com/blogs/freeexchange/

Interfluidity (Steve Randy Waldman)

http://www.interfluidity.com/

Ezra Klein

http://voices.washingtonpost.com/ezra-klein/

Making Sense (Paul Solman)

http://www.pbs.org/newshour/economy/makingsense/

Greg Mankiw

http://gregmankiw.blogspot.com/

Marginal Revolution (Tyler Cowen and Alex Tabarrok)

http://www.marginalrevolution.com/

Naked Capitalism (Yves Smith and others)

http://www.nakedcapitalism.com/

Planet Money

http://www.npr.org/blogs/money/

Real Time Economics *(Wall Street Journal)*

http://blogs.wsj.com/economics/

Rortybomb (Mike Konczal)

http://rortybomb.wordpress.com/

Felix Salmon

http://blogs.reuters.com/felix-salmon/

En guise de remerciements

J'exprime toute ma reconnaissance à deux amis journalistes de longue date qui, lecteurs particulièrement éclairés,
ont corrigé le manuscrit d'une manière très professionnelle
– Jean-Hébert Armengaud et François Turmel.

Mes remerciements vont aussi à mes collègues du *Monde*
pour leur soutien et compréhension : Alain Frachon et Sylvie
Kauffmann, Stéphane Lauer et l'ensemble du service Économie, Sylvain Cypel, Virginie Malingre, Marion Van Renter-
ghem, Philippe Ricard, Jean-Pierre Stroobants, Benoît Hopquin
et Brice Pedroletti. Je tiens aussi à mentionner Emmanuel
Grynspan, de *La Tribune*, Diem Herbert, Cathy Brooks-Baker
et Philippe Kelly.

Merci aussi à Sébastien Carganico, chef du service de la
Documentation du *Monde* et à toute son équipe, qui m'ont
permis de corriger de nombreux détails et interprétations.
Sans eux, ce travail n'aurait pu être mené à bien.

À Paris, la coopération d'Image 7 et de DGM a été appré-
ciée.

Il en va de même des très nombreux banquiers, managers
de hedge funds, traders en pétrole, experts, associés-gérants
anciens ou présents de Goldman Sachs ou politiciens et hauts
fonctionnaires qui m'ont reçu en demandant à conserver
l'anonymat. Je tiens aussi à citer Philip Beresford, David de
Rothschild, Peter Hahn, Sylvain Hefes, Jean-Luc Schilling,

John Shakeshaft, Arnaud Vaissié et Michel Vanden Abeele. À New York, Antoine Bernheim Anne Rivers, Thomas Cooley, Richard Sylla et Duff McDonald.

Je veux rendre hommage à Pomy Villa, décédé depuis, pour ses encouragements.

Que mon éditeur, Alexandre Wickham, impérial et impérieux dans ses remarques, trouve ici l'expression de ma gratitude. Je tiens également à remercier Thibaut Derudder pour son travail de recherche ainsi que toute l'équipe d'Albin Michel pour son fantastique travail.

Table

Annexes

DU MÊME AUTEUR

Diana. Une mort annoncée,
avec Nicholas Farell, Scali, 2006

Elizabeth II, la dernière reine,
La Table ronde, 2007

Un ménage à trois,
Albin Michel, 2009

Composition Nord Compo
Impression : Imprimerie Floch, octobre 2010
Éditions Albin Michel
22, rue Huyghens, 75014 Paris
www.albin-michel.fr

ISBN 978-2-226-20626-8
N° d'édition : 18989/04. – N° d'impression : 77752.
Dépôt légal : septembre 2010
Imprimé en France.